高等职业教育人力资源管理专业“十二五”规划教材

# 人力资源管理基础

赵 铁 编著

机 械 工 业 出 版 社

本书是全国首批28所示范性高职院校建设项目成果，全书贯彻教育部2006年第16号《教育部关于全面提高高等职业教育教学质量的若干意见》和教职成[2012]9号《教育部关于"十二五"职业教育教材建设的若干意见》等文件精神，与实训基地企业合作进行课程开发，以人力资源管理职业抽象工作活动为线索进行内容编排，借鉴德国"学习领域"课程理论，搭建起"工作过程导向"特征的"理实一体化"素材框架，对经管类专业课程"工学结合"的实施进行了探索。

本书概括设计了10项工作任务，包括人力资源管理认知、工作分析与设计、人力资源规划制定、员工招聘、员工培训、员工使用与调配、员工绩效管理、员工薪酬管理、员工劳动关系管理和员工职业生涯管理。

本书比较完整地讲述了人力资源管理职业工作活动，适合应用型本科、高职高专经济管理类专业以及中职相关专业教学使用，也可作为在职人员参加职业资格考试、工作实践的指导用书。

为方便教学，本书配备了电子课件等教学资源。凡选用本书作为教材的教师均可登录机械工业出版社教材服务网 www.cmpedu.com 免费下载。如有问题请致信 cmpgaozhi@sina.com，或致电 010-88379375 联系营销人员。

**图书在版编目(CIP)数据**

人力资源管理基础/赵铁编著. —北京：机械工业出版社，2014.1（2018.8 重印）
ISBN 978-7-111-45448-9

Ⅰ.①人… Ⅱ.①赵… Ⅲ.①人力资源管理—高等职业教育—教材 Ⅳ.①F241

中国版本图书馆 CIP 数据核字（2014）第 005646 号

机械工业出版社（北京市百万庄大街22号 邮政编码100037）
策划编辑：徐春涛 责任编辑：徐春涛 刘 畅
责任印制：常天培
北京圣夫亚美印刷有限公司印刷
2018年8月第1版第3次印刷
184mm×260mm · 15.25印张 · 371千字
标准书号：ISBN 978-7-111-45448-9
定价：36.00元

凡购本书，如有缺页、倒页、脱页，由本社发行部调换
电话服务 网络服务
服务咨询热线：010-88379833 机 工 官 网：www.cmpbook.com
读者购书热线：010-88379649 机 工 官 博：weibo.com/cmp1952
教育服务网：www.cmpedu.com
金 书 网：www.golden-book.com

# 写给老师的信

**尊敬的老师：感谢您选用本书！**

一本好教材，一条阳光路！一本教材究竟能够给予学生什么，取决于文字之外的空白处流动着什么。看似相同的教材，有的很单薄，给人局促与狭隘之感；有的很厚重，让人有无限伸展的可能。谁能决定教材的厚重维度？——教师，尤其是高职院校教师！他的理念，决定了教材的本质；他的理想，决定了教材的本源；他的理性，决定了教材的本色。

在这个复杂问题用简单办法解决往往更容易被人们接受的时代，一名高职院校教师倾其精力、美德与创造力，排除职业倦怠，体察学生感受，以一己之力为高职教育课程改革且驻且行。请走出熙熙攘攘的生活，和我们踏上一段职业教育认知的旅程！

## 1．本书的框架结构

以企业为例，从职业活动角度，可以这样理解人力资源管理：无论是新企业，还是老企业，首先都需根据经营目标确定其“工作内容和岗位数量”，即“工作分析与设计”，以此来确定企业所需“员工人数”，即制定“人力资源规划”。接着招聘人员，并对其进行培训，使其能够尽快进入到相应的工作岗位（包括员工招聘、培训、使用）。之后，要对其进行“绩效考核”，在此基础上发放薪酬，并与其签订劳动合同（包括绩效管理、薪酬管理和劳动关系管理）。为了使其能够与企业共同发展，企业应帮助员工进行“职业生涯设计”。图 0-1 是**人力资源管理职业概括性工作任务及活动逻辑顺序**。

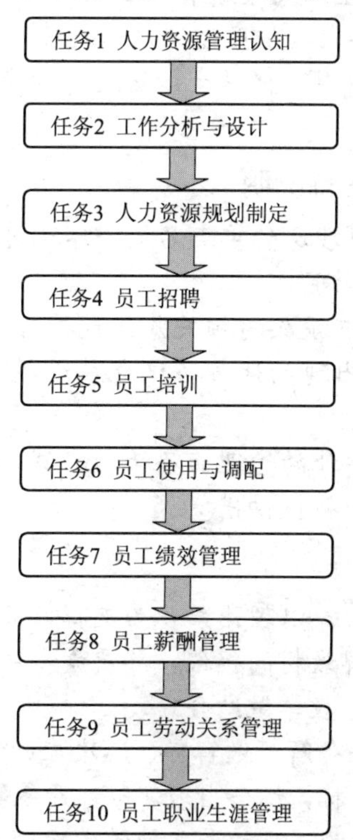


图 0-1　人力资源管理职业概括性工作任务及活动逻辑顺序

基于此，我们确立了一个抽象的人力资源管理职业活动过程（顺序），在此基础上概括归纳出 10 项职业工作任务（写意的任务——姜大源语），教材框架以此搭建，形成以工作任务为中心、以技术实践知识为焦点、以技术理论知识为背景的理实一体化内容体系。

### 2. 本书基本栏目说明

**任务命名**：以“任务”命名，试图先入为主，解释人力资源管理职业活动内容，即一个抽象的人力资源管理活动实际工作任务的归纳。同时，为高职学生建立起“学习就是完成任务”的概念，为课程实施的工学结合奠定基础。

**任务描述**：说明在职业活动中这项工作任务的主要内容是什么。

**学习目标**：说明完成这一任务要求达成的目标，分知识目标和能力目标，这也为工作任务完成后的评价与检测提供依据。

**任务导入**：说明这项职业任务是在什么环境下完成的，目的是诱发高职学生的学习动机，增强学习目的性。

**任务解析**：根据职业教育原理，依照“能力分担原则”，将任务作进一步的细分，体现“完成分解的任务就完成了整项工作”的目标，也为整个任务提供了较为精准而不致太泛的知识承载与逻辑线索。

**实践项目**：本项目是校企合作项目。通过与校外实训基地企业合作，引领学生深度介入企业实际项目，使学生既参加了人力资源管理活动实践，又能全面完整地认识职业工作，进而获得经验或策略。

**管理故事**：为刚进大学、尚未确立清晰职业目标的高职学生准备，目的是既能避免“科技的疏远和生硬”，又有益于学生人文素质和职业倾向的培养。

**同步实训**：根据工作任务要求，依照职业成长规律，对应每一个工作任务，设计了各项“同步实训”。希望通过活动开展，使学生能够获得初步的职业认知，进而具备简单的单项职业能力。

### 3. 每个任务中相关模块的说明

**重点名词**：说明这项任务中涉及的重点名词，体现对理论知识的重组，对应课后“教学做一体化训练”中的“重点名词”。

**重要信息**：说明这项任务中涉及的相关知识或操作的技巧与要领，主要体现对理论知识的重组，使其出现在最该出现的地方。这也属于教材正文部分，对应课后自测中的练习题。

**管理借鉴**：列举一些古今中外的管理业务活动实例或故事，通过分析使学生从中汲取一些经验和教训，为课后案例分析提供借鉴。

### 4. 本书的使用建议

本书内容以实践操作为线索，以理论知识为支撑，而非传统意义上简单的正文与辅文关系。使用前，请您一定要理解教材的框架、各要素之间的关系，以及所有内容信息的作用。主要模式可以是任务导向，教学做结合。

教师首先应对任务描述及任务解析做解释，其次应归纳并精讲每一个任务完成的过程、方法和应用，然后应依据任务目标，结合当地实际，开展实训活动。其中，同步实训 1 可以是认知性的简单活动，如问题讨论，目的是要使学生充分地“动”起来；同步实训 2 和同步实训 3 可以是依据任务内容设计的单项职业活动，通过引领学生完成活动，使其获得进一步的职业认知；实践项目活动应该是企业的实际项目，这一活动属于人力资源管理职业活动的具体任务，可组织学生按照“资讯、计划、决策、实施、检查、评价”六步骤来完成。

本模式中，任务内容的学习是为了完成课后的一系列实训活动。其中，教师讲、学生练，为经济管理类专业课程实施的“工学结合”作出了探索。完成任务时，教师应该较为精准地提供完成任务所需资源条件。考核评价采取教师和企业评价的方式，任务内容的学习、同步实训 1～3 的完成注重结果评价；实践项目则既注重结果评价，也注重过程评价。

本书作为一种探索，希望能够从尊重职业教育规律、尊重课程观的角度进行教材编写；希望能够建立起一种“工学结合”的氛围，在课程实施中凸显“同步实训”的作用。在课程实施中，教师应积极创设条件，鼓励学生高效地参与学习与工作活动，这样才能更好地帮助学生实现学习目标。

编　者

# 前　言

中国职业教育正在经历课程改革的关键阶段，传统学科课程被逐渐解构，以职业实际工作能力为取向的课程建设正在成为主流的探索方向。管理大师彼得·德鲁克曾说："管理是一种实践，其本质不在于知，而在于行。"一语道破管理实质，也为高职院校经济管理类课程属性与教材开发方向确定了精准维度。

囿于传统思维定式，高职院校教师总是将管理类课程当做非常严肃的"学科"，一味追求系统全面，并积极探寻其理论意义。其实，我们已经背离了高等职业教育课程的本质属性。"另一种类型的教育"已然成为高等职业教育的身份定位，我们更应该知道如何从教育的本质去认识职业教育，这样才能看到职业教育精细化、精致化的未来。

高等职业教育不是简单"传授书本上学习内容"的过程，而是发展设计能力和职业行动能力的过程。职业发展的过程既是能力发展的过程，也是职业认同感发展的过程。职业教育课程的开发起点只能是职业分析而非学科，课程观应该具有职业工作属性，课程内容的设计与编排应该建立起知识与职业任务的有机联系，能够适应"工学结合"的切入，为高职院校学生开辟一条从初学者到熟练从业者的成长之路。

我们深知，高等职业教育培养的学生是中小企业一线的业务人员或基层管理者，这就要求人力资源管理课程重心必须下移，强化能力为重的培养目标。课程开发不能机械照搬本科，也不能将随意性强、缺乏科学界定的所谓"必须、够用"作为课程建设的坐标，而必须从职业实际出发，分析高职毕业生对应的职业工作岗位任务，有针对性地进行内容归纳、选择。我们不能把人力资源管理总监的职业工作内容一股脑塞给高职学生，我们也不能将人力资源管理基础知识零散地提供给高职学生。我们应该既能清晰地界定高职学生对应职业岗位的技能要求，还应该为学生提供一个职业工作内容整合的框架，使其能够看到适合自身的"完整意义上的职业工作整体"。这样，学习难度会降低，目的性、积极性会更强。我们必须遵循职业教育规律，寻找课程来源；遵循职业成长规律与学习规律，编排课程内容；运用职业教育技术，进行课程的设计与实施，在课程的开发中实现"工学结合"，形成一个系统化的课程开发与教学活动过程。

教材是课程的重要构成要素，是嫁接课程理念和教学行为的重要桥梁，也是综合体现各种课程要素的教学工具。

与传统学科教材相比，本教材在整体定位与设计方面具有以下特点：

(1) **以职业活动过程为导向。**遵循职业教育规律，以人力资源管理职业活动过程为导向来设计教材内容，建立起知识与职业工作之间的紧密联系，使职业工作"完整呈现"的同时，独立、离散的学科知识内容也得到有机串接，形成了理论教学与实践教学高度一体化的新型课程内容，实现了学科课程向工作活动导向课程的跨越。

(2) **以职业工作任务为载体。**根据职业分析成果，校准教材内容参照系，以高度概括的人力资源管理职业工作任务为载体来组织课程内容，形成以工作任务为中心、以实践操作为主线、以理论知识为背景的课程内容结构，实现了课程内容由学科结构向工作结构的转变。

(3) **以职业活动内容为情境。**职业教育课程生活化、情境化是职业教育技术的基本要求。只有这样，才能摆脱"教室里办商场"的窘境。为此，教材设计了一系列职业活动情境，将学生置于职场中，由传统意义上的“教师讲，学生听”的被动行为逐步向学生的主动探索行为（完成某项活动）转变。伴随着工作过程，可以完成 “资讯、决策、计划、实施、检查、评价”的学习过程，同时在职业氛围中鲜活地实现了职业教育的育人功能。

(4) **以职业技能证书为参照**。由行业、企业技术专家组成课程开发小组，科学概括职业典型工作任务，根据职业成长规律，确立学习情境素材并参与教材设计，使学习目标具体、明确、系统，学习内容先进、取舍合理、结构清晰、层次分明。在方便学生职业技能养成的同时，也兼顾了学生获取相应职业资格证书的需要。

与传统学科教材相比，《人力资源管理基础》教材在内容策划与编排上有以下特色：

(1) **结构定位指针：职业能力**。以职业活动顺序为线索，根据行业的实际需要，收集并归纳有关人力资源管理不同岗位工作环境及其典型工作任务，通过分析完成这些任务所应具备的社会能力、专业能力和方法能力，以及应该通过哪些实训环节来提高他们的综合能力和职业素养，并以此作为教材内容结构定位的指针。

(2) **体系构建思想：理实一体**。坚持学科知识的掌握服务于能力的构建，围绕职业能力的形成组织课程内容，以工作任务为中心来整合相应的社会能力、专业能力和方法能力，不追求学科知识的体系完整。课程内容尽可能地反映人力资源管理职业工作活动的全貌。

(3) **课程活动形式：学练结合**。遵循“理实一体化”思想，按照工作过程顺序为初学者设计学习活动，建立起工作任务与知识、技能的联系。设计了学习活动，增强了学生的直观体验，诱发了其学习的参与性和主动性。同时，在一些关键技能环节，有针对性地设置了一些练习，加大了技能培训的力度，从而方便学生将知识转化为专业性的技能技巧，提高其解决和处理现实问题的综合能力。

(4) **体例设计目标：形意生趣**。遵循职业教育教学规律，既吸纳国外教学参考书的优点，又考虑到我国高职高专学生的文化背景和基础教育养成的吸纳知识的习惯，在心理结构构建、兴趣动机发展等方面作了有益尝试，形成了工作描述、学习目标、情境导入、工作解析、工作活动建议，以及评价标准、正文、服务于正文的术语、信息、实务借鉴、小结等完整的教材功能体系。

(5) **语言运用要求：易懂感性**。在做到学习情境、职业情境与生活情境紧密结合的同时，注意了行文的活泼与优美，使其具有了一定的可读性。尽量运用形象化、具体化语言，使学生可以直观、形象、整体、自我地获取经验，并构建应用知识的框架，从而可以轻松地获取实际职业行动能力。

本书由国家示范性高职院校建设领导组成员闫文谦教授审定，赵铁编写全书。在课程开发过程中，参阅了国内外一些专家学者的研究成果及相关文献，多家校外实训基地和管理咨询公司为课程开发、横向课题的研发提供了实践的便利，同时还馈赠了一些国内外专业咨询公司的宝贵资料。教育部职业技术教育中心研究所、北京师范大学职业教育研究所、荷兰南方高等职业技术学院一些课程研究专家对课程开发提出了许多珍贵的建议，在此一并表示衷心的感谢。

高职教育课程建设正如火如荼，作为首批立项建设的国家示范性建设院校，有义务作出更多尝试。机械工业出版社积极搭建平台，中国高职教育教材建设又向前迈出了新的步伐。作为一种探索，尽管我们力求完美，但由于对人力资源管理职业活动的认识、理解和分析方面难免存在偏差，敬请读者不吝赐教。

**编　者**

# 目　录

# 任务 1 >>>

# 人力资源管理认知

## 任务描述

人力资源作为最重要的一种资源，分布于各类组织，特别是一些卓越的企业已经将吸引人才、留住和激励人才，作为其核心竞争力。人力资源管理也成为最具挑战性的职业之一。作为人力资源管理的初学者，首先应该在认识人力资源的基本含义的基础上，对其工作任务与过程有一个较为完整系统的认知，最终能够初步进入职业活动中。

## 学习目标

### 知识目标

- ☞ 认识人力资源的内涵。
- ☞ 了解人力资源管理职业。
- ☞ 认识人力资源管理职业活动过程。

### 能力目标

- ☞ 能体会生活中的人力资源管理。
- ☞ 能举例说明人力资源管理的作用。
- ☞ 能够对人力资源管理活动有初步认识。

## 任务导入

亲爱的同学，随着知识经济的来临，人力资源管理已经成为21世纪最具前景、最受人尊重的金领职业。作为初学者，如果你希望能够了解这一工作，或立志从事人力资源管理工作，并希望从中收获成功的喜悦，首先请尝试完成本任务。正像许多职业活动一样，人力资源管理活动本身也有一定的工作逻辑。本任务要求你在认识人力资源含义的基础上，了解人力资源管理职业活动过程，进而认识人力资源管理职业，为人力资源管理职业系统学习打下基础。

## 任务解析

根据人力资源管理职业工作活动顺序和职业教育学习规律，“人力资源管理认知”任务可以分解为以下子任务：

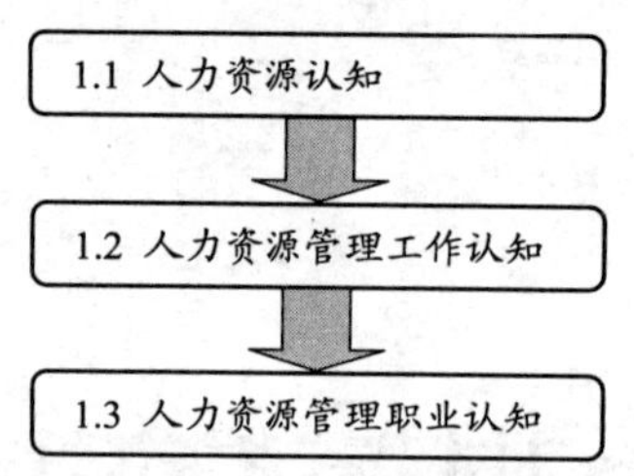


**管理故事**

我们的第一个故事从农夫养羊讲起。一位农夫家里养了三只小白羊和一只小黑羊。三只小白羊常常为自己雪白的皮毛骄傲，而对小黑羊不屑一顾："你看看你身上像什么，黑乎乎的，像锅底。""像穷人家用了几代的旧被褥，脏死了！"

就连农夫也瞧不起小黑羊，常给它吃最差的草料，还时不时抽它几鞭。小黑羊过着寄人篱下的日子，经常伤心落泪。

初春的一天，小白羊与小黑羊一起外出吃草，走出很远。不料突然下起了鹅毛大雪，它们只得躲在灌木丛中相互依偎。不一会，灌木丛周围全铺满了雪，因为雪太厚，小羊们只好等待农夫来救它们。农夫上山寻找，起初因为四处雪白，根本看不清羊羔在哪里。突然，农夫看见远处有一个小黑点，跑过去一看，果然是他那濒临死亡的四只羊羔。

农夫抱起小黑羊，感慨地说："多亏这只小黑羊呀，不然，大家都要冻死在雪地里了！"

**【管理感悟】**一个组织中，人人都不相同。作为优秀的人力资源管理者就应该积极引进多个方面的优秀人才，善于在普通之中发现每个员工的优点和长处，然后让他们到最适合岗位去做最适合他们做的事情。这是一个发现人和用人的学问。作为一个人力资源管理职业初学者，首先要学会发现每个组织成员的优点和长处。从这个意义上说，没有无能的员工，只有无能的HR管理者。



## 1.1 人力资源认知

**任务提示**

人力资源管理初学者的第一课，主要是认识人力资源，特别是从日常生活的角度认识人力资源的构成及其特征，在此基础上认识人力资源管理工作术语，并理解人力资源数量与质量的影响因素。

"千金何足惜，一士固难求。"这句话出自我国元代迺贤的《南城咏石》诗，是我们中学时代就已经听过的一句古代名人名言，大意是"千金易得，良将难求"，常被引用说明人才的重要性。的确，人才的重要性不言而喻！从宏观的角度讲，在国与国竞争日趋白热化的今天，越来越多的国家以人才立国为基本国策，把人才战略上升为国家重点战略。从微观的角度讲，在企业激烈的市场竞争中，人才就是核心竞争力，就是企业的新鲜血液和活的灵魂。

21世纪是全球化、市场化、信息化的世纪，是知识主宰的世纪。越来越多的有识之士认识到，企业的竞争归根结底是所拥有资源多寡的竞争。而在众多资源中，人才是最活跃、最重要的一种资源。不少优秀的企业家已经认识到人才的重要意义，把人才培训和人力资源开发作为事关企业前途与命运的一项重要工作。

### 1.1.1 认识资源

在日常生活中，我们经常会接触到各种各样关于“资源”的提法。联合国确定 2013 年“世界水日”的宣传主题是“水合作”（Water Cooperation）。我国纪念 2013 年“世界水日”和“中国水周”活动的宣传主题为“节约保护水资源，大力建设生态文明”。目的是推动对水资源进行综合性统筹规划和管理，加强水资源保护，解决日益严峻的缺乏淡水问题，开展广泛的宣传以提高公众对开发和保护水资源的认识。

在我国城市化进程中，出现了一浪高过一浪的地产开发，各地都在建住宅、建厂房，粗放的土地利用在蚕食着一片片充满生机的耕地。“但存方寸地，留与子孙耕”这样的警句在时时提醒着人们珍惜土地资源。

那么，什么是资源呢？

从经济意义上讲，资源是指为了创造财富而投入到生产活动中的一切要素。依据这一定义，资源大致可以分为两大类：一类是物质资源，如自然资源、资本资源和信息资源等；另一类是人力资源。我们通常所讲的资源，是物力、财力、人力等各种要素的总称。

现代企业经营管理活动中，人力资源是最为重要的资源。它是生产活动中最活跃的因素，也是一切资源中最重要的资源，因此被经济学家称为“第一资源”。

**重点名词 1-1　资源**

资源是指一切可被人类开发利用的物质、能量和信息的总称，它广泛地存在于自然界和人类社会中，是一种自然存在物或能够给人类带来财富的财富。或者说，资源就是指自然界和人类社会中一种可以用以创造物质财富和精神财富的具有一定量的积累的客观存在形态，如土地资源、石油资源、人力资源、信息资源等。

**1．物质资源**

物质资源是人们从事各种经济活动所依托的、客观存在的各种物质的总称，如自然资源中的水资源、土地资源、矿产资源、森林资源、海洋资源、石油资源，以及企业具体的经营活动中所需的各种原材料等。

**例 1-1**　物质资源在企业中主要表现为固定资产、材料、低值易耗品等。日常所说的自然资源主要包括阳光、风、空气、水、水力、海潮、土地、地热、森林、草原、动物、矿藏等。

**2．人力资源**

粗略地讲，人力资源是指具备体力劳动能力和智力劳动能力的人们的总称。人力资源包括数量和质量两个方面的内容。

**例 1-2**　人力资源最基本方面，包括体力和智力。从现实的应用形态来看，则包括体质、智力、知识和技能 4 个方面。相对比自然资源而言，人力资源既是生产的承担者，又是生产目的的实现者。

### 1.1.2 认识人力资源

**1．人力资源的界定**

1954 年，管理学大师彼得·德鲁克在其名著《管理的实践》一书中首次提出“人力资源”（Human Resource，HR）一词，并给以明确界定。他认为，与其他资源相比，人力资源是一种特殊的资源，必须通过有效的激励机制才能开发利用，并能为企业带来可观的经济价值。20 世纪 60 年代以后，西奥多·舒尔茨提出人力资本理论，他认为，人力资本是体现在劳动者身上的一种资本形式，它以劳动者的数量和质量，即劳动者的知识程度、技术水平、工作能力以及健康状况来表示，是这些方面价值的总和，人力资本的有形形态就是人力资源。“人口质量和知识投资在很大程度上决定了人类未来的前景。”

**重点名词 1-2　人力资源**

人力资源是指一定时期组织内的人拥有的能够被组织所用，且对价值创造起贡献作用的教育、能力、技能、经验、体力等的总称，包括以下要点：①人力资源的本质是人所具有的脑力和体力的总和，可以统称为劳动能力；②这一能力要能够对财富的创造起贡献作用，成为社会财富的源泉；③这一能力还要能够被组织所利用，这里的“组织”可以大到一个国家或地区，也可以小到一个企业或作坊。

由此，我们可以初步认识人力资源：人力资源是一定范围内为社会创造物质财富和精神财富、推动社会和经济发展的具有体力劳动和智力劳动能力的人的总和。

**2. 认识人力资源的构成**

人力资源由数量和质量两个方面构成。人力资源的数量是指一个国家或地区具有劳动能力的人口数量，而人力资源的质量则是指人力资源中所具有的体力、智力、技能以及工作态度和心理素质。由于人力资源是依附于人身上的劳动能力，和劳动者是密不可分的，因此可以用劳动者的数量和质量来反映人力资源的数量和质量。



（1）人力资源的数量。人力资源的数量分为绝对数量和相对数量两种。人力资源绝对数量的构成，从宏观上看，是指一个国家或地区具有劳动能力、从事社会劳动的人口总数，它是一个国家或地区劳动适龄人口减去其中丧失劳动能力的人口，加上非劳动适龄人口之中具有劳动能力的人口。

**例 1–3**　我国现行法律规定，招收员工的年龄应当年满 16 周岁，员工退休的年龄规定男性为 60 周岁，女性为 55 周岁（女干部 55 周岁，女工人 50 周岁）。显然，我国劳动年龄区间是男性 16～59 岁，女性 16～54 岁。

人力资源相对数量也称人力资源率，是指人力资源的绝对数量占总人口的比例，它是反映经济实力的重要指标。一个国家或地区的人力资源率越高，表明该国家或地区的经济有某种优势。因此，在劳动生产率和就业状况既定的条件下，人力资源率越高，表明可投入生产过程的劳动数量越多，从而创造的国民收入也就越多。

一个国家或地区的人力资源数量由以下 8 个部分组成，如图 1-1 所示。

| ②未成年就业人口 | ①适龄就业人口 | | | | ③老年就业人口 |
|---|---|---|---|---|---|
| | ④待业人口 | | | | |
| | ⑤就学人口 | ⑥家务劳动人口 | ⑦服役人口 | ⑧其他人口 | |

图 1-1　人力资源构成图

① 处于劳动年龄之内、正在从事社会劳动的人口，它占据人力资源的大部分，可称为“适龄就业人口”。

② 尚未达到劳动年龄、已经从事社会劳动的人口，即“未成年劳动者”或“未成年就业人口”。

③ 已经超过劳动年龄、继续从事社会劳动的人口，即“老年劳动者”或“老年就业人口”。以上 3

部分构成就业人口的总体。

④ 处于劳动年龄之内、具有劳动能力并正在要求参加社会劳动的人口，这部分可以称作“求业人口”或“待业人口”，它与前三部分一起构成经济活动人口。

⑤ 处于劳动年龄之内、正在从事学习的人口，即“就学人口”。

⑥ 处于劳动年龄之内、正在从事家务劳动的人口，即“家务劳动人口”。

⑦ 处于劳动年龄之内、正在军队服役的人口，即“服役人口”。

⑧ 处于劳动年龄之内的其他人口。

根据研究需要，人力资源数量在统计方面还可做以下划分，如图 1-2 所示。

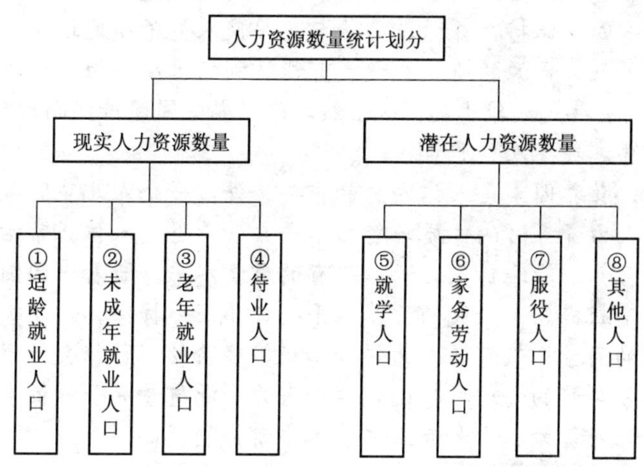


图 1-2　人力资源数量统计划分图

图 1-2 中，前面 4 部分是现实的社会劳动力供给，是直接的、已经开发的人力资源；后面 4 部分并未构成现实的社会劳动力供给，是间接的、尚未开发的、处于潜在形态的人力资源。

**重要信息 1-1　影响人力资源数量的因素**

（1）人口总量及其再生产状况。由于劳动力人口是人口总体中的一部分，而人力资源的数量体现为劳动人口的数量，因此人力资源数量首先取决于人口总量及其通过人口的再生产形成的人口变化。从这个意义上说，人口的状况决定了人力资源的数量。我国目前的计划生育政策已经引发人们对未来人力资源进一步丰富的担忧。

（2）人口的年龄构成。人口的年龄构成是影响人力资源的一个重要因素。在人口总量一定的情况下，人口的年龄构成直接决定了人力资源的数量。我国目前的人口老龄化也引发了人们“未富先老”的担忧。

（3）人口迁移。人口迁移可以使得一个地区的人口数量发生变化，继而使得人力资源的数量发生变化。例如，我国的城市化进程不断提速，使人力资源也发生重大变化。

（2）人力资源的质量。人力资源的质量是指人力资源所具有的体质、智力、知识和技能水平，以及劳动者的劳动态度。它一般体现为劳动者的体质水平、文化水平、专业技术水平、劳动的积极性。

在统计研究中，人力资源质量往往可以用健康卫生指标（如平均寿命、婴儿死亡率、每万人口拥有的医务人员数量、人均日摄入热量等）、教育状况（如劳动者的人均受教育年限、每万人中大学生拥有量、大中小学入学比例等）、劳动者的技术等级状况（如劳动者技术职称等级的现实比例、每万人中高级职称人员所占的比例等）和劳动态度指标（如对工作的满意程度、工作的努力程度、工作的负责程度、与他人的合作性等）来衡量。

与人力资源数量相比较，其质量更为重要。一般说来，人力资源的质量对数量的替代性较强，而数量对质量的替代作用较差，有时甚至不能替代。人力资源开发的目的在于，提高人力资源的质量，使其为社会经济的发展发挥更大的作用。

**重要信息 1-2　影响人力资源质量的因素**

（1）遗传和其他先天因素。人类的体质和智力具有一定的继承性，这种继承性来源于人口代际间遗传基因的保持，并通过遗传与变异使人类不断地进化、发展。人口的遗传，从根本上决定了人力资源的质量及最大可能达到的限度。但是，不同的人在体质水平与智力水平上先天差异是比较小的，这当然不包括那些因遗传病而致残的人。因此，我们必须提倡优生优育，提高人口质量。

（2）营养因素。营养因素是人体发育的重要条件，一个人儿童时期的营养状况，必然影响其未来成为人力资源时的体质与智力水平。营养也是人体正常活动的重要条件，充足而全面地吸收营养才能维持人力资源原有的质量水平。随着中国国民经济的不断发展，人民生活水平不断提高，人民的营养水平也在不断地提高。

（3）教育方面的因素。教育是人为传授知识、经验的一种社会活动，是一部分人对另一部分人进行多方面影响的过程，这是赋予人力资源质量的一种最重要、最直接的手段，它能使人力资源的智力水平和专业技能水平都得到提高。



### 1.1.3　认识人力资源管理术语

**1．人口资源与人力资源**

人口资源是指一个国家或地区所拥有的人口总量，是一个数量概念，也是一个最基本的底数，劳动力资源、人力资源、人才资源等都以此为基础。其中，具备智力和体力劳动能力的那部分人口资源才是人力资源。

**2．劳动力资源与人力资源**

劳动力资源是一个国家或地区具有的劳动力人口的总称，是人口资源中拥有劳动能力并进入法定劳动年龄的那部分人。这一人口群体必须具备从事体力劳动或脑力劳动的能力。劳动力资源也是偏重数量概念。劳动力资源是人力资源的一部分，其中，具备对价值创造起贡献作用并且能够被组织所利用的体力和脑力的那部分资源是人力资源。（人力资源还包括未达到劳动年龄的未成年人）

**管理借鉴 1-1　一个圆圈引发的公司收购**

福特汽车公司非常器重人才。一次，公司一台电机出了故障，公司所有的工程技术人员都未能修好，只好另请高明。来人叫思坦因曼思，原是德国的工程技术人员，流落到美国后，一家小工厂的老板看重他的才能并雇用了他。

他来之后，在电机旁听了听，要了一架梯子，一会儿爬上去，一会儿爬下来，最后在电机的一个部位用粉笔画了一个圈，写上几个字："这儿的线圈多了 16 圈"。果然，把这 16 圈线圈一去掉，电机马上运转正常。

亨利·福特因此对这个人非常欣赏，一定要他到福特公司来。思坦因曼思却说："我所在的公司对我很好，我不能见利忘义，跳槽到福特公司来。"福特马上说："我把你供职的公司买过来，你就可以来工作了。"

最终，福特为了得到一个人才，竟不惜重金买下一个公司。我国古代有"千军易得，一将难求"的说法，说的也是人才难得。

【讨论】福特求才若渴的举动与其市场竞争力提升的关系。

3. 人才资源与人力资源

人才资源是指一个国家或地区具有较多科学知识、较强劳动技能，在价值创造过程中起关键作用的那部分人。人才资源主要突出质量概念，是人力资源中较杰出、较优秀的那部分人，表明的是一个国家或地区所拥有的人才质量。显然，人才资源是比较高级的劳动力资源，也是人力资源的高端部分。

**重要信息 1-3　人力资源的特征**

**1. 人力资源的生物性**

人力资源存在于人体之中，是具有生命的"活"资源，与人的自然生理特征相联系，这是人力资源最基本的特征。人力资源属于人类自身所特有，因此具有不可剥夺性。

**2. 人力资源的时效性**

时效性是指人力资源的形成与作用效率要受其生命周期的限制。作为生物有机体的个人，其生命是有周期的，每个人都要经历幼年期、少年期、青年期、中年期和老年期。其中具有劳动能力的时间是生命周期中的一部分，其各个时期资源的可利用程度也不相同。

**3. 人力资源的再生性**

人力资源具有再生性，它基于人口的再生产和劳动力的再生产，通过人口总体内个体的不断更替和"劳动力耗费——劳动力生产——劳动力再次耗费——劳动力再次生产"的过程得以实现。同时，人的知识与技能陈旧、老化也可以通过培训和再学习等手段得到更新。

**4. 人力资源的社会性**

人处在一定的社会之中，人力资源的形成、配置、利用、开发是通过社会分工来完成的，是以社会的存在为前提条件的。人力资源的社会性，主要表现为人与人之间的交往及由此产生的千丝万缕的联系。人力资源开发的核心，在于提高个体的素质，因为每一个个体素质的提高，必将形成高水平的人力资源质量。

**5. 人力资源的能动性**

能动性是人力资源区别于其他资源的本质所在。人能对自身行为作出抉择，能够主动学习与自主地选择职业，更为重要的是人能够发挥主观能动性，有目的、有意识地利用其他资源进行生产，推动社会和经济的发展。

**6. 人力资源的角色两重性**

人力资源既是生产者，又是消费者，具有角色两重性。人力资源的投资来源于个人和社会两个方面，包括教育培训、卫生健康等。人力资源质量的高低，完全取决于投资的程度。人力资源投资是一种消费行为，并且这种消费行为是必需的、先于人力资本的收益。

**同步实训 1-1　人力资源故事分享**

**实训目的：**加深学生对人力资源含义的认识。

**实训安排：**

1. 学生收集并讲解一些古今中外的人才故事或案例，如“千军易得，一将难求”“三顾茅庐”等。

2. 分析并体会故事中人才对组织活动及目标实现所起的作用。

**教师注意事项：**

1. 由生活事例导入对人力资源的认识。

2. 提供一些人力资源的简单案例，供学生讨论。

3. 参观企业或提供其他相应学习资源。

**资源（时间）：**1课时、参考书籍、案例、网页。

**评价标准：**

| 表现要求 | 是否适用 | 已达要求 | 未达要求 |
| --- | --- | --- | --- |
| 小组活动中，外在表现（参与度、讨论发言积极程度） | | | |
| 小组活动中，对概念的认识与把握的准确程度 | | | |
| 小组活动中，角色扮演的精准度 | | | |
| 小组活动中，文案制作的完整与适用程度 | | | |

## 1.2　人力资源管理工作认知

**任务提示**

这是人力资源管理学习的第二课，主要是认识人力资源管理工作，特别是从企业管理的角度认识人力资源管理工作的内容，在此基础上认识人力资源管理工作的主要任务。

近几年来，我们可以从许多媒体上看到这样一个词：“用工荒”。据媒体调查，很多地方“用工荒”的根本原因就是待遇太低。日常生活中，我们也会经常听到一些企业主抱怨：“人力成本上升过快，这个月工资总额又增加了！”的确，传统的企业人事管理中，往往将人看作是“成本”，许多私营企业主认为，多雇用一个人就要多付一份工资，这就意味着生产成本的增加。

1958 年社会学家怀特·巴克在其《人力资源功能》一书中，首次将人力资源管理（Human Resource Management，HRM）看作企业的一项普遍管理职能。现代意义上的人力资源管理，将人看作是一种“资源”，一种具有生命的“活资源”，如果能够充分重视其主观能动性，激发其工作积极性，人力资源就可以发挥出较大的效用，创造出更大的价值，所以才有“人才就是资本”“人才就是财富”的说法。鉴于人力资源在各类社会组织中分布的广泛性，我们只以企业等经济实体为例，完成人力资源管理的每一项学习任务。

通过管理学的学习，我们知道，人力资源管理是企业管理的重要组成部分。其核心目的就是通过采取多种激励措施，激发企业员工的积极性，做到人尽其才，才尽其用，更好地促进生产效率、工作效率和经济效益的提高。

在考虑人力资源管理工作专门化的前提下，我们可以这样理解人力资源管理：简言之，人力资源管理就是对生产活动中组织成员的管理。通俗地讲，就是根据组织发展目标，进行这一特殊资源的获取、使用、保持、开发、评价和激励等一系列工作，使其发挥出最大效益。

**重点名词 1-3　人力资源管理**

人力资源管理是指运用现代化的科学方法，对与一定物力相结合的人力进行合理的培训、组织和调配，使人力、物力经常保持最佳比例，同时对人的思想、心理和行为进行恰当的诱导、控制和协调，充分发挥人的主观能动性，使人尽其才，事得其人，人事相宜，以充分实现组织目标。

由于人力资源在众多“资源”中的特殊性，人力资源管理在整个企业管理工作中也处于非常重要的地位。成功的人力资源管理工作往往会使企业经营目标迅速实现。与此同时，员工在企业发展的过程中自身也得到成长。

### 1.2.1　认识人力资源管理工作

作为时刻处于激烈竞争中的市场主体，每个企业都需要对自己所拥有的各种资源（人力，财力、物力）进行合理配置，按照低成本、高产出的效率原则，有目的地利用稀缺资源，依据企业组织架构和人、财、物的技术配比，制定、落实企业人力资源规划，从量的角度去满足企业发展对人力资源的需要。同时，通过有针对性的培训、开发、沟通、激励等手段，激发其积极性，从质的角度去满足企业发展的人力资源需求。

人力资源管理工作一般由企业内设的人力资源管理部门和社会上专业从事人力资源咨询、策划服务的专业公司承担。我国专业人力资源管理咨询外资机构有合益资讯公司、翰威特、华信惠悦、美世等，本土咨询机构有北大纵横、合易咨询、理实、和君创业等。

目前国内外许多大的企业和组织，根据生产经营的需要，大都设立了专门的人力资源管理部门，这项工作已成为这类企业固定性、经常性的工作。此外，社会上还有许多专业性人力资源咨询策划机构，它们的出现是社会分工日益专业化的表现，也是当今人力市场竞争加剧的必然产物，主要有 3 种类型的公司，即综合性中介咨询公司、专业的人才或人力资源服务公司和各类人才市场。

如果是新设立企业，在筹备期间，就应该根据投资规划，聘请社会上专业的人力咨询机构，根据职业、岗位任务分析，为即将成立的企业做好初步的人力资源规划，并在其指导下着手建立相关管理制度，招聘人员。

**例 1-4**　北京市芭比伦国际五星级酒店经过 2 年筹备即将开业，根据北大纵横人力资源咨询公司的工作分析结果，芭比伦国际五星级酒店拟设立餐饮部、前厅部、客房部、行政部、工程部、市场营销部、财务部、安保部等部门。其中，前厅部就包括楼层经理、客户关系经理、首席礼宾司（宾客服务经理）、前台主管、前台接待员、礼宾员、行李员/门童、贴身管家、司机、泊车员等岗位。

已经成立的企业，即使内部已经设有专门的部门从事这一活动，与专业的人力咨询机构合作仍然是十分必要的。通过人力资源管理业务外包，可以节约企业自身管理成本。

**重点名词 1-4 人力资源管理外包**

人力资源管理外包就是指企业根据需要，将某一项或几项人力资源管理工作或职能外包出去，交由其他专门的企业或组织进行管理，以降低人力资源管理成本，实现效率最大化。

### 1.2.2 认识人力资源管理的任务

系统地看，现代意义上的人力资源管理就是一个人力资源的获取、整合、激励保持、控制调整及开发的过程。通俗地讲，人力资源管理工作主要包括识才、选才、用才、育才、留才等任务，也可以概括为“如何招人、如何用人、如何管人”。

1．识才

识才是“基础”。所谓识才，就是要树立正确的人力资源管理理念，认识和了解人才的心理与行为规律，洞察人才的心理需求变化，它是人力资源管理工作的基础。人才识别必须以科学的人才观念为指导，借助科学的人才测评技术和手段，才能识别出符合企业需求的人才。

2．选才

选才是“先导”。选才是人力资源管理工作的开始环节，是对人员的招聘与选拔。选才必须建立在岗位分析的基础上，并完善岗位说明书，设计科学的选拔方案，同时借助科学的选拔工具和手段提高选拔的信度和效度。

3．用才

用才是“核心”。企业的人力资源管理的出发点和落脚点在于用才。通过对人力资源的合理配置和使用，达到人尽其才、才尽其用，同时达成组织既定的目标。企业要用好人，首先应在企业发展战略的基础上，制定人力资源战略规划，并分解制定科学合理的年度招聘计划，严格界定需引进人才的数量、层次和结构等内容；其次应在人力资源配置过程中，做到知人善任，量才录用，任人唯贤，建立和完善人员流动机制和人事管理制度。

4．育才

育才是“动力”。育才即培养人才。育人的根本目的，是激发员工的工作积极性，提高员工的工作素质，规划员工的职业生涯，以达到使其成为职业专家能手的过程。因此，管理者的角色是老师、教练、专家。育才必须以企业发展战略为导向，既注重满足当前需求的培训，更注重满足未来需求的开发，着力建立一套科学的培训与开发体系。

5．留才

留才是“目的”。企业必须采取有效的激励措施，建立科学的考核与薪酬体系，使人才能够忠于企业，不至于流失。特别是对于一些“现实的人才”，要给予及时的奖励与晋升，激励他们继续为企业贡献聪明才智；对于“待开发的人才”，企业要及时给予培训与开发的机会，使其尽快成为“现实的人才”。

**重要信息 1-4 人事管理与人力资源管理**

人力资源管理是在人事管理的基础上发展、演变而形成的。人力资源管理与人事管理是一种继承和发展的关系。两者有如下区别：

**1．出现的背景不同**

人事管理是随着社会工业化的出现与初步发展应运而生的。由于社会工业化的发展在前期总是以物力资源的作用为基本力量的，人是附属于物的一种“物”。因此，在这种情况下，对人的管理实质上无异于“物”。

20世纪70年代以后人力资源管理开始形成，人不再是附属于物的一种“物”，或者说人与物不再是单纯地作为一种资源。人是特殊的资源，是人力资本。不同于任何物力资源，因为人有思想、有知识、有技能，人有主观能动性，而物力资源则没有。

**2．对人的理解不同**

传统意义上的人事管理，把投入在企业生产中的人，作为一种耗费或支出的“成本”来理解；将花费在用人上的薪酬、福利、培训等支出，作为成本来考虑，在观念上人与物没有本质区别。

现代人力资源管理是把企业雇用的人看作“人力资本”，将对人力费用的花销，看成是一种投资。这种投资通过有效的管理和开发，可以创造更高的价值，是能够长期为企业带来利润的特殊资本，即能够增值的资本。

**3．基本职能有所不同**

人事管理更多的以“事”为中心，注重的是控制成本、管理员工，属于行政事务的管理方式，如招聘、选拔、考核、录用、调进调出、工资奖金、福利待遇等方面的管理，以及人事档案记录与管理、人事管理规章制度的贯彻执行、晋升与处罚及其相关的其他人事管理职能等。

人力资源管理更多是以“人”为核心，把人看作是“主动资产”“活的资源”加以开发利用，是一项比较复杂的社会系统工程。



### 1.2.3 认识人力资源管理工作要素

从劳动管理科学和职业科学的角度看，人力资源管理工作包括以下要素：

**1. 人力资源管理的工作对象**

企业人力资源管理的工作对象就是其员工。作为一种以人为对象的职业工作，我们应该认识到，人力资源管理人员首先应该树立公正、以人为本、对员工负责任的态度。

**2．人力资源管理工具**

人力资源管理工作中，常用到的工具主要有基本管理工具、人力资源规划工具、分析工具、招聘与培训工具、绩效考核工具、薪酬管理工具、劳动管理工具等。这些工具的具体使用方法将在后续的任务中分别阐述。

**3．人力资源管理工作组织**

企业开展人力资源管理工作，一般有两种组织形式：一是企业自己来做，企业内设的人力资源管理部门负责此项工作。二是委托社会上专业人力资源管理咨询公司来做，一些企业向专业机构咨询相关业务，有的企业将部分人力资源管理活动直接委托给这些专业公司，自己专心处理其他经营活动，形成了人力资源管理职能外包。

**4．人力资源管理工作的主体流程**

抽象地讲，从“识才、选才、用才、育才、留才”等任务活动顺序看，人力资源管理工作的主体流程包括工作分析与设计、人力资源规划、员工招聘、员工培训、员工使用、绩效管理、薪酬管理、劳动关系管理和职业生涯管理，如图1-3所示。但是，在管理实践中，这些工作是互相联系、互相作用的整体。

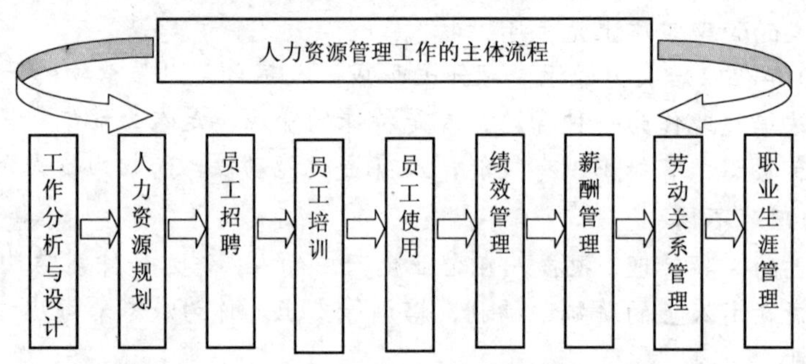


图 1-3 人力资源管理工作的主体流程

我们可以这样理解这一流程：无论是即将成立的新企业，还是已成立的老企业，都需要根据经营目标和范围，确定企业的“工作内容和岗位数量”，即进行“工作分析与设计”，以此为依据来制定企业所需“员工人数”，即制定“人力资源规划”。接着开始招聘相应人员，并对其进行培训，使其能够尽快进入到相应的工作岗位（包括人员招聘、培训与开发、员工使用与调配）。员工上岗之后，要对其进行“绩效考核”，在此基础上发放试用期薪酬或正式薪酬，并与其签订劳动合同（包括绩效管理、薪酬管理和劳动关系管理）。为了使其能够与企业共同发展，企业应帮助员工进行“职业生涯设计”。

**5．专业工作要求**



人力资源管理人员应具备相应的职业道德，自始至终均应保持客观公正的态度对待每一位员工，不允许带有任何个人主观的意愿或偏见，也不应受任何人或管理部门的影响或压力去从事管理活动，应有高度的责任心、诚心和爱心，本着对每一位员工负责的态度，帮助其成长，使员工和企业的目标能够共同实现。

**管理借鉴 1-2 管理中的“四两拨千斤”**

韩国某大型公司有一位清洁工，本来这是一个最被人忽视、最被人看不起的岗位，但就是这样一个人，却在一天晚上公司保险箱被窃时，与小偷进行了殊死搏斗。事后，有人为他请功并问他的动机时，答案却出人意料。他说：当公司总经理每次从他身旁经过时，总会真诚地说一句：“你扫的地真干净！”就这么一句简单的真诚赞美，就使这个员工受到了感动，为了公司“以命相搏”。

上述事例虽然只是管理者“真诚”的细微体现，但却可以让我们领会到“真诚”在企业人力资源管理中的力量，用“四两拨千斤”来形容也不为过。管理者的真诚应该在日常工作中处处体现，唯有这样，我们那些堆积如山的管理理论和模式才能起到一定的辅助作用，因为一切的管理理论和模式都必须以“真诚”为根本前提。那么，此时管理者或决策者是否应该再问一下自己：“我真诚吗？”

【讨论】人力资源管理中管理者应该具备的态度，并说说理由。

### 1.2.4 认识人力资源管理的工作内容

人力资源管理工作主要包括以下任务：

**1．工作分析与设计**

工作分析与设计是人力资源管理中的基础性工作，通过对企业工作任务的分解，根据不同的工作内容，设计为不同的岗位，规定每个岗位应承担的职责和工作条件、工作任务等，形成岗位描述和任职说明。工作分析与设计的结果还是人力资源规划编制、员工招聘、选择、配置、考核、薪酬分配的工作依据。

**2．人力资源规划**

人力资源规划是人力资源管理的第二大任务，简单来讲，就是指根据企业发展战略，制定企业用人计划，以确保企业在需要的时间和需要的岗位上获得相应的人力，为实现企业发展目标服务。通过制定这一规划，一方面保证人力资源管理活动与企业的战略方向和目标相一致；另一方面保证人力资源管理活动的各个环节相互协调，避免相互冲突。同时，在实施此规划时还必须要在法律和道德观念方面创造一种公平的就业机会。

**3．员工招聘**

根据人力资源的规划或供需计划而开展的招聘与选拔、录用与配置等工作是人力资源管理的重要活动之一。要完成组织的目标，企业用招聘来定位和吸引申请具体职位的人。招聘的目标在于迅速、合法和有效地找到企业需要的合适求职者。在这个过程中，企业需要采用科学的方法和手段对所需要的人员进行测评和选拔。

**4．员工培训**

通过培训提高员工个人、群体和整个企业员工的知识、能力、工作态度和工作绩效，进一步开发员工的智力潜能。

**5．员工使用**

员工使用在人力资源管理中居于核心地位。要做到科学、合理地使用员工，人力资源管理部门必须清楚地了解和掌握每位员工的基本情况和特点，熟悉每个工作岗位的任职要求，并把二者有机地结合在一起。

**6．绩效管理**

绩效管理是管理者与员工就工作目标和如何达成工作目标进行协调并达成共识的过程，它包括4个步骤，即计划、实施、考核、反馈。通过绩效管理，考核员工工作绩效，及时作出信息反馈，奖优罚劣，进一步提高和改善员工的工作绩效。

**7．薪酬管理**

薪酬管理是通过建立一套完整、系统的薪酬体系，实现激励员工的目的的管理活动。它是人力资源管理活动中最敏感、最被人关注、技术性最强的部分。薪酬管理是组织吸引和留住人才、激励员工努力工作、发挥人力资源效能的最有利的杠杆之一。

**8．劳动关系管理**

为使员工努力工作，组织应创造一种积极的工作环境，即良好的员工关系氛围。通过建立有效的预案，以保证员工身体健康和心理健康，在公司中建立有效沟通的渠道，是劳动关系管理的主要内容之一。

**9．职业生涯管理**

职业生涯管理是企业根据员工个人性格、气质、能力、兴趣、价值观等特点，同时结合组织的需要，为员工制定具体的事业发展计划，并不断开发员工潜能。企业管理把员工个人职业发展目标与企业发展目标统一起来，使员工不断获得成长，产生强烈的归属感、忠诚感和责任心，从而最大限度地发挥工作积极性。

**重要信息 1-5 人力资源管理的发展**

人力资源管理的发展过程一般划分为以下 3 个阶段。

**1．科学管理阶段**

19 世纪末 20 世纪初，以泰勒的科学管理理论——“科学管理原理”为代表，标志着企业管理由漫长的经验管理阶段，步入科学管理阶段。泰勒提出的科学管理理论强调对组织中员工进行有目的的管理，提高企业的生产效率。泰勒主要提出以下管理方法：

（1）设定工作定额。通过进厂观察、分析、记录等手段，了解各工序之间的协作关系、各工作岗位的工作内容，研究制定标准的操作方法，将掌握标准的操作方法作为培训员工的目标，让员工掌握最佳的工艺操作流程、操作动作，并制定工作定额。

（2）设定激励性的计件工资制。依据工作定额方法，制定出有差别的、有刺激性的计件工资制。依照奖励标准，鼓励工人完成较高的工资定额，奖励超额完成工作标准的员工，处罚没有完成正常工作量的员工。

（3）管理职能与执行职能分开。以科学的工作方法，将日常事务授权部门负责，管理只对例外事项保留处置权利。

科学管理的核心在于提高生产效率，忽视了员工的心理需求，简单地把员工看作是“经济人”。

**2．人事管理阶段**

随着管理者与员工矛盾日益加剧，“经济人”的假设越来越不适应管理实践的发展。20 世纪 20、30 年代，学者们开始由科学管理转向对人的研究。这一时期的主要代表人物是梅奥。1924 年，美国的西方电器公司在梅奥的组织下，在芝加哥附近的霍桑工厂进行了一系列实验，后来被多数专家命名为“霍桑实验”，得出如下结论：员工是“社会人”，企业的员工不是单纯追求物质和金钱的“经济人”，他们还有对友情、安全感等心理和社会上的情感需求，员工对自己受重视的感受可以有效地调动其工作。另外，他还提出了企业中除了正式组织外还存在着非正式组织的结论。这些研究结果形成了人际关系理论。此后，学者和企业管理者开始关注工人的需要，研究工人的行为特点，并试图在管理中突出人的重要性。

**3．现代人力资源管理阶段**

20 世纪 50 年代以后，人事管理开始向人力资源管理转变。其显著标志是怀特人力资源职能理论和迈勒斯的人力资源模式理论，以及德鲁克对“人力资源”的界定。归纳起来，现代人力资源管理主要有以下特征：管理的视野更加开阔，培训与职业生涯管理成为人力资源部门的重要职责，管理的内容更具有系统性。

**同步实训 1-2 人力资源管理故事分享**

实训目的：加深学生对人力资源管理工作的认识。

实训安排：

1. 学生收集并讲解一些古今中外的人力资源管理故事或案例，如三国中的“失街亭”。
2. 分析故事中的人物对组织活动及目标实现所起的作用。

教师注意事项：

1. 由生活事例导入对人力资源的认识。
2. 提供一些人力资源的简单案例，供学生讨论。

3. 参观企业或提供其他相应学习资源。

资源（时间）：1课时、参考书籍、案例、网页。

评价标准：

| 表现要求 | 是否适用 | 已达要求 | 未达要求 |
|---|---|---|---|
| 小组活动中，外在表现（参与度、讨论发言积极程度） | | | |
| 小组活动中，对概念的认识与把握的准确程度 | | | |
| 小组活动中，角色扮演的精准度 | | | |
| 小组活动中，文案制作的完整与适用程度 | | | |

## 1.3 人力资源管理职业认知

**任务提示**

这是调查人员入职的第三课，主要是认识人力资源管理职业，特别是认识人力资源管理职业发展前景及特征，在此基础上为人力资源管理职业学习及未来就业定位打下良好基础。

### 1.3.1 认识人力资源管理职业面向

人力资源管理职业是在各类企事业单位或其他社会组织中，为本组织或受托为其他组织专门从事工作分析与设计、人力资源规划、员工招聘与选拔、绩效考核、薪酬福利、培训开发、劳动关系协调等工作。

在我国，国家对人力资源管理职业进行资格认证，人力资源和社会保障部组织的企业人力资源管理职业资格考试共设4个等级，分别为人力资源管理员（国家职业资格四级）、助理人力资源管理师（国家职业资格三级）、人力资源管理师（国家职业资格二级）、高级人力资源管理师(国家职业资格一级)。《中华人民共和国企业人力资源管理职业资格证书》可在全国范围通用。人力资源管理职业面向主要有以下4种：

**1. 工商企业**

随着现代社会对人力资源管理认识水平的提升，目前各类型工商企业内部管理职能一般都包含人力资源管理。这也是人力资源管理职业工作的重点领域。

**2. 人才服务专业机构**

人力资源管理职业的第二个大方向是在专门的人才服务机构从事咨询服务类工作，即以客户为服务对象，在专业的人力资源管理公司、人才市场、猎头公司、管理咨询（顾问）公司、培训公司从事人才招聘、档案托管、职业资格认证服务、咨询（顾问）、培训等工作。

**3. 政府机关、公共事业单位、各种社会团体**

各事业单位、社会团体也有人力资源管理工作，如有关部门的人事处、人事教育处、人事劳资处或相关办公室，主要从事工资计划、年报及有关统计的初审和汇总，以及机关工资统计、核定等工作。

**4. 科研教学机构**

普通高校以及相关的研究院所主要是从事人力资源教学研究工作。但这类单位对人才的教育背景、研究能力要求较高。

**重要信息 1-6　我国人力资源管理专业机构**

（1）综合型的中介咨询机构　包括一些国际型的咨询服务公司以及会计师事务所，如麦肯锡公司、德勤会计师事务所。他们的专业领域在于帮助客户企业进行人力资源的策略性规划。

（2）专业的人才或人力资源服务机构　他们进入多种细分市场，通常为客户提供HR的配套服务，包括薪酬体系设计、员工培训、职业规划、政策咨询。市场上这类公司通常命名为“人力资源管理顾问有限公司”“人才服务有限公司”“职业人力资源服务中心”“人才信息服务有限公司”“人才咨询服务公司”“人力资源开发中心”“人力资源服务有限公司”“人力资源有限公司”等。国际盛行的“猎头”公司，也属于这类公司。

（3）人才市场和劳动力市场　他们依托政府支持和低运作成本，提供低端市场的招聘、行政管理、员工档案管理、劳动关系管理等服务。

（4）新兴的科技公司　他们更多地专注于高科技和传统行业的结合，如网络招聘等。

### 1.3.2　认识人力资源管理职业工作

**1. 人力资源管理职业工作的职位**

人力资源管理人员的职位名称和所属部门在不同组织中略有差异，但工作内容大致相仿。人力资源管理职业工作职位主要有以下划分：

（1）按从业者的工作性质划分　一是实际操作类，如在企事业单位担任人事助理、人事专员、人事主管等；二是人力资源咨询服务类，如职业规划师、心理咨询师、企业法律顾问（劳动关系、劳动争议类）等。

（2）按职能模块划分　招聘、培训、考核、薪酬福利、劳动关系主管（专员、助理），以及负责综合业务的人力资源经理、人力资源总监。

（3）按职位的级别、层次划分　从低到高分别为人力资源文员、助理、专员、主管、经理、总监（行政副总裁）。

**2. 人力资源管理职业工作的种类**

在人力资源管理岗位上，管理人员从事的工作可分为以下 3 类：

（1）战略性的管理活动　主要指人力资源规划、劳动关系管理、企业文化建设以及组织变革等。这些工作中，需要人力资源管理部门参与，从专业角度为企业高层提供决策参考。

（2）业务性的管理活动　主要指工作分析与设计、人员招聘、培训与开发、员工使用与调配、绩效管理、薪酬管理、劳动关系管理和职业生涯管理等。

（3）行政性管理活动　主要指员工纪律监督、档案管理、各种手续的办理、人力资源信息保存、员工服务及福利发放等。

有些企业可能由于规模较小，所以不单独设置人力资源管理部门，而是将人力资源管理工作和行政工作合并，由行政部、行政人事部、办公室或综合部履行相关的人事管理职责。因此，这些企业中的行政主管、行政助理、办公室主任、文员等也可被认为是人力资源管理岗位。而在中等规模的企业中，通常会有专门的人力资源管理部门，与其他业务部门处于同级地位，如图 1-4 所示。

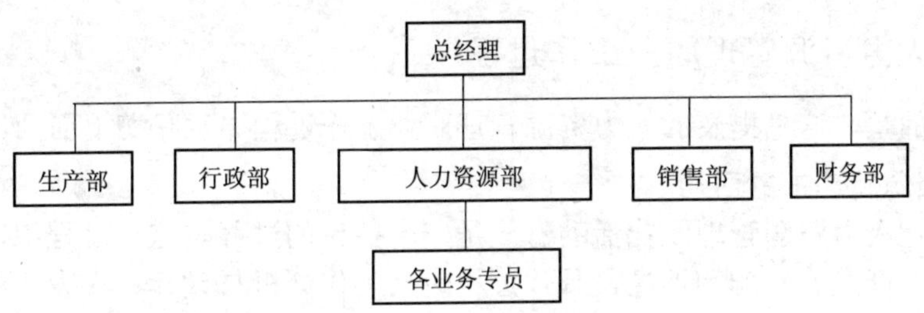


图 1-4　企业组织结构中专门化的人力资源管理部门

**3．人力资源管理职业工作的意义**

从不同角度讲，做好人力资源职业工作具有以下意义：

（1）从国家角度看　知识经济的兴起使得国与国之间的竞争直接演变成了人才之间的竞争，做好人力资源管理工作，不断提升人才质量，不仅是一个国家当前发展经济、提高竞争力的需要，也是一个国家可持续发展的重要保证。

（2）从企业角度看　做好人力资源管理工作，有利于调动员工的积极性，保证生产经营活动的顺利进行；有利于建立现代企业制度，不断提升经济效益。

（3）从员工角度看　做好人力资源管理工作，可以使员工尽快了解自己适合做什么，企业组织的目标、价值观念、岗位职责是什么，自己如何有效地融入组织中，同时能够结合企业组织目标，开发自己的潜能，设计自己的职业人生等。

**管理借鉴 1-3　故事中的人力资源管理**

《战国策・燕策》记载：燕国国君燕昭王一心想招揽人才，而更多的人认为燕昭王仅仅是叶公好龙，不是真的求贤若渴。于是，燕昭王始终寻觅不到治国安邦的英才，整天闷闷不乐的。

后来有个智者郭槐给燕昭王讲述了一个故事，大意是：有一国君愿意出千两黄金去购买千里马，然而时间过去了三年，始终没有买到，又过去了三个月，好不容易发现了一匹千里马，当国君派手下带着大量黄金去购买千里马的时候，马已经死了。可被派出去买马的人却用五百两黄金买来一匹死了的千里马。国君生气地说："我要的是活马，你怎么花这么多钱弄一匹死马来呢？"

国君的手下说："你舍得花五百两黄金买死马，更何况活马呢？我们这一举动必然会引来天下人为你提供活马。"果然，没过几天，就有人送来了三匹千里马。

郭槐又说："你要招揽人才，首先要从招纳我郭槐开始，像我郭槐这种才疏学浅的人都能被国君采用，那些比我本事更强的人，必然会闻风千里迢迢赶来。"

燕昭王采纳了郭槐的建议，拜郭槐为师，为他建造了宫殿，后来没多久就引发了"士争凑燕"的局面。投奔而来的有魏国的军事家乐毅，有齐国的阴阳家邹衍，还有赵国的游说家剧辛，等等。落后的燕国一下子便人才济济了。从此以后一个内乱外祸、满目疮痍的弱国，逐渐成为一个富裕兴旺的强国。接着，燕昭王又兴兵报仇，将齐国打得只剩下两个小城。

显然，管理之道，唯在用人，人才是事业的根本。企业只有做到唯贤是举，唯才是用，才能在激烈的市场竞争中战无不胜。

**【讨论】**做好人力资源工作对一个国家、企业的意义。

### 1.3.3 认识人力资源管理职业工作过程

需要强调的是，这里提及的人力资源管理职业工作过程，意味着下面两层意思：

1．人力资源管理抽象活动

我们可以把人力资源管理职业活动看成是一个抽象的过程。这一过程中，主体流程包括获取、保持、开发、奖酬和调控，具体过程包括工作分析与设计、人力资源规划、人员招聘、培训与开发、员工使用与调配、绩效管理、薪酬管理、劳动关系管理和职业生涯管理。本书的结构安排也是以此为逻辑线索。

2．人力资源管理学习过程

作为一种职业学习，应该以学习者为主体，进行学习与工作的安排。主体流程中的每一项具体任务都可以看作是人力资源管理活动中的典型工作，完成这一工作的过程就是“资讯、计划、决策、实施、检查与评价”六步骤。学生应在教师指导下，通过掌握资讯，积极主动完成各分项任务后面的“工作活动”，才能实现学习目标。

我们知道，并非所有的高职院校都有完善的校外实训基地，因而，根据职业分析的结果，遵循职业学习规律，本书设计了大量的学习活动，希望能够从教材内容、教学设计等方面实现“学习就是工作，工作就是学习”的目标。

作为一种职业学习，一定是从学生个体的角度出发，即一个从业者在人力资源管理岗位上所从事的工作，所完成的典型工作任务才是我们学习的重点。于是，我们在完成每一个工作任务时，要经历“资讯、计划、决策、实施、检查与评价”这一过程，即使是小组工作也不例外。



显然，前者是企业完成人力资源管理活动的过程，后者才是一个人力资源管理从业者完成工作任务时所经历的“工作过程”。这一工作过程中，我们要注意总结人力资源管理职业工作的对象、工作方法、工具、工作组织、对专业工作的要求以及工作成果等过程要素，围绕这些要素构建起自己的工作过程知识体系。

**同步实训 1-3　人力资源管理故事分享**

**实训目的：**加深学生对人力资源管理职业的认识。

**实训安排：**

1．学生收集并讲解一些古今中外的人力资源管理故事或案例，如“士争凑燕”。

2．体会人力资源管理职业的重要性。

**教师注意事项：**

1．由生活事例导入对人力资源的认识。

2．提供一些人力资源的简单案例，供学生讨论。

3．参观企业或提供其他相应学习资源。

**资源（时间）：**1课时、参考书籍、案例、网页。

**评价标准：**

| 表现要求 | 是否适用 | 已达要求 | 未达要求 |
|---|---|---|---|
| 小组活动中，外在表现（参与度、讨论发言积极程度） | | | |
| 小组活动中，对概念的认识与把握的准确程度 | | | |
| 小组活动中，角色扮演的精准度 | | | |
| 小组活动中，文案制作的完整与适用程度 | | | |

## 小结

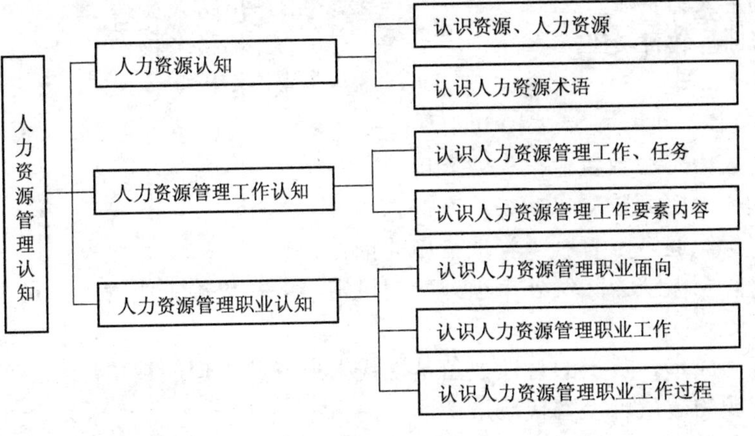


## 教学做一体化训练

### 一、重点名词

资源　　人力资源　　人力资源数量　　人力资源质量　　人力资源管理

### 二、课后讨论

1. 人力资源与劳动力资源的关系。
2. 人事管理与人力资源管理的关系。
3. 人力资源管理职业工作过程要素构成。
4. 如何理解"人力资源是第一资源"这句话。

### 三、课后自测

（一）选择

1. 下列不包括在现实的人力资源数量内的是（　　）。
   A. 未成年就业人口　　B. 暂不能参加社会劳动的人口
   C. 适龄就业人口　　D. 老年就业人口
2. 下列属于现实的人力资源数量的是（　　）。
   A. 失业人口　　B. 暂不能参加社会劳动的人口
   C. 老年就业人口　　D. 其他人口
3. 关于人口资源、人力资源和人才资源的关系，正确的是（　　）。
   A. 人口资源>人才资源>人力资源　　B. 人力资源>人口资源>人才资源
   C. 人才资源>人口资源>人力资源　　D. 人口资源>人力资源>人才资源
4. 人力资源的特征有（　　）。
   A. 能动性　　B. 时效性　　C. 生物性　　D. 社会性
   E. 双重性
5. 人力资源管理的主要任务有（　　）。
   A. 识才　　B. 用才　　C. 人才开发　　D. 激励人才

E．留住人才

6．人力资源管理的工作内容有（　　）。

A．制定人力资源计划　　B．招聘人员

C．培训与教育员工　　D．绩效考核

E．薪酬管理　　F．劳动关系管理

（二）判断

1．潜在的人力资源数量包括失业人口。（　　）

2．现实的人力资源数量包括失业人口。（　　）

3．非正式组织通常是有利于管理措施的推行。（　　）

4．科学管理学派认为除例外事项外应把日常事务授权给下级管理人员去处理。（　　）

5．视员工为成本、负担的管理视角是现代人力资源管理的视角。（　　）

6．人力资源的数量可以替代质量。（　　）

（三）简答

1．对于企业来讲，人力资源管理活动的意义是什么？

2．人力资源管理发展阶段及其特点。

3．人力资源管理的任务有哪些？

4．人力资源管理的工作内容有哪些？

5．人力资源管理职业工作的专业要求有哪些？

6．你如何理解人力资源管理职业前景？

（四）案例分析

**古代人力资源管理智慧**

**智慧之一：王珐鉴才**

在一次宴会上，唐太宗对王珐说："你善于鉴别人才，尤其善于评论。你不妨从房玄龄等人开始，都一一做些评论，评一下他们的优缺点，同时和他们互相比较一下，你在哪些方面比他们优秀？"

王珐回答说："孜孜不倦地办公，一心为国操劳，凡所知道的事没有不尽心尽力去做，在这方面我比不上房玄龄。常常留心于向皇上直言建议，认为皇上能力德行比不上尧舜很丢面子，这方面我比不上魏征。文武全才，既可以在外带兵打仗做将军，又可以进入朝廷搞管理担任宰相，在这方面，我比不上李靖。向皇上报告国家公务，详细明了，宣布皇上的命令或者转达下属官员的汇报，能坚持做到公平公正，在这方面我不如温彦博。处理繁重的事务，解决难题，办事井井有条，这方面我也比不上戴胄。至于批评贪官污吏，表扬清正廉署，疾恶如仇，好善喜乐，这方面比起其他几位能人来说，我也有一日之长。"唐太宗非常赞同他的话，而大臣们也认为王珐完全道出了他们的心声，都说这些评论是正确的。

从王珐的评论可以看出唐太宗的团队中，每个人各有所长；但更重要的是唐太宗能将这些人依其专长运用到最适当的职位，使其能够发挥自己所长，进而让整个国家繁荣强盛。

**智慧之二：张居正"看人""用人"和"调人"**

张居正被称作"宰相之杰"。其23岁中进士，先后为国家当政十年。因其起用名将戚继光、提高行政管理效率等功绩载誉千古，谥号"文忠"。对于治理臣民众生，他的管理方法“工于谋国”而立等见效，令人称奇，我们不妨借鉴一下这位管理天才的“看人”“用人”“调人”方略。

看人：克服六大误差。张居正的名言是“世不患无才，患无用之道”，他在著名的《陈六事疏》的“核名实”一篇中，专门论述了用人方略。其间，总结了他前后主持十年国事的用人体验，提出看人容易出现的六大误差：徒眩于声名，尽拘于资格，摇之以毁誉，杂之以爱憎，以一事概其平生，以一眚掩其大节。就是说，不听名声而看行为，不问资历而看潜力，不听闲言而看功实，不凭好恶而趋理性，不以一事论英雄，也不以一错定平生。

用人：讲究考核检查。考核与检查必须双管齐下，目前，企业管理者往往在考核和检查中有意无意地倾向于一种，有的倾向于考核，凭借人力资源部出台一套考核方法，实现用人以功实的管理。有的管理者倾向于检查，即以过程监督为主，进行事中管理而不是秋后算账，张居正则认为这两种方法必须兼顾。

调人：感到是一种提拔。巧用而不是滥用平级调动，把岗位轮换用得使员工当成是一种提拔，可以化平凡为神奇。一般而言，岗位轮换都有其目的性，不外乎三个想法：一是锻炼人才，提高其综合素质，尤其到基层锻炼是一般的上升通道，因为这样符合中国人的老规矩“名将出身行武”；二是瓦解帮派，任职时间一久就形成了习惯势力，不便于全局管理，按明朝当时的祖宗旧制，“三、六年考”是规矩，也就是三年就有可能岗位轮换了，比现在通常使用的四年制任期还短；三是利用新人的加入产生新的制衡关系，以利于最高领导控制全盘人马。因此，岗位轮换成为许多决策者的御人方法。

但张居正告诫了其中的不可为之处。首先，岗位差异太小的平级调动，不可过度频繁，正如《陈六事疏》所讲“不必互转数易”，因为这样的调动是为了调动而调动，会流于形式，前述三大功能都无法实现。第一项激励功能因岗位差异太小，对员工没有疗效；第二项分解功能因频繁调动根本就形不成威胁，所以失去了意义；第三项制衡功能因员工缺乏感恩之情，导致忠诚打折，别说去监视他人，连其本人也会因频繁调动而萌生去意。其次，岗位轮换之前要有合适的后备，以实现“人有专职，事可责成”，不能乱了自己、稳定了敌方。第三，最好是事出有因，把调动做出激励效果，给员工以“用人必考其终、授任必求其当”的良好形象，对管理者的资信水平提升有很大帮助。这就是讲，对一些有功之臣、心怡之将，可以采取此类方略达到前述三个目的，最终使其走向绝对忠诚，而管理者也得到张居正所谓“用人必考、授任以当”的好口碑。

阅读以上材料，回答问题：

1．古人人力资源管理思想给我们什么启示？

2．请你总结人力资源管理工作的核心要点。

## 实践项目　认识企业人力资源管理工作

**活动目的：**通过接触企业实践，了解其人力资源管理职业工作。

**活动安排：**

1．教师与校外基地接洽，进入企业。

2．学生分组，分赴不同管理岗位（如招聘、培训、薪资、考核专员等），实地了解相关工作并写出观察报告。

教师注意事项：

1. 讲解工作要点。
2. 检查学生分组是否合理。
3. 组织学习资源的调配。

资源：课后4课时、网页、参考书、基地企业。

评价标准：

| 表现要求 | 是否适用 | 已达要求 | 未达要求 |
|---|---|---|---|
| 小组活动中的工作表现（参与度、讨论发言） | | | |
| 整个职业工作过程的表现（概括、发现） | | | |
| 对整体职业工作任务的认识与把握 | | | |
| 完成任务过程知识与经验的运用 | | | |

## 学生自我工作总结

通过完成“任务1　人力资源管理认知”，我能够作如下总结：

### 一、主要知识

完成本任务需了解的主要知识点为

1. ……
2. ……

### 二、主要技能

完成本任务需掌握的主要技能有：

1. ……
2. ……

### 三、主要原理

完成本任务涉及的管理原理有：

1. ……
2. ……

### 四、相关知识与技能

本任务的完成过程：

1. 人力资源管理的发展过程是：……
2. 人力资源管理者应具备的素质有：……
3. 人力资源管理职业发展前景是：……

### 五、成果检验

本任务的成果：

1. 完成本任务的意义有：……
2. 学到的经验有：……
3. 自悟的经验有：……
4. 你认为人力资源管理工作对于企业的意义有：……

# 任务 2 >>>

# 工作分析与设计

## 任务描述

工作分析与设计的核心是：已设立或未设立的企业（或组织）都需要根据经营目标进行工作分析与设计，分析企业中有哪些工作，需要设置哪些岗位，工作职责和权限是什么，什么样的人才能胜任这些工作，如何评价工作人员的工作绩效，工作的主次划分及报酬标准制定的依据等。在此基础上，才能够开展人力资源管理的其他工作。

## 学习目标

### 知识目标

- ☞ 能认识工作分析的含义。
- ☞ 能认识工作分析的程序。
- ☞ 能认识工作设计的内容与要求。

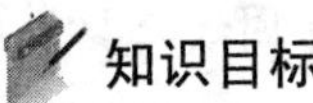

### 能力目标

- ☞ 能说明工作分析与设计的意义。
- ☞ 会编写工作分析说明书。
- ☞ 能对工作分析工作过程有整体认识。

## 任务导入

亲爱的同学，当你完成了人力资源管理认知之后，即将开始人力资源管理职业活动学习的实质性工作——工作分析与设计的学习。如果你的家人或朋友拥有一家企业，你可能也想知道：这么一家企业应有哪些工作，设置哪些岗位，职权怎样划分，应由什么人来完成这些工作，绩效如何评定等。通过完成本任务，你将找到这些问题的完美答案，并为人力资源管理活动的后续学习打下基础。

## 任务解析

根据人力资源管理职业工作活动顺序和职业教育学习规律，“工作分析与设计”可以分解为以下子任务：

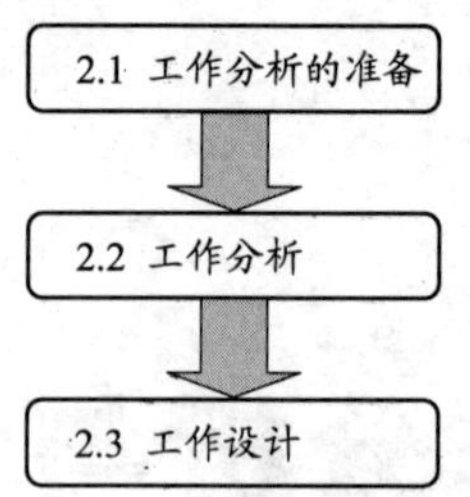


## 管理故事

我们的第二个故事要从三国时的失街亭讲起。《三国演义》把诸葛亮塑造成一个足智多谋、神机妙算、谨慎细致的军事家。可为什么还会失守街亭呢？现在看来，有客观和主观的原因。客观上是由于马谡刚愎自用，盲目自大。他争取了防守街亭的重任后，不认真分析形势，不虚心听取王平意见，把营寨安扎于山上。魏军进攻时，面对蜀军惊惧的局面，他无计可施，最后败逃，致使街亭失守，陷蜀兵于极不利的局面。主观上，失街亭的原因在于诸葛亮自身，是他错用人才，是他允许马谡守街亭，而没让稳重的王平去守，才导致街亭失守。在马谡请命时，诸葛亮说："街亭虽小，干系重大，倘街亭有失，吾大军皆休矣。汝虽深通谋略，此地余无城郭，又无险阻，守之极难。"孔明知道，马谡虽位居"高参"，饱读兵书，精通计谋，曾为自己献出过许多良策，立过许多功劳，但他从未担任过主将，从未独立守过城池，诸葛亮自己为失街亭埋下隐患。所以失街亭的主要原因还是诸葛亮的用人不当。



**【管理感悟】**从种种迹象来看，马谡是一个盲目自大、纸上谈兵的人，并不是一个好将领，但是诸葛亮把他放到防守街亭领导的位置。用现代人力资源管理的观点看，诸葛亮没有做好人力资源管理中工作分析和岗位说明的问题，把不合适的人调拨到不合适的岗位上，最终结果可想而知。

# 2.1 工作分析的准备

**任务提示**

工作分析准备阶段的主要工作包括了解组织及岗位设置的相关情况，在此基础上制定分析方案，组建分析工作小组，确定调查和分析对象的样本，并对各项工作进行分解，以便做好进度计划。

我们很小时就听说过"三个和尚的故事"。一个和尚挑水喝，两个和尚抬水喝，三个和尚没水喝。故事很简单，反映的道理却很深刻，本来人越多，干活的人也越多，怎么到最后竟没水喝呢？蕴含于其中的人力资源管理道理，你能说得清吗？

在这个故事中，挑水是和尚当然的一项工作。然而这项工作并没有被详细说明：是一项什么样的工作，工作内容有哪些，完成这项工作应具备的条件有哪些，什么样的人来完成这项工作，这个人为谁服务，对谁负责，他如何完成这项工作等。于是，出现了大小和尚不分先后，不分主次一起挑水，一块负责的局面。因为没有明确的责权利划分，大家都有责任又都不负责任，三个和尚没水喝的局面也就不足为奇了。

故事中的工作说明就是人力资源管理工作中工作分析的成果之一。工作分析是人力资源管理的基础性工作，也是一个岗位开展工作的基础和指导，它通常对一个岗位的工作内容，职责范围，权力与利益，工作关系与责任等加以说明，以便该岗位的人员积极自主地开展工作。

**重点名词 2-1　工作分析**

工作分析又称职位分析、岗位分析或职务分析，是对组织中某个特定职务的工作目的、任务或职责、权利、隶属关系、工作条件、任职资格等相关信息进行收集与分析，以便对该职务的工作作出明确的规定，并确定完成该工作所需行为、条件以及人员的过程。

### 2.1.1　明确工作分析意图

工作分析与设计的主体可以是企业（组织）内部自有的人力资源管理部门，也可能是企业（组织）聘请的社会上专门从事人力资源管理咨询的一些公司（也称管理咨询公司）。与律师事务所、会计师事务所一样，这些咨询公司通过向各类工商企业或其他类型的组织提供专业的人力资源管理策划与咨询服务，收取一定数额的服务费用。

不同的企业（组织），或者同一企业的不同发展阶段，工作分析的意图有所不同。

一般情况下，即将成立的企业往往还处于筹办阶段，由于自身组织架构、运行体系还未完善，力量有限。这时，一些大规模的企业往往会聘请社会上专业人力资源管理咨询公司，借助其经验，对企业所有工作进行分析，并初步设计出相应岗位，以便为员工招聘选拔等后续工作提供依据。这也可能是企业所做的第一次工作分析。

**例 2-1**　2013 年 10 月，地处黄金地段的北京悦来国际商务酒店已经装修一新，根据筹办计划，拟定于圣诞节前后迎来第一批外国客人。为此，筹建委员会决定招聘工作人员。经聘请的中智人力资源管理咨询公司策划，酒店拟设置前台、客房、餐饮、洗浴、康乐、文秘中心等部门，并在每个部门工作分析的基础上，确定了每一岗位的工作内容及所需人员资格要求，据此开始制定人员招聘计划。

对于已成立的企业，工作分析是为了对现有的工作内容与要求更加明确或合理化，有的是对新工作的工作规范作出规定，还有的企业是为了应对某种危机需要改善工作环境，提高企业的安全性和抗危机能力等。对于企业来讲，这样的工作分析是往往具有重复性特征的管理行为，不可能一劳永逸。

**例 2-2**　2013 年 9 月以来，上海怡口食品有限公司出口美国的水产品数量增长迅猛，销售部原有的 22 名员工都感到前所未有的压力，节假日加班加点也成为常事。为此，公司决定增加销售人员。经公司内部人力资源管理部门分析研究，重新确定了国内市场华北区、东北区、华南区、中南区、西北区的职责权限划分，原有出口部专门另设对美出口部。据此，拟招聘 10 名销售人员，补充到各个销售区域及国别出口部。

企业人力资源管理职业工作对象是企业员工，人力资源管理人员在进行工作分析时，首先要弄清企业想要解决的问题是什么。

为此，工作分析人员首先要与企业管理层进行沟通，了解他们要求进行工作分析的意图。同时，工作分析人员也应及时分析企业遇到的人力资源问题，以便在工作分析中更具有针对性。

1．分析企业管理层意图

在企业里，往往是相关管理人员首先发现人力资源问题，同时，也会对这些问题加以判断并试图解决。这些管理人员的意图或判断对工作分析人员进一步准确确定分析目标及思路具有很高的参考价值。为此，工作分析人员必须首先通过与企业管理人员交流，获悉并确认企业进行该项工作的意图。

2．分析人力资源问题

除了与企业管理者沟通之外，工作分析人员应该对企业遇到的一些人力资源问题进行了讨论与分析，以便能够发现问题的深层次原因。也可以通过和一些工作岗位上的员工面谈，来发现他们的工作任务、职责和原有工作说明的吻合度及存在的问题。

3．确定工作分析目标

通过与企业管理层沟通、分析人员的初步研判，我们就可以确定工作分析的重点和目标，从而也知道了我们进行工作分析所得出的信息将被用作何种目的，即职位说明书用来干什么，解决什么管理问题。根据目的的不同，分析的侧重点也有所不同。例如，工作分析是为了明确工作职责，那么分析的重点在于工作范围、工作职能、工作任务的划分；如果目的在于选聘人才，那么工作重点则是工作责任、工作量、工作环境、工作条件等因素的界定。只有这样，工作分析人员才能确定采用何种方法、步骤去收集这些工作信息。

**重要信息 2-1　企业的工作分析**

一般情况下，企业进行工作分析是因为出现了以下几种情形：

（1）新建企业或新组建的部门为满足组织设计与人员招聘需要必须进行工作分析。

（2）由于战略调整和业务发展使工作内容、工作性质发生变化，需要进行工作分析。

（3）企业技术创新带来劳动生产率的提高，需要重新进行定岗、定员。

（4）建立完善新制度的需要，比如绩效考核、晋升、培训机制的研究需要进行工作分析。

简单来讲，工作分析是指对工作进行整体分析，以便确定每一项工作的 6 个“W”和 1 个“H”，即用谁做（Who）、做什么（What）、何时做（When）、在那里做（Where）、如何做（How）、为什么做（Why）、为谁做（Whom）。企业通过这一系列的工作信息收集、分析和综合，可以系统全面地确认工作整体，即解决了“某一工作是做什么事情”和“由什么样的人来做这些事情更合适”的问题，为管理活动提供各种有关工作方面的信息。

在这项工作中，通过对工作输入、工作转换过程、工作输出、工作的关联特征、工作资源、工作环境背景等的分析，形成工作分析的结果：工作描述书、工作规范书等。工作描述书（也称岗位说明书）主要包括该岗位的目的、职责、权限、隶属关系、工作内容、工作条件等内容。工作规范书（也称作工作说明书）包括工作说明、工作概要，以及完成这些工作所需的知识、能力、行为及人员条件。

### 2.1.2　制定工作分析方案

工作分析方案一般应包括以下内容：前言、工作分析的目的和意义、工作分析的对象、工作分析的内容和具体项目、工作分析所采用的方法、工作分析时间进度安排、工作分析经费预算情况、工作分析结果的表达形式和附录等。

1. 前言

前言是工作分析方案的开头部分，应该简明扼要地介绍整个分析工作出台的背景原因。

**例2-3** 加多宝公司是我国一家以香港为基地的大型专业饮料生产及销售企业。随着业务的迅速发展，2013 年冬季以来，公司进一步增加了电视广告、各种方式售点的 POP 广告、印刷品广告等。为了有针对性地开展2014年度夏季旺销期的产品宣传推介工作，促进产品品牌形象的传播和产品销售量的进一步提高，公司拟对与产销推广销售有关的工作岗位职责进行一次重新分析，以便为这些部门的人员配置提供参考。

2. 工作分析的目的和意义

这部分内容较前言部分稍微详细点，应指出工作分析的详细背景，拟研究解决的问题和可能的几种备用决策，指明该分析结果能给企业带来的决策价值、经济效益和社会效益，以及在日常管理上的重大价值。

**例2-4** 通过本次工作分析，了解销售部门整体工作分布及运行状况，合理分工，重新打造国内销售大区、国外主要出口市场的销售团队，为完成2014年度500亿元人民币的销售任务奠定坚实的人力资源基础。

3. 工作分析的对象

这部分内容主要是说明向谁收集资料和由谁来具体提供资料的问题。分析对象就是根据分析目的、任务确定分析的范围以及所要分析的总体，它可以由某些性质上相同的许多单位所组成的。

**例2-5** 本次工作分析的主要对象为公司销售部及下属各单位。拟发放问卷100份，国内大区80份，出口部20份。

4. 工作分析的内容和具体项目

工作分析的主要内容和具体项目是依据所要解决的问题和分析目的所必需的信息资料来确定的。

**例2-6** 本次工作分析的主要内容有：①销售部门的工作活动；②销售部门工作使用的相关工具及辅助设施；③销售部门的工作条件；④销售工作队员工的要求。

分析项目的选择要尽量做到“精”而“准”。具体而言，“准”就是要求反映的内容要与分析主题有密切的相关性，能反映要了解问题的信息；“精”就是所涉及的资料能满足工作分析的需要，不存在对分析主题没有意义的多余项目。盲目增加分析项目，会使资料统计和处理有关的工作量增加，既浪费资源，也影响分析的效果。

5. 工作分析所采用的方法

一般来讲，应根据所分析企业及部门的实际情况，以及各种分析方法的比较，选择合适的方法进行分析。常用的方法有面谈法、观察法、问卷调查法、工作日志法、体验法等。

6. 工作分析时间进度安排

工作分析时间进度受制于企业工作分析意图及时效性的要求。在实际分析中，根据分析任务、范围的大小，时间有长有短。基本要求是：保证资料收集的准确、真实性，不走马观花；尽早完成分析活动，保证时效性，同时也节省费用。

通常，在安排各个阶段工作时，要详细地安排具体做哪些事项，由何人负责，并提出注意事项，所以需要制作时间进度表。工作分析计划进度表的一般格式见表2-1。

表 2-1　工作分析计划进度表

| 工作活动内容 | 时　　间 | 参与单位和活动小组 | 主要负责人及成员 | 备　　注 |
|---|---|---|---|---|
| | | | | |
| | | | | |
| | | | | |
| | | | | |

7. 工作分析经费预算情况

工作分析经费根据分析工作的种类、范围的不同而不同，当然，即使同一种类的分析，也会因质量要求不同而不同，不能一概而论。社会上专业的管理咨询公司费用预算一般包括：资料收集、复印费；问卷设计、印刷费；实地调查劳务费；数据输入、统计劳务费；计算机数据处理费；报告撰稿费；打印装订费；组织管理费；税收；利润。

工作分析经费预算表格的一般格式见表 2-2。

表 2-2　工作分析经费预算表

分析主题：

单位与主要负责人：

分析时间：

| 经 费 项 目 | 数　　量 | 单　　价 | 金　额 | 备　　注 |
|---|---|---|---|---|
| 1. 资料费 | | | | |
| 2. 复印费 | | | | |
| 3. 印刷费 | | | | |
| 4. 统计费 | | | | |
| 5. 打印费 | | | | |
| 6. 调查费 | | | | |
| 7. 劳务费 | | | | |
| 8. 杂费 | | | | |
| …… | | | | |
| …… | | | | |
| 合　　计 | | | | |

8. 工作分析结果的表达形式

确定工作分析结果的表达形式，如最终结果是工作描述书还是工作规范书，是否要求有阶段性报告等。

重点名词 2-2　工作说明书与工作规范书

工作说明书是用文件形式来表达的工作分析的结果，基本内容包括工作描述和任职者说明。工作描述一般用来表达工作内容、任务、职责、环境等，而任职者说明则用来表达任职者所需的资格要求，如技能、学历、训练、经验、体能等。

工作规范书又称任职者资格，是指任职者要胜任该项工作必须具备的资格和条件。

9. 附录

列出工作分析项目负责人及主要参加者的名单；说明资料收集方法、数据处理方法的运用；列出需说明的工作分析过程性成果等。

## 2.1.3 建立工作分析小组

由于工作分析可能涉及一个企业的多个部门，在工作开展之前，建立一个工作小组非常有必要。小组成员确定之后，分别赋予他们进行分析活动的权限，以保证分析工作的协调和顺利进行。

**1. 建立工作分析领导组**

一般来讲，在一个企业内部，工作分析一般是由人力资源管理部门主导进行。但是，在具体的工作开展过程中，会涉及企业内部多个部门。这时，为了工作能够顺利进行，需要由企业领导层出面进行协调。所以，在开展工作之前，应该建立工作分析领导组，成员通常包括企业领导层、工作分析专家等。

工作分析必须有企业高层管理者的支持，以及经过专业训练的人才的分析技术，这样才能够保证工作顺利、有效地进行。

**2. 组建工作分析小组**

工作分析中，事务性的工作繁多。因此，必须组建相应的工作分析小组，保证充足的人员配置。工作分析小组人员一般由企业人力资源管理部门领导、人力资源管理专员、工作任职者及其上级等组成。一般而言，工作任职者最了解工作的信息，有可能提供关于工作最真实、可靠的信息。工作任职者的上级主管，观察任职者的工作时能够提供客观的评价。

在确定分析小组成员后，首先要对小组进行工作分析，明确小组成员各自的分工、流程、时间表和阶段成果，建立工作规范和沟通制度，确保成员稳定、信息共享，并不断调整工作方式与方法。

## 2.1.4 选定分析样本

在工作分析实施中，究竟是对所有的职务都进行分析呢？还是仅对关键岗位进行分析？或者是仅仅针对新出现的、变化了的工作进行分析？如果只是针对部分工作进行分析，要注意该职务与其他职务的关系，从整体和系统的角度去把握相关职务的变化，避免前后矛盾和衔接脱节等情况出现。

如果需要分析的工作较多，而这当中的有些工作具有较大的相似性时，为节约成本，提高分析效率，不必对每个工作都进行分析，可以事先选定具有代表性的工作进行分析。如对流水线上的工人所做的工作进行分析，如果我们对他们所做的工作一个一个地进行分析，必然非常耗费时间。在这种情况下，选择典型工作进行分析显然是十分必要同时也是比较合适的。

## 2.1.5 组织宣传发动工作

工作分析中，获得企业高层的支持和员工的配合是确保整个工作分析项目顺利开展的关键因素之一。所以，工作分析人员应该广泛动员，大力宣传工作分析的目的、价值和意义。在企业高层领导的支持下，要利用一切渠道与全体员工进行沟通，避免企业员工出现不必要的误解，争取各部门管理者和员工的参与配合。具体可以采取会议宣讲、发放资料等形式。

**重要信息 2-2　工作说明书与工作规范书**

工作分析是人力资源管理的基础性工作，人力资源管理的每项工作几乎都需要用到工作分析的结果。

**1．工作分析是人力资源规划的基础**

企业内各项工作责任的大小、任务的轻重、时间的约束、工作条件的限制等因素决定了企业所需的不同人员。通过对部门内各项工作的分析，得到各部门人员编制，继而得到人力资源需求计划。

**2．工作分析对人员招聘具有指导作用**

通过工作分析，可明确企业各项工作的目标与任务，规定各项工作的要求，同时提出各职位任职人员的心理、生理、技能知识和品格等要求。在此基础上，企业可以确定人员的任用标准。

**3．工作分析有助于员工培训与开发工作**

工作分析明确规定了完成各项工作所应具备的知识、技术和能力及其他方面的素质与条件等要求。根据这些信息，企业可以针对不同的工作要求、任职人员的具体情况，设计不同的培训方案。

**4．工作分析为绩效评价提供了客观的标准与依据**

从人力资源管理程序上看，工作分析是绩效考核的前提，工作分析为员工的绩效评价的内容、标准等确定提供了客观依据。

**5．工作分析有助于薪酬管理方案的设计**

任职人员所获得的薪酬高低主要取决于其从事的工作性质、技术难易程度、工作负荷、责任大小和劳动条件等，而工作分析正是从这些基本因素出发，从而使各项工作在组织中的重要程度或相对价值得以明确。以此为依据制定的薪酬水平保证了工作和担任岗位职责的劳动者与劳动报酬之间的协调和统一。

**6．工作分析有利于把握员工的安全与健康**

工作分析反映了完成各项工作的环境与条件，如说明某项工作是否具有危险性。而且，在某些危险的工作中，工人为了安全完成工作，也需要了解一些有关危险的信息，从而有助于减少来自于工伤事故的巨额赔偿责任和不合法的风险。

**7．工作分析有利于改善员工的劳动关系**

工作分析为每个工作岗位的任职者提供了客观标准，成为组织对员工进行提升、调动或降职的决策依据；工作分析保障了同工同酬，并使员工明确了工作职责及以后的努力方向，必然使员工积极工作，不断进取；工作分析获得其他有关信息也使管理者更为客观地进行人力资源管理决策。

**8．工作分析有利于职业生涯规划与管理**

通过工作分析对组织中的工作要求和各项工作之间的联系的研究，组织可制定出行之有效的员工职业生涯规划。同时，工作分析也使员工有机会或有能力了解工作性质与规范，制定出适合自身发展的职业道路。

**9．工作分析有助于工作设计工作**

工作分析通过人员测定和分析，不断对工作进行重新设计和改进，推动各工作在组织中的合理配置，以促进组织的科学化，保证生产过程均衡，协调地进行生产要素配置的合理化、科学化，提高组织生产效益。

**同步实训 2-1　工作分析准备认知**

**实训目的：** 加深学生对工作分析准备工作的认识。

**实训安排：**

1. 学生收集并分析班级或学生会学生干部岗位设置的状况及存在问题。
2. 分析并体会工作分析对于组织人力资源管理所起的作用。

**教师注意事项：**

1. 由生活事例导入对工作分析的认识。
2. 提供一些人力资源工作分析的简单案例，供学生讨论。
3. 参观企业或提供其他相应学习资源。

**资源（时间）：** 1课时、参考书籍、案例、网页。

**评价标准：**

| 表现要求 | 是否适用 | 已达要求 | 未达要求 |
|---|---|---|---|
| 小组活动中，外在表现（参与度、讨论发言积极程度） | | | |
| 小组活动中，对概念的认识与把握的准确程度 | | | |
| 小组活动中，角色扮演的精准度 | | | |
| 小组活动中，文案制作的完整与适用程度 | | | |

## 2.2　工作分析

**任务提示**

本任务的主要工作内容包括根据分析目的，在确定所需信息的大致方向与范围的基础上，选择适当的方法，进行信息收集。做好各分析小组的沟通协调工作，编写出工作说明书。

### 2.2.1　确定工作分析信息

实施工作分析时，分析人员应该先根据分析目标、用途，确定工作信息的用途、来源和内容。

**1. 确定工作分析信息的用途**

工作分析所获得信息的用途直接决定了需要搜集何种类型的信息，以及使用何种技术来搜集这些信息。因此，在工作分析开始就要明确工作分析所获得的信息将用于何种目的。

**2. 确定工作分析信息的来源**

工作分析所需要信息的类型和范围取决于分析的目的、分析的时间约束和预算约束等因素。资料的连贯性、精确性、可接受性是选择资料来源的决定性因素。因此，相关工作的工作专家、工作执行者和管理监督者是主要的资料来源，而与待分析工作相关的下属和其他工作人员、顾客以及工作分析者则主要是对工作信息进行补充和筛选，另外，还可以参阅相关的工作分析资料、职业分类辞典等。

**3．确定工作分析信息的内容**

一般说来，工作分析所需获得的信息主要包括以下内容：工作事项和工作方式；与他人的交往活动；工作标准；所使用的机器设备；工作条件；该职务对于他人所负责任与他人对该职务所负责任；所需知识、技能和能力，如受教育水平、工作经历、工作技能、个人能力、智力和体质等。工作分析信息的主要内容见表 2-3。

**表 2-3　工作分析信息的主要内容**

| 一、工作活动 | 三、工作条件 |
|---|---|
| 1．工作任务的描述<br>工作任务是如何完成的？<br>为什么要完成这项任务？<br>什么时候完成这项任务？<br>2．与其他工作和设备的关系<br>3．完成工作的程序<br>4．完成这项工作所需的行为<br>5．动作与工作要求 | 1．人身工作环境<br>是否在高温、灰尘和有毒的环境？<br>是在室内还是室外？<br>2．组织的有关情况<br>3．社会背景<br>4．工作进度安排<br>5．激励情况（财务和非财务的） |
| **二、工作中使用的机器、工具、设备和辅助设施** | **四、对员工的要求** |
| 1．所使用的机器、工具、设备及辅助设施的清单<br>2．运用上述设施所加工处理的材料<br>3．运用上述设施所生产的产品<br>4．运用上述设施所完成的服务 | 1．与工作有关的特征要求<br>2．特定的技能<br>3．特定的教育训练背景<br>4．与工作有关的工作经验<br>5．身体特征<br>6．态度 |

具体来讲，工作分析所需获得的信息主要类型为：工作活动资料，即各项工作实际发生的活动类型，如清洗、打字等；人类行为资料，即与个人工作有关的人类行为资料，如体能消耗情况、行走距离长短、写作能力等；工作器具资料，即工作中所使用的机器、工具、设备以及辅助器械的情况；绩效标准，即用数量或质量来反映的各种可以用来评价工作成绩的方法；相关条件，指工作环境、工作进度、组织行为规范以及各种财务性和非财务性奖励措施；人员条件，指与工作相关的知识、技能以及个人特征等，包括学历、训练背景、工作经验、性格、兴趣和身体特征等。

### 2.2.2　选择信息收集方法

在进行工作分析时，收集工作分析信息的方法很多，每种方法都有自己的优缺点。在分析实践中，应该多种方法结合运用，才能收集到需要的足够完整的信息。

**1．访谈法**

分析人员可以事先准备好面谈提纲，通过个别谈话或小组访谈形式，进行面对面沟通来获取工作信息。提纲中典型问题应该包括：你做哪些工作？主要职责是什么？怎样完成？工作地点在哪里？工作所需的教育背景、经验、能力或职业资格是什么？绩效标准如何？工作环境和条件如何？

在进行面谈之前，分析人员要熟练掌握之前已获得的信息，如之前相关的面谈记录、有关该工作的文件记录等。除此之外，面谈之前我们往往需要确定以下几个方面的问题：面谈的对象有哪些，面谈对象的综合素质差异程度如何；面谈的目的是什么，要提取的工作信息有哪些；面谈的结构化程度（标准化程度）如何；所需的材料与工具有哪些；时间安排与地点安排如何。

运用这种方法，往往是因为分析人员遇到的工作比较复杂，如专业性、技术性较强，无法直接观察和亲身实践的工作。面谈法对工作分析人员的语言表达能力和逻辑思维能力有较高的要求。通过面谈法可以对被访人员的工作态度、动机等深层次内容有详细和比较深刻的了解。

**2．观察法**

分析人员也可以事先制作观察表，见表 2-4，在分工的基础上，直接到现场，亲自对一个或多个工作人员的操作进行观察，并用文字或图表记录有关工作的内容、任务、工作关系，工作环境、条件等情况，并在此基础上通过比较、分析汇总等方式来获取信息。

运用这种方法，分析人员遇到的工作往往是由一些明确的身体活动来完成的，多见于比较机械的体力工作分析。

**表 2-4　工作分析观察表**

被观察者姓名：________________ 日期：________________

观察者姓名：________________ 观察日期：________________

工作类型：________________ 工作部门：________________

观察内容：

什么时间开始正式工作？

上午工作多长时间？

……

**3．问卷调查法**

分析人员可以事先制作调查问卷，通过访问或由员工自行填写的方式，达到信息搜集的目的。使用问卷法获得工作信息的质量，取决于问卷本身设计的质量，同时还受被调查者文化素质的高低以及在填写时的态度等因素的影响。

使用问卷法可以快速而有效地从众多员工那里获得工作信息，但必须强调的是，只有设计良好的问卷才能保证对各类信息进行有效的归纳和分析，并最终形成合格的岗位说明书。因此，用于工作分析的问卷最好请有关专家进行设计与编制，或者是借鉴已经被广泛使用的岗位分析问卷来提取工作信息，并在问卷发放和填写时给出具体的说明和指导。

工作分析问卷应包括的内容有作业者个人基本情况、工作目标、工作基本情况、工作活动程序、工作时间安排、工作基本特征、工作失误、工作压力、任职资格及要求、考核、建议等。

**4．工作日志法**

工作日志法是指由工作者本人在一段时间内连续地每天记下工作的细节，包括任务、时间、方法、工作内容、工作程序等，以此为依据，达到收集工作信息的目的。

这种方法适用于管理工作或其他随意性大、内容复杂的工作分析，与访谈法结合使用效果比较好。工作日志表见表 2-5。

表 2-5 工作日志表

| 姓名 | 年龄 性别 | 所在部门 | 职务 | 上级负责人 | 编号 | 日期 |
|---|---|---|---|---|---|---|
| 起始时间 | 工作内容 | 工具 | 地点 | 合作人 | 完成情况 | 未完原因 |
| | | | | | | |
| | | | | | | |
| | | | | | | |
| | | | | | | |
| 说明 | | | 签名 | | | |

5. 体验法

体验法也称工作实验法，是指工作分析人员亲自从事所需要研究分析的工作，由此掌握工作要求的第一手材料。此类型工作信息往往是难以用语言来表达的一些特殊岗位或须经验证的信息。

**重要信息 2-3 工作分析方法汇总比较**

在工作分析实践中，各种分析方法都有其优缺点，分析人员应该学会比较，从而选择更适合的方法，或者多种方法结合使用，才能在信息收集中收到事半功倍的效果。工作分析方法比较见表 2-6。

表 2-6 工作分析方法汇总比较

| 方法 | 适用 | 优点 | 缺点 |
|---|---|---|---|
| 访谈法 | 任务周期较长，工作作业行为不易被直接观察到 | 能迅速、具体地收集到作业者态度、动机等深层次信息 | 对访谈者要求较高，需培训；费时，成本高；信息易失真 |
| 观察法 | 任务周期较短且标准化，体力活动居多的工作 | 分析人员能够比较全面、直观地了解工作要求 | 不能适用于脑力劳动和紧急处理的间歇性工作 |
| 问卷调查法 | 多个类型的工作，选取样本数量较多的情形 | 适用范围广、成本低、速度快、分析结果可量化 | 问卷设计要求高，调查者与员工沟通不够 |
| 工作日志法 | 任务周期较短，状态比较稳定的工作 | 能获得工作职责、内容与关系、劳动强度等信息，对复杂工作分析比较经济、有效 | 注重过程而非结果，信息整理量大，易存在误差 |
| 体验法 | 任务周期较短，状态比较稳定、专业性不强的工作 | 可以深入了解工作职责、内容与关系、劳动强度等信息 | 易因分析人员的差异导致对工作认识的差异 |

### 2.2.3 收集与分析信息

工作分析人员应在查阅现有文件资料，了解工作分析的主要任务、主要职责的基础上，准备工作分析调查提纲，设计工作分析调查表，开始工作信息的收集。

1. 第一次现场考察

工作分析人员第一次进行实地考察的主要目的是广泛深入地搜集有关工作岗位的各种数据资料，了解岗位所使用的工具、设备、机器，对复杂或不熟悉的设备要进行详细的观察记录，对工作岗位的工作内容、工作程序、工作职责、劳动负荷、疲劳与紧张程度、工作任务的生理和心理要求、工作环境和工作条件等进行直接观察。这一工作需要选择合适的任职人员的上级陪同，以便可以随时咨询。

**2．面谈**

面谈的对象最好是基层的管理者，他们能更好地提供有关工作的情况，并能将职责与职务很好地联系起来。每天的谈话对象尽量不要超过两人，每人不超过一小时；面谈对象应该选择那些具体职务的实际担任者和具有代表性的员工代表，因为他们是完成该职位所规定的各项任务的主要完成人，对一线情况的了解最直接、详尽，所反映的问题更具有代表性。

**3．第二次现场考察**

第二次现场考察的目的是对第一次现场考察和面谈的结果进行进一步的澄清和明确。通过这次考察，可以更加具体地掌握岗位所获得信息的真实性和可靠性。这次考察一般需要首次观察与访谈时的同一位基层管理者陪同。

**4．信息的综合处理**

工作信息的综合处理是对书面材料、现场观察、与基层管理者及任职人员谈话中获得的信息进行分析、归类，为编制职务说明书做准备。这个阶段的工作相当繁杂，需要大量的时间对材料进行分析和研究。必要时，还需要用到适当的分析工具与手段，尤其是在工作分析过程中遇到问题时，需要随时得到基层管理者的帮助，最后需要重新审查一下最初列出的主要任务与职责清单，从而确保所有的问题都能得到解决。



**管理借鉴 2-1　炮筒下的士兵**

一位年轻的炮兵军官上任后，到下属部队视察操练情况，发现有几个部队操练时有一个共同的情况：在操练中，总有一个士兵自始至终站在大炮的炮筒下，纹丝不动。经过询问，得到的答案是：操练条例就是这样规定的。原来，条例因循的是用马拉大炮时代的规则，当时站在炮筒下的士兵的任务是拉住马的缰绳，防止大炮发射后因后坐力产生的距离偏差，减少再次瞄准的时间。现在大炮不再需要这一角色了。但条例没有及时调整，出现了不拉马的士兵依然站在炮筒下的情形。于是，这位军官向上级提出建议，改变这一情形。最终，操练条例也进行了更改，这位军官受到了国防部的表彰。

显然，从工作分析的角度看，工作环境发生了变化，士兵的工作行为却没有跟着变化。

## 2.2.4　编写工作说明书

工作分析的最终结果是需要产生每个岗位的工作说明，仔细规定每个岗位的职责、任职条件、工作环境和对劳动者的具体要求。

**1．工作说明书编写准备**

这个阶段需要召集整个工作分析调查中所涉及的基层管理者及任职人员，讨论由工作分析制定的工作说明书的基本框架是否完整、准确。讨论时，一般将工作说明书的初稿复印，并分给每位到会人员，讨论过程中，需要仔细讨论、斟酌工作说明书中的每一行，甚至每一词语，由工作分析的相关人员进行详细的书面记录。

2. 编写工作说明书

工作说明书的内容没有固定的模式。每个企业都可以根据自身的工作特征和工作需要，根据工作分析的特点、目的与要求具体确定编写的条目。从形式上讲，可以是文字描述，也可以是表格形式。典型的工作说明书一般需要有以下内容：

**重要信息 2-4　工作说明书的编写原则**

**1. 统一规范**

工作说明书的具体形式可能有多种，但其核心内容却不应当改变。对于工作说明书中的重要项目，如工作概要、职责、任职资格等，必须建立统一的格式要求，否则工作说明书难以发挥工作管理作用。

**2. 清晰具体**

工作说明书作为任职者的工作依据和具体要求，内容必须具体明了，对任职者或监管者而言，是可理解、可操作、可反馈的。对工作的描述准确，语言精练，简短扼要，应尽量选择具体、恰当的用词，便于任职者把握。

**3. 范围明确**

在界定职位时，要确保指明工作的范围和性质，如用“为本部门”“按照经理的要求”这样的语句来说明。此外，还要把所有重要的工作关系也包括在工作说明书中。

**4. 共同参与**

工作说明书的编写不应当闭门造车，而应由承担该工作的任职人员、上级主管、人力资源专家共同参与，进行分析协商。只有将各方面的意见全面考虑在内，制定出来的说明书才可能被有关各方面所接受。



（1）工作描述的编写。工作描述包括以下方面的基本内容：

① 工作识别，又称工作标志、工作认定，包括工作名称和工作地位。其中工作地位主要指所属的工作部门、直接上级职位、工作等级、工资水平、所辖人数、定员人数、工作地点、工作时间等。

② 工作编号，又称岗位编号、工作代码，一般按工作评估与分析的结果对工作进行编码，目的在于快速查找所有的工作。企业中的每一种工作都应当有一个代码，这些代码代表了工作的一些重要特征，如工资等级等。

③ 工作概要，又称职务摘要，指用简练的语言概述工作的总体性质、中心任务和要达到的工作目标。

④ 工作关系，又称工作联系，指任职者与组织内外其他人之间的关系，包括此工作受谁监督，可晋升的职位、可转换的职位及可迁移至此的职位，与哪些部门的职位发生联系等。

⑤ 工作职责，又称工作任务，是工作描述的主体，逐条指明工作的主要职责、工作任务、工作权限及工作结果（工作的绩效标准）等。为使信息最大化，工作职责应在时间和重要性方面实行优化，指出每项职责的分量或价值。

⑥ 工作条件与工作环境。工作条件主要包括任职者主要应用的设备名称和运用资料的形式。工作环境包括工作场所、工作环境的危险性、职业病、工作的时间、工作的均衡性（一年中是否有集中的时间特别繁忙或特别闲暇）、工作环境的舒适度等。

**例 2-7　人力资源招聘专员的工作描述（文字说明）**

职务名称：招聘专员

所属部门：人力资源部

直接上级职务：人力资源部经理

职务代码：XL—HR—012

工资等级：9—15

工作目的：为企业招聘优秀人才

工作要点：制定和执行企业的招聘计划；制定、完善和监督执行企业的招聘制度；安排应聘人员的面试

工作要求：有计划性、认真负责、热情周到

工作责任：

① 根据企业发展情况提出人员招聘计划

② 执行企业招聘计划

③ 制定、完善和监督执行企业的招聘制度

④ 制定企业招聘工作流程

⑤ 安排应聘人员的面试工作

⑥ 应聘人员的资料管理

⑦ 应聘人员的资料、证件鉴别

⑧ 负责企业人才数据库的建立与维护

⑨ 完成直接上级交办的各项工作任务

衡量标准：

① 上交的报表和报告的时效性和建设性

② 工作档案的完整性

③ 应聘人员资料的完整性

工作难点：提供详尽的工作报告

工作禁忌：工作粗心，不能有效地向应聘者介绍本企业的情况

（2）工作规范的编写。工作规范，又称任职说明，是一个人为了完成某种特定的工作所必须具备的知识、技能、能力及其他特征的一份目录清单。知识是指为了成功地完成某项工作任务而必须掌握的事实性或程序性信息；技能是指一个人在完成某项特定的工作任务方面所具备的熟练水平；能力是指一个人所拥有的、比较通用的且具有持久性的才能；其他特征主要是指一些性格特征，如一个人达到目标的动力或持久性等。这些特征都是不能被直接观察到的与人有关的特点，只有当一个人实际承担起工作的任务、职责和责任的时候，才有可能对这些特点进行观察。

需要注意的是，这里所说的知识、技能、能力及其他特征是对该项工作的任职者的最低要求，而不是最理想的任职者的形象。

工作规范主要包括以下方面的内容：

① 一般要求，包括年龄、性别、学历、工作经验等。

② 生理要求，包括健康状况、力量与体力、运动的灵活性、感觉器官的灵敏度等。

③ 心理要求，包括观察能力、集中能力、记忆能力、理解能力、学习能力、解决问题能力、创造性、数学计算能力、语言表达能力、决策能力、交际能力、性格、气质、兴趣、

爱好、态度、事业心、合作性、领导能力等。

④ 考核项目和标准。

**例 2-8** 人力资源招聘专员的工作规范（表格化）见表 2-4。

**表 2-7 人力资源招聘专员的工作规范**

| 职务名称 | 招聘专员 | 职务代码 | XL—HR—012 | 所属部门 | 人力资源部 |
|---|---|---|---|---|---|
| 直接上级 | 人力资源部经理 | 管辖人数 | 3 | 职务等级 | 6 |
| 晋升方向 | 人力资源部经理 | 轮换岗位 | 薪资专员 | 薪资标准 | 5 000～9 000 元 |
| 资格要求 | 生理要求 | 年龄：23～35 岁<br>性别：不限<br>身高：女性 1.55～1.70 米；男性 1.60～1.85 米<br>体重：与身高成比例，在合理的范围内就可<br>听力：正常<br>视力：矫正视力正常<br>健康状况：无残疾，无传染病<br>外貌：无畸形，出众更佳<br>声音：普通话发音标准，语音和语速正常 | | | |
| | 知识技能要求 | 学历要求：本科，大专以上需从事本专业工作 3 年以上<br>工作经验：3 年以上大型企业工作经验<br>专业背景要求：曾从事人力资源招聘工作 2 年以上<br>英文水平：达到大学英语国家四级（CET-4）水平<br>计算机：熟练使用 Windows 和 Office 系列软件 | | | |
| | 特殊才能要求 | 语言表达能力：能够准确、清晰、生动地向应聘者介绍企业情况，并准确、巧妙地解答应聘者提出的各种问题<br>文字表达能力：能够准确、快速地将希望表达的内容用文字表达出来，对文字描述很敏感<br>工作认真细心，能认真保管好各类招聘材料 | | | |
| | 其他要求 | 能够随时准备出差<br>假期一般不可超过一个月 | | | |
| 相关说明 | | | | | |
| 编制人员 | | 审核人员 | | 批准人员 | |
| 编制日期 | | 审核日期 | | 批转日期 | |

**重要信息 2-5 工作分析中的基本术语**

（1）工作要素。工作要素是指工作活动的最基本单位，包括工作过程中的身体动作、工作涉及的一般特征，如工作环境和工作条件等。

（2）工作任务。工作任务是指为了达成组织目标所进行的工作活动，是一系列工作要素的集合，如上级安排给下属的一项一项具体工作，由营销部门指派销售人员去完成营销任务。

（3）工作职位。工作职位是指员工在岗位上必须完成的一组任务。例如，市场营销人员需要做的工作是发现市场需求、在和客户的沟通过程中适应客户的需求、介绍产品的特征从而完成营销任务。工作职位的多少是根据某项工作所需要的人数来确定，即有多少职位就有多少人员，如某办公室需2名秘书，则设2个秘书职位。

（4）工作职务。工作职务由许多工作要求相同、岗位任务类似的职位所组成，这些职位的性质、类别完全相同，完成工作所需条件也一样，如秘书就是一个职务。

（5）职务分析。职务分析指通过与职工交谈、查看工作日志记录、实地观察等方法去考察一项工作，明确其责任、工作范围及任职资格的过程，也有人表达为：职务分析是通过对工作岗位的考察，明确员工责任、工作范围和任职资格的过程。

（6）职务描述。职务描述是指根据职务分析的结果，用书面的形式加以描述、整理成文的过程。

（7）职务规范。职务规范主要描述完成某一职务所应具备的能力、技巧、知识、学历和工作经验。

（8）工作关系。工作关系是指在工作中，上、下级之间以及同级别的工作者之间的关系，包括监督关系、汇报关系和同事之间的关系。

（9）工作岗位。工作岗位是指在生产技术组织中，一定的时间内，由一名员工完成若干工作任务，并具有一定的工作职务、工作责任和相关权限。岗位和职位类似，只不过人们在使用过程中，更多的使用岗位一词，从实践上看，岗位更加具有使用上的习惯。

（10）工作岗位分析。工作岗位分析是指对组织中某个特定的工作岗位的目的、职责、隶属关系、劳动环境、任职资格等相关信息进行调查研究与分析，研究完成该工作的人员所应该具备的条件的过程。工作岗位研究的根本目的是写出每个岗位的工作说明书。

（11）职业。职业是指不同时间、不同地点、内容相似的一系列工作的总称，如教师、律师、医生等。在就业人员中，职业体现的是劳动者从事工作的种类。

### 同步实训 2-2　工作分析认知

**实训目的：**加深学生对工作分析的认识。

**实训安排：**

1. 学生试着分析班级或学生会学生干部岗位工作。
2. 分析并体会工作分析的技能要求，写出一些学生干部岗位工作说明书。

**教师注意事项：**

1. 由生活事例导入对工作分析的认识。
2. 提供一些人力资源工作分析的简单案例，供学生讨论。
3. 参观企业或提供其他相应学习资源。

**资源（时间）：**1课时、参考书籍、案例、网页。

**评价标准：**

| 表现要求 | 是否适用 | 已达要求 | 未达要求 |
| --- | --- | --- | --- |
| 小组活动中，外在表现（参与度、讨论发言积极程度） | | | |
| 小组活动中，对概念的认识与把握的准确程度 | | | |
| 小组活动中，角色扮演的精准度 | | | |
| 小组活动中，文案制作的完整与适用程度 | | | |

## 2.3 工作设计

**任务提示**

在工作分析中，常常会发现企业原有工作内容、工作职责和工作关系方面的一系列问题。通过设计，将这 3 个方面进行安排或重新安排，使企业的工作岗位与人力资源更加匹配，实现事得其人、人尽其才和人事相宜。

在工作分析中，我们会发现这样一些问题，如原有的工作规范已经不能适应企业发展目标、任务和管理体制等方面的需要，或现有人力资源在一定时期内难以达到工作规范的要求，或员工中出现了抱怨、消极怠工、“三个和尚没水吃”的情形，影响了原有工作规范下的工作效率。这时，企业就应该开始组织进行工作设计或再设计。

### 2.3.1 工作设计准备

工作设计是为了有效地达到组织目标与满足个人需要而进行的工作内容、工作职能和工作关系的设计，所要解决的主要问题是企业向其员工分配工作任务和职责的方式，是通过满足员工与工作有关的需要来提高工作绩效的一种管理方法。因此，工作设计是否得当对激发员工的工作动机、增强员工的工作满意感以及提高生产率都有重大影响。



**重点名词 2-3 工作设计**

工作设计又称岗位设计，是指根据组织需要，并兼顾个人的需要，规定每个岗位的任务、责任、权力以及在组织中与其他岗位关系的过程。它把工作内容、工作资格条件和报酬结合起来，目的是满足员工和组织的需要。

也就是说，工作设计是一个根据企业及员工个人需要，规定某个岗位的任务、责任、权力以及在组织中工作关系的过程。

工作设计的切入点有两个：①一个新企业的建立最终会导致一批工作的出现，而这些工作的内容、性质、关系需要根据企业目标进行设计；②通过常规或特定的工作分析，企业也会发现一些“人”“事”配置方面的问题，这时也需要做工作设计或再设计。

工作设计的准备阶段，设计人员应该做好以下工作：

**1. 需求分析**

进行工作设计，设计人员应在工作分析的基础上，首先要对企业原有工作状况进行调查诊断，以决定是否应进行工作设计，应着重在哪些方面进行改进。一般来说，出现员工工作满意度下降、积极性较低、工作情绪消沉等情况，就需要进行工作设计了。

**2. 可行性分析**

在确认必须进行工作设计之后，还应进行可行性分析。首先应考虑该项工作是否能够通过工作设计改善工作特征，从经济效益、社会效益上看是否值得投资。其次应该考虑员工是否具备从事新工作的心理与技能准备，如有必要，可先进行相应的培训学习。

**3．评估工作特征**

在可行性分析的基础上，正式成立工作设计小组负责工作设计，小组成员应包括工作设计专家、管理人员和一线员工，由工作设计小组负责调查、诊断和评估原有工作的基本特征，分析比较，提出需要改进的方面。

**重要信息 2-6　工作设计的主要内容**

工作设计的主要内容包括工作内容、工作职责和工作关系的设计 3 个方面。

**1．工作内容**

工作内容的设计是工作设计的重点，一般包括工作的广度、工作的深度、工作的完整性、工作的自主性和工作的反馈 5 个方面。

（1）工作的广度。工作设计得过于单一，员工容易感到枯燥和厌烦，因此设计工作时，尽量使工作多样化，使员工在完成任务的过程中能进行不同的活动，保持工作的兴趣。

（2）工作的深度。设计的工作应具有从易到难的一定层次，对员工工作的技能提出不同程度的要求，从而增加工作的挑战性，激发员工的创造力和克服困难的能力。

（3）工作的完整性。保证工作的完整性能使员工有成就感，即使是流水作业中的一个简单程序，也要是全过程，让员工见到自己的工作成果，感受到自己工作的意义。

（4）工作的自主性。适当的自主权力能增加员工的工作责任感，使员工感到自己受到了信任和重视，认识到自己工作的重要，使工作的责任心增强，工作的热情提高。

（5）工作的反馈。工作的反馈包括两方面的信息：①同事及上级对自己工作意见的反馈，如对自己工作能力、工作态度的评价等；②工作本身的反馈，如工作的质量、数量、效率等。工作反馈信息使员工对自己的工作效果有个全面的认识，能正确引导和激励员工，有利于工作的精益求精。

**2．工作职责**

工作职责的设计主要包括工作的责任、权力、方法以及工作中的相互沟通和协作等方面。

（1）工作责任。工作责任设计就是员工在工作中应承担的职责及压力范围的界定，也就是工作负荷的设定。责任的界定要适度，工作负荷过低，无压力，会导致员工行为轻率和低效；工作负荷过高，压力过大，又会影响员工的身心健康，会导致员工的抱怨和抵触。

（2）工作权力。权力与责任是对应的，责任越大权力范围越广，否则两者脱节，会影响员工的工作积极性。

（3）工作方法。工作方法设计主要包括领导对下级的工作方法、组织和个人的工作方法设计等。工作方法的设计具有灵活性和多样性，不同性质的工作根据其工作特点的不同采取的具体方法也不同，不能千篇一律。

（4）相互沟通。沟通是一个信息交流的过程，是整个工作流程顺利进行的信息基础，包括垂直沟通、平行沟通、斜向沟通等形式。

（5）协作。整个组织是有机联系的整体，是由若干个相互联系相互制约的环节构成的，每个环节的变化都会影响其他环节以及整个组织运行，因此各环节之间必须相互合作、相互制约。

**3．工作关系**

组织中的工作关系，表现为协作关系、监督关系等各个方面。

### 2.3.2 工作设计方式的选择

在工作设计的准备阶段，工作分析人员根据工作调查和评估的结果，对工作状况以及出现问题作出初步判断，并以此为依据确定工作设计的大方向。工作设计的方式一般有工作轮换、工作扩大、工作丰富化和工作再设计等。

**1. 工作轮换**

工作轮换是将员工定期地从一种工作岗位轮换到另一种工作岗位，以使员工对不同的工作有更多的了解，并改变员工长期从事一种单一工作的枯燥乏味的感觉，达到提高员工工作兴趣，进而提升生产效率的目的。工作轮换还有一些其他的好处，如增加分配工作任务的灵活性，如派人顶替缺勤的员工、支援瓶颈岗位等。由于员工相互交换工作岗位，可以体会到不同工作岗位的难处，有利于相互理解、相互体谅，结果使整个生产运作系统更完善、更和谐、效率更高。

**2. 工作扩大**

工作扩大是指工作的横向扩大，即扩大员工的工作范围或领域，增加工作的内容，以改变员工对常规性的、重复性的简单工作感到单调乏味的状况，以改善工作质量。工作扩大可以提高员工工作的兴趣，从而提高劳动生产率。工作扩大通过增加每个人工作任务的种类，从而使他能够完成一项完整工作的大部分程序，感受工作的意义和挑战，提高工作积极性。

**3. 工作丰富化**

工作丰富化是指工作的纵向扩大，增大工人在工作计划、决策参与、进度控制乃至考评奖励方面的内容，使其介入到工作的管理之中，增大其工作自主性，以获得成就感、责任感和得到认可的满足感。例如，对于生产第一线的工人，使其负责制定作业计划、检验产品、设备保养和维修等工作，从而满足员工个人发展和自我实现的需求。工作丰富化较工作扩大更注重工作的内涵和性质，更注重高级心理需求的满足；而工作扩大则侧重于一般工作范围或领域的扩展和较低级的心理需求的满足。

**4. 工作再设计**

工作再设计就是重新设计员工的工作职责、内容和方式，以及所要完成的具体任务及方法，同时确定该工作如何与其他工作相互联系起来的过程。工作再设计必须进行整体考虑，在主要设计工作开始前，要考虑组织本身、环境因素和工作设计本身的因素，如工作内容、工作自主、工作难度、信息流程、责任、职权关系、协作要求、与其他人交往建立友谊的机会、集体合作的要求等，要听取员工的建议。工作再设计关注的目标在于绩效成果因素（如生产率、员工反应、满意度、出勤率、离职率等）和员工的个人特征（如个人需求、价值观倾向、个性及学习等）。工作再设计在很多情况下是改善员工工作质量的工具。

**管理借鉴 2-2　不同命运的猴子**

加利福尼亚大学的学者曾做过这样一个实验：把6只猴子分别关在3间空房子里，每间两只，房子里分别放置一定数量的食物，但放的位置高度不一样。第一间房子的食物放在地上，第二间房子的食物分别多次从易到难悬挂在不同高度上，第三间房子的食物悬挂在屋顶。数日后，他们发现第一间房子的猴子一死一伤，第三间房子的两只猴子死了，只有第二间房子的两只猴子活得好好的。原来，第一间房子里的猴子一进房子就看到了地上的食物，为了争夺唾手可得的食物大动干戈，结果一死一伤。第三间房子的猴子虽做了努力，但因食物太高，够不着，活活饿死了。只有第二间房子的两只猴子先按各自的本事取食，最后随着悬挂食物高度的增加，一只猴子托起另一只猴子跳起取食。这样，每天依旧取得足够的食物。

从工作设计的角度讲，岗位难度过低，人人能干，体现不出能力与水平，反倒促进内耗；而岗位的难度太大，虽努力却不能及，最后人才也被埋没抹杀。只有岗位难易适当，并循序渐进，才能真正体验出人的能力与水平，发挥人的能动性和智慧。

### 2.3.3 制定工作设计方案

根据工作调查和评估的结果，由工作设计小组制定可供选择的工作设计方案。一般来讲，工作设计方案中包括工作状况以及出现问题的简要描述，工作特征的改进对策，新工作体系的工作职责、工作规程与工作方式，工作涉及的时间要求、经费预算等内容。

### 2.3.4 工作设计方案的试行

在方案确定后，可选择适当部门与人员进行试点，以便检验设计效果。根据试点情况及进行研究工作设计的效果进行评价。评价主要集中于3个方面：员工的态度和反应、员工的工作绩效、企业的投资成本和效益。如果工作设计效果良好，应及时在同类型工作中进行推广应用，在更大范围内进行工作设计。

**同步实训 2-3 工作设计认知**

**实训目的：**加深学生对工作设计的认识。

**实训安排：**

1. 学生试着收集班级或学生会学生干部岗位职责不清或冲突的情形。
2. 分析并试着为这些学生干部设计一份新的工作职责，或为“三个和尚”设计一份工作职责。

**教师注意事项：**

1. 由生活事例导入对工作设计的认识。
2. 提供一些人力资源工作设计的简单案例，供学生讨论。
3. 参观企业或提供其他相应学习资源。

**资源（时间）：**1课时、参考书籍、案例、网页。

**评价标准：**

| 表现要求 | 是否适用 | 已达要求 | 未达要求 |
| --- | --- | --- | --- |
| 小组活动中，外在表现（参与度、讨论发言积极程度） | | | |
| 小组活动中，对概念的认识与把握的准确程度 | | | |
| 小组活动中，角色扮演的精准度 | | | |
| 小组活动中，文案制作的完整与适用程度 | | | |

## 小结

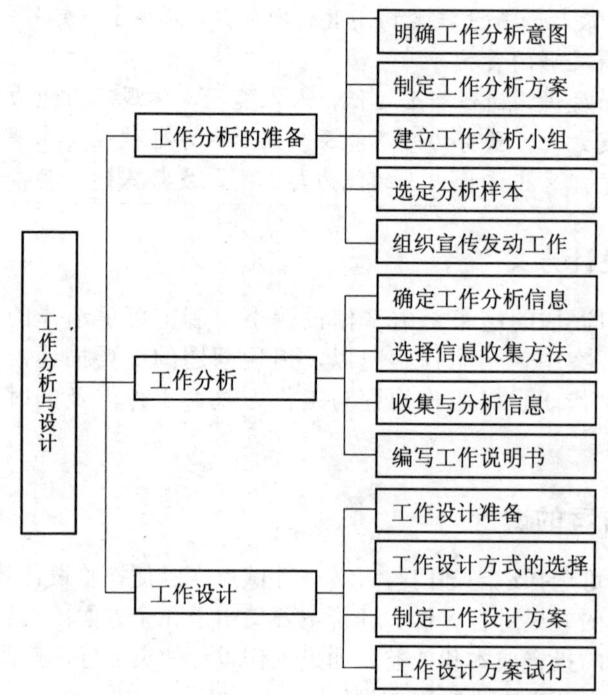


## 教学做一体化训练

### 一、重点名词

工作分析　　工作说明书　　工作规范书　　工作设计

### 二、课后讨论

1．企业组织工作分析的意义。

2．做好工作分析的要点。

3．工作分析与工作设计的关系。

4．工作说明书对于企业人力资源管理各环节工作的意义。

### 三、课后自测

#### （一）选择

1．企业进行工作分析是因为出现了以下情形中的（　　）。

　A．新建企业或新组建的部门为满足组织设计与人员招聘的需要

　B．企业的工作内容、工作性质发生变化

　C．企业劳动生产率的提高

　D．企业想重新制定薪酬激励制度

E．企业想完善员工培训机制

2．工作说明书包括以下内容：（　　）。

A．工作内容　　B．工作职责　　C．工作环境　　D．工作任务

E．任职者所需的资格要求

3．工作规范一般包括（　　）。

A．一般要求，包括年龄、性别、学历、工作经验等

B．生理要求，包括健康状况、力量与体力、运动的灵活性、感觉器官的灵敏度等

C．心理要求，包括观察能力、集中能力、记忆能力、理解能力等

D．工作任务要求

E．考核项目和标准

4．工作说明书编写的原则有（　　）。

A．统一规范　　B．清晰具体　　C．范围明确　　D．共同参与

5．工作设计的主要内容包括（　　）。

A．工作内容　　B．工作职责　　C．工作关系　　D．工作效率

**（二）判断**

1．工作说明书和工作规范是工作分析的两个重要结果文件。（　　）

2．工作规范主要是对某一职位或岗位工作职责、任务的说明。（　　）

3．工作分析中，观察法适用于高层管理职位或一些研究职位的分析。（　　）

4．工作分析中，问卷调查法的优点是对在职人员的知识水平要求不高。（　　）

5．大多数的工作分析是在以前已经设计过的现存工作基础上进行的，同时企业也根据新近工作分析结果进行重新设计。（　　）

6．工作再设计时需要考虑到组织因素（企业实际）、环境因素（外界影响）和行为因素（员工需要）。（　　）

**（三）简答**

1．工作分析的意义有哪些？

2．工作分析的程序包括哪些内容？

3．工作说明书和工作规范书的关系是怎样的？

4．怎样对人力资源现状进行分析？

5．工作分析与工作设计的关系是怎样的？

6．如何对工作设计方案进行评价？

**（四）案例分析**

### "三个和尚"的工作分析与设计

三个和尚没水喝的故事还有一个版本，说的是山上有座小庙，庙里有个小和尚。小庙的住持安排他每天挑水、念经、敲木鱼，夜里不让老鼠来偷东西。不久，又来了个和尚，水的需求量也增加了，小和尚心想一个人去挑水太吃亏了，便要新来的和尚和他一起去抬水，这样总算还有水喝。后来，又来了个胖和尚，大家都在打着自己的小算盘，虽然很渴，但谁也不愿意主动去提水的事情。大家各念各的经，各敲各的木鱼。花草枯萎了，夜里老鼠出来偷东西，谁也不管。结果老鼠猖獗，打翻烛台，燃起大火，将他们赖以生存的寺庙焚毁了，三个和尚发现得早，逃出来了，但老住持就没那么幸运，被大火烧死了。

这是一个富于悲剧色彩的寓言故事，我们在感慨几个和尚的不协作、自私自利的同时，是不是也觉得那个老住持很悲哀呢？其实，从人力资源管理的角度看，没有差劲的员工，只有差劲的管理者。在三个和尚没水喝的故事中，如果年老的住持不是“睁只眼，闭只眼，只念阿弥陀佛”的话，也就不会造成没水喝的局面了。从人力资源管理的角度来看问题，管理者应该在做好工作分析与设计的基础上，从规范化管理角度入手。

**1．工作分析**

首先，将需要和尚做的事情全部列举出来，如挑水、洗衣服、砍柴、做饭、扫地、接待客人、念经等，然后，规定值日制度，规定每人多长时间轮换一次挑水。其次，规定每天必须挑水多少担，为了防止有人在挑水时投机取巧，要对挑水桶的大小、水满程度作出规定。类似的其他事情如做饭、扫地等也有相应的标准和制度。这相当于编写工作说明书。第三，将“工作说明书”公开，使每个和尚都有自己的“工作说明书”，起到明确工作职责的作用，也为住持对他们的绩效考核提供了依据。这样，“没水吃”的情形不再出现了！

**2．工作设计**

没多久，随着寺庙影响的扩大，又招聘了一些和尚，成立了寺庙人力资源管理部、寺庙工会。同时，为了更好地开展工作，寺庙提拔了十几名和尚分别担任副住持、住持助理，并在每个部门任命了部门小住持、副小住持、小住持助理。新的问题又来了。前台负责念经的和尚总抱怨口渴水不够喝，后台挑水的和尚也抱怨人手不足、水的需求量太大而且没个准儿，不好伺候。为了更好地解决这一矛盾，经开会研究决定，成立一个新的部门：喝水响应部，专门负责协调前后台矛盾。为了便于沟通、协调，每个部门都设立了对口的联系和尚。然而，还是无济于事。有的和尚在拼命挑水、有的和尚在拼命念经、有的和尚在拼命协调、有的和尚在拼命分析……忙来忙去，水还是不够喝。

显然，三个和尚内心清楚：原因在于人浮于事，闲人太多。在工作设计的基础上，裁减富余人员就成为必然。于是，寺庙聘请人力资源管理公司，针对寺庙的发展阶段及未来前景，做了工作设计和再设计。

阅读以上材料，回答问题：

1．三个和尚的工作分析解决了什么问题？

2．寺庙工作设计前遇到了哪些问题？案例给我们什么启示？

## 实践项目　企业简单工作分析

**活动目的：**组织编写简单工作分析说明书，认识其工作过程。

**活动安排：**

1．教师与校外基地接洽，进入企业。

2．学生分组，分赴不同管理岗位，实地了解其工作并编写工作说明书。

**教师注意事项：**

1．讲解工作要点。

2．检查学生分组是否合理。

3．组织学习资源的调配。

资源：课后4课时、网页、参考书、基地企业。

评价标准：

| 表现要求 | 是否适用 | 已达要求 | 未达要求 |
|---|---|---|---|
| 小组活动中的工作表现（参与度、讨论发言） | | | |
| 整个职业工作过程的表现（概括、发现） | | | |
| 对整体职业工作任务的认识与把握 | | | |
| 完成任务过程知识与经验的运用 | | | |

## 学生自我工作总结

通过完成“任务2　工作分析与设计”，我能够作如下总结：

**一、主要知识**

完成本任务需了解的主要知识点为：

1. ..........................................................

2. ..........................................................

**二、主要技能**

完成本任务需掌握的主要技能有：

1. ..........................................................

2. ..........................................................

**三、主要原理**

完成本任务涉及的管理原理有：

1. ..........................................................

2. ..........................................................

**四、相关知识与技能**

本任务的完成过程：

1. 工-作分析的意义是：..........................................

2. 工作说明书的作用：..........................................

3. 工作设计的意义是：..........................................

**五、成果检验**

本任务的成果：

1. 完成本任务的意义有：........................................

2. 学到的经验有：..............................................

3. 自悟的经验有：..............................................

4. 你认为工作分析对人力资源管理工作的意义是：..................

# 任务 3 >>>

# 人力资源规划制定

## 任务描述

人力资源规划制定工作的核心是：结合企业（或组织）的发展目标，在工作分析与设计的基础上，通过一系列科学的预测，分析自身在发展变化的环境中对人力资源的需求与供给状况，并以此为依据制定必要的政策和措施，以保证企业自身在需要的时间和需要的岗位上获得各种所需的人力资源。

## 学习目标

### 知识目标

能认识人力资源规划的含义。
能认识人力资源管理供需预测方法。
能认识人力资源管理规划制定的程序。

### 能力目标

能说明人力资源管理规划的意义。
能举例说明人力资源管理规划的作用。
能对人力资源管理规划制定有整体认识。

## 任务导入

在人力资源管理职业活动中，当你通过前面“工作分析与设计”的学习，认识了在一个企业（组织）中应该设置哪些岗位，制定哪些工作职责、工作内容、任职资格、岗位职责。接下来，你就可以根据这些内容大致确定企业现在和将来所需的员工数量和质量。这一具体的职业工作活动就是制定人力资源管理规划。通过这一工作，企业才能在需要的时间和需要的岗位获得各种所需的人力资源。

## 任务解析

根据人力资源管理职业工作活动顺序和职业教育学习规律，“人力资源规划制定”任务可以分解为以下子任务：

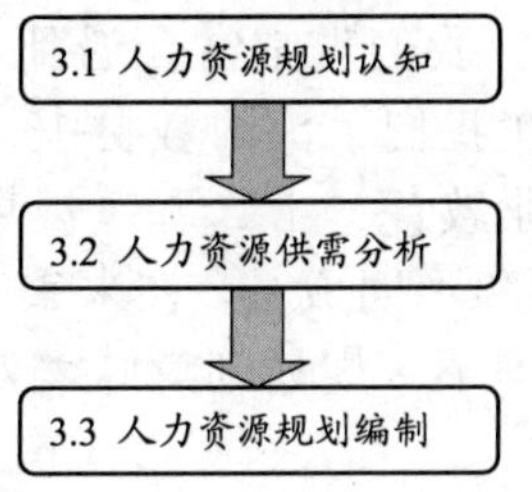


**管理故事**

我们的第三个故事要从我国古代一句话"凡事预则立，不预则废"讲起。意思是说，不论做什么事，事先有准备，就能得到成功，不然就会失败。在这里强调了做事之前先制定一个切实可行的计划的重要性。事实上，做事有计划对于一个人来说，不仅是一种做事的习惯，更重要的是反映了他的做事态度，是能否取得成就的重要因素。

1953 年，耶鲁大学对毕业生进行了一次有关人生目标的调查。当被问及是否有清楚明确的目标以及达成目标的书面计划时，结果只有 3%的学生选择了肯定回答。20 年后，通过跟踪调查发现，那 3%有达成目标书面计划的学生，在财务状况上远高于其他 97%的学生。

西方有句谚语："如果你不知道你要到哪儿去，那通常你哪儿也去不了。"我们的生活是忙碌的，忙碌中又往往充满了迷茫。向左走？向右走？有的时候，我们确实需要停下来，做好了准备再前进，也许会收到事半功倍的效果。

【管理感悟】对于一个企业来讲，人力资源计划的制定往往关系到整个企业的兴衰存亡。



## 3.1 人力资源规划认知

**任务提示**

人力资源管理学习者应从整体的角度认识人力资源规划的重要性及其内容，特别是应从系统化工作角度认识人力资源规划与其他各项具体管理工作活动的关系，进而理解人力资源管理活动过程。

人力资源规划，也被称作人力资源计划，是人力资源管理的一项基础性工作。管理学家戴尔·麦康基有一句名言："计划的制定比计划本身更为重要。"由此可见，计划在管理活动中具有特殊重要的地位和作用。

### 3.1.1 认识规划

在每个人的成长过程中，规划像一座桥，连接着我们的现在和未来。在人短暂的一生中，如果没有很好的规划，人生目标的实现往往可能会成为一句空话；即使有规划，如果不可行，那么在执行中也会出现失败。没有规划的人生杂乱无章，看似忙碌，分量却轻了许多。

通过管理学的学习，我们知道，在众多管理职能中，计划职能是其他各项职能的先导。这里的计划是指在对组织外部环境与内部条件进行分析的基础上，提出在未来一定时期内所要达到的组织目标以及实现目标的方案和途径，是对未来工作目标及其实现途径的一种整体规划；在日常生活中，我们也常常会遇到一系列规划，如“国家中长期教育规划”“十二五规划”等，甚至在我们手头的教材中，封面上也会印有“普通高等教育‘十一五’规划教材”“国家职业教育‘十二五’规划教材”等字样。这些“规划”体现的是组织以及组织内不同部门和不同成员，在未来一定时期内关于行动方向、内容和方式的总体安排。从企业的角度来看，规划则意味着对自己的长远发展战略及近期任务作出系统安排。

### 3.1.2 认识人力资源规划

和人生规划一样，企业也有自己的计划。具体来讲，企业计划工作就是要解决实现组织目标的 6 个方面的问题，即：为什么要做？做什么？谁去做？在什么地方做？在什么时候做？怎样做？由于企业是在一定的外部环境（市场竞争）条件下运行，自身资源有限，计划工作实际是在外部环境和内部条件的约束下，确定企业在一定时期内要达到的目标，制定实现目标的措施，包括对企业内部的人力、物力、财力在数量上综合平衡，在时间上合理安排，在结构上科学配置，以使企业内部结构、企业行为与外部环境之间相互协调，促进经营目标的实现。

可见，企业的计划工作本身就是一种管理方式和手段。作为一个组织，企业都会有自己的总体规划，由涉及人、财、物等多个方面的子规划组成，人力资源规划即是众多子规划之一。



#### 1. 人力资源规划的含义

对于企业来讲，人力资源规划工作是根据其发展战略目标及外部具体环境，结合工作分析与设计成果，对人力资源需求和供给进行预测分析，在此基础上，编制相应的吸引、留住、使用、激励人力资源的方案，为企业的发展提供其所需要的员工，以促进企业发展目标的实现。

**重点名词 3-1　人力资源规划的概念**

人力资源规划是指根据企业的发展战略、目标及企业内外环境的变化，运用科学的方法对企业人力资源的需求和供给进行预测，制定相宜的政策和措施，从而使企业人力资源供给和需求达到平衡，实现人力资源合理配置，有效激励的过程。

要做好人力资源规划工作，必须把握以下几个要点：

（1）人力资源规划工作是在企业总体发展战略和经营规划的统领下进行的。人力资源管理是企业众多管理规划中的一个子规划，其目的是为企业经营发展提供充足的人力资源支持。因此，人力资源规划工作必须以企业的总体规划为出发点，应具备整体性和全局性。

（2）人力资源规划工作包括两个部分的活动。①对企业在特定时期内人员供给和需求情况进行预测；②根据预测的结果采取相应的措施以实现供需平衡。这两项工作活动，前者是基础，后者是目的。

（3）人力资源规划工作应该数量与质量兼顾。人力资源规划工作是对企业人力资源数量和质量这两个方面来进行供给和需求的预测，也就是说，供给和需求不仅要在数量上平衡，还要在结构上匹配。

重要信息 3-1　企业制定人力资源规划的目的

对于企业来讲，人力资源规划这项工作可以解决下面几个问题：

（1）了解自身在某一特定时期内对人力资源的需求是什么，避免出现人员配置相对过剩或不足。如果出现冗员（超过需要的员工），企业就会因工资成本过高而影响经营效益；反之，则可能出现人员配备不足而不能满足现有的产品或服务的需求，造成经营业绩的下滑。

（2）保证企业在适当时间、地点有适当数量和质量的员工。根据工作分析与设计，把所需员工的技能水平、员工个人与企业的适应程度、培训、工作体系、计划需求等多个因素结合起来考虑，才能做好人力资源规划。在此基础上，企业才可能招聘到最适合的员工。

（3）动态了解一定时间段内的企业人力资源供给和需求比较结果。企业经营环境的变化会影响到其人力资源的供给与需求，如国内或地区经济的持续增长或停止收缩都会给企业的经营、用人带来较大影响，企业应当及时预测并制定相应措施，以达到人力资源供需的平衡。

### 2. 人力资源规划工作的内容

人力资源规划工作包括总体规划和业务规划。总体规划是指企业一定计划期内人力资源的大目标、大规划，业务规划是指总体规划统领下这一计划期的各项专业规划，如图 3-1 所示。

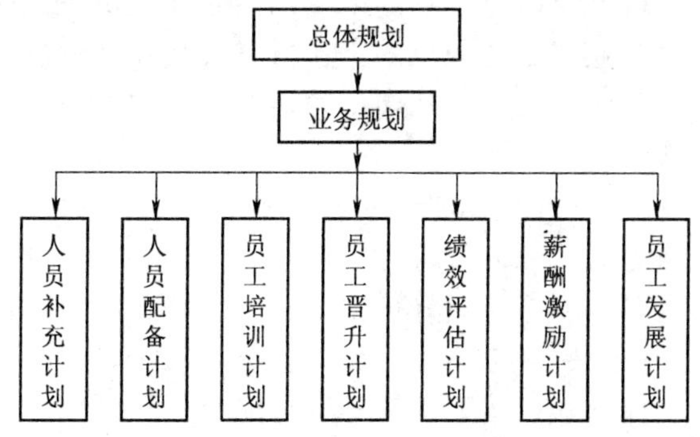


图 3-1　人力资源规划工作内容

（1）总体规划。人力资源总体规划是指企业根据一定时期内人力资源的总目标而制定的总体人力资源数量、质量、岗位供需状况及其预算的安排。在总体规划中，最主要的工作就是人力资源供给和需求的情况预测，具体包括：需求和供给的预测值分别是多少、预测依据是什么；得出人力资源净需求，即需求与预测比较的结果怎样；采取什么样的指导原则和总体政策实现企业人力资源供需平衡等。在编写时，要阐明计划期内企业各种人力资源需求和配置的总框架；阐明与人力资源具体管理工作有关的重大原则、方针和政策，如人才的招聘、晋升、降职、培训与发展、奖惩和工作福利等政策；确定人力资源的投资预算等。

重点名词 3-2　人力资源净需求

人力资源净需求是指在企业人力资源规划工作中，运用科学的方法对企业人力资源的需求和供给进行预测，得到的人力资源供给和需求量化的比较结果。很大程度上，进行人力资源规划的目的就是希望得出这一结果。

（2）业务规划。业务规划是指在总体规划指导下的各种专项业务规划，每一项业务规划都应包括目标、任务、政策、实施步骤以及预算等。业务规划具体包括人员补充计划、人员配备计划、员工培训计划、员工晋升计划、绩效评估计划、薪酬激励计划、员工职业发展计划等内容。这些业务规划的每一项都应当设定出自己的目标、任务和实施步骤，有效实施这些规划是总体规划得以实现的重要保证。

① 人员补充计划。在企业存续过程中，经常会出现员工退休、辞职、被解雇等常规性人事变动，由于企业的规模扩大和事业发展，往往也需要增加人力资源数量。为此，企业必须做好人力资源补充规划，在预测基础上对未来一定时期所需人力资源的类别、数量及补充方式进行事先安排。要做好这项工作，必须在人员招聘、安排和使用上用发展的观点来看问题，这样才能制定出合理的人员补充计划，使企业在每一个发展阶段都有恰当的人选胜任工作的要求。与人员补充计划相关的人力资源政策与措施包括员工退休政策、工作分析、新员工的招聘、冗员及不适应岗位者的解聘。

② 人员配备计划。人员配备计划是根据企业发展需要，在工作分析的基础上制定企业经营活动需要设立的职位、用人数量及人员的标准等计划。其目的是提高人力资源使用效率，因人设位，使企业内部人力资源合理流动，以适应企业的发展。当企业要求某种职务的人员同时具备其他职务的经验或知识时，就应使之有计划地流动，以培养高素质的复合型人才；当上层职位较少而等待提升的人较多时，通过人员配备计划进行人员的水平流动，可以减少员工的不满，等待上层职位空缺的产生；当企业人员过剩时，通过人员配备计划可改变工作分配方式，对企业中不同职位的工作量进行调整，解决工作负荷不均的问题。与该计划相关的人力资源政策和措施包括岗位轮换制度、岗位责任制度与资格制度和企业内部员工流动制度。



③ 员工培训计划。员工培训计划是要通过内部的努力为企业发展准备所需人才。例如，企业通过有计划、有步骤地对现有人员进行分门别类的培训，充分开发现有人力资源的潜力，培养出企业发展所需要的人才，更好地人尽其才。企业的员工培训计划有普通员工培训计划、管理员工培训计划和专业技术人员培训计划。员工培训计划包括接受培训的人员、培训目标、培训内容、培训方式、培训费用等项目的设计和预算。

④ 员工晋升计划。员工晋升计划是根据企业的需要和人员分布状况，制定员工提升方案，其目的是选拔后备人才，形成人才群体，对于调动员工积极性和提高人力资源利用率都是非常必要的。晋升计划一般由晋升条件、晋升比率、晋升时间等指标表示，企业的晋升计划是分类制定的，每一类都可以用指标清楚地表示出来。与该计划相关的人力资源政策与措施包括管理者与技术工作者的岗位选拔制定、提升职位的确定、未提升资深人员的安排和员工职业生涯计划。

⑤ 绩效评估计划。绩效评估计划是指根据思想品质、知识水平、各种能力、实际业绩等，对企业员工进行科学、合理地评价，从而为其合理使用、晋升、培训和奖励提供科学依据，目的是提高绩效，增强组织凝聚力，改善企业文化。与绩效评估计划相关的人力资源政策与措施，包括奖罚制度和沟通机制。

⑥ 薪酬激励计划。对于企业来说，薪酬总额取决于企业组织内员工不同的分布状况和工作绩效。企业通过薪酬激励计划，可以在预测企业发展的基础上，对未来薪酬总额进行测算和推测，并确定未来时期内的激励政策，如激励方式选择、激励倾斜的重点等。与该计划相关的人力资源政策与措施包括薪酬制度、奖励计划和福利计划。

⑦ 员工职业发展计划。员工职业发展计划是企业对员工的职业发展作出安排。企业通过员工职业发展计划，能够把员工个人的职业发展和企业需要结合起来。特别是对于有发展前途的员工，企业要设法将其保留下来，就必须有计划地使他们在工作中得到成长和发展。否则，就会导致人才的流失，不利于企业的发展。与该计划相关的人力资源政策和措施包括员工职业计划、员工培训计划。

**重要信息 3-2　人力资源规划的分类**

企业人力资源规划可以按时间、范围、重要程度等，进行以下不同的分类：

**1．根据规划的时间跨度划分**

人力资源规划可以分为长期规划、中期规划和短期规划。短期规划时间为 1 年之内，这种规划目的明确，内容具体，并具有一定的灵活性；中期规划时间一般为 3～5 年，这种规划一般是企业较长一个时间段内的总体发展目标、方针、政策，措施的内容比较多，但不具体；长期规划在 5 年以上 10 年以下，这种规划是企业长期的总体发展目标，是对企业有关人力资开发和管理体制的总战略、总方针和总目标等进行的系统筹划，具有战略性和指导性，直接为人力资源短期和中期规划制定与实施提供框架和基础。

**2．根据规划的层次划分**

人力资源规划有两个层次：①总体规划；②业务规划。总体规划是关于企业在规划期内人力资源开发和利用的总的战略目标、总的政策措施及总的预算；业务规划都有其特定的目标和任务，并与其他专门的人力资源政策措施相关，是企业各项人力资源管理活动的依据。

**3．根据规划是否独立划分**

人力资源规划可以分为独立的人力资源规划和从属的人力资源规划。独立的人力资源规划是一份单独的人力资源规划，它类似于职能部门的职能性规划，从属的人力资源规划是作为整体规划的一部分而存在的。独立的人力资源规划内容比较详细，而从属的人力资源规划内容比较简单。

**3．人力资源规划与其他工作的关系**

人力资源规划工作作为人力资源管理的一项重要职能，与人力资源管理的其他工作之间有着非常密切的联系。

（1）人力资源规划与工作分析。工作分析是整个人力资源管理的基础，自然也是预测人员需求、制定人力资源规划的基础。通过工作分析，企业才能够制定出适应企业发展目标的人力资源规划。

（2）人力资源规划与员工招聘。人力资源规划是员工招聘的重要依据之一。人力资源规划预测的企业员工供给小于需求，而企业内部的供给又无法满足这种需求时，就要到外部进行招聘。

（3）人力资源规划与员工配置。人力资源规划是员工配置的重要参照因素之一。随着企业规模的变化、组织架构的变动及员工绩效的表现，企业员工经常出现晋升、调动和降职等情形。这些变动中，人力资源规划也是其中一个重要的影响因素。

（4）人力资源规划与绩效管理。人力资源规划中，绩效考核是进行人员需求和供给预测的一个重要基础，通过对员工工作业绩、态度及能力的评价，企业可以对员工的状况作出判断，如果员工不符合职位的要求就要进行相应调整，这时的职位空缺就形成了需求预测的一个来源；同时，对于具体的职位来讲，通过绩效考核可以发现企业内部有哪些人能够从事这一职位，这也是内部供给预测的一个重要方面。

（5）人力资源规划与薪酬管理。人力资源需求的预测结果可以作为企业制定薪酬计划的依据，由于需求的预测包括数量和质量，这样企业就可以根据预测期内人员的分布状况，并结合自身的薪酬政策进行薪酬总额的预测，或者根据预先设定的薪酬总额调整薪酬的结构和水平。另外，企业的薪酬政策也是预测供给时需要考虑的一个重要因素。因为在进行外部供给预测时，需要衡量企业自身的吸引力，而薪酬水平就是企业吸引力的一个重要指标。

（6）人力资源规划与员工培训。人力资源规划与员工培训的关系更多地体现在员工的质量方面。企业培训工作中，一项重要内容就是确定培训的需求，而人力资源规划中，供需预测的结果则是培训需求确定的一个重要来源，通过比较现有员工的质量和所需员工的质量，就可以确定出培训的需求，这样通过培训就可以提高内部供给的质量，增加内部供给。

（7）人力资源规划与员工解聘。人力资源规划与员工解聘的关系是比较明显而直接的，在长期内，如果需求小于企业内部供给，就可能出现人员的解聘，以实现人力资源的供需平衡。



**重要信息 3-3　人力资源规划的作用**

对于一个组织来讲，人力资源规划具有以下作用：

**1. 有利于组织制定战略目标和发展规划**

人力资源规划的制定要以组织总体战略目标为依据，而组织总体战略发展规划的制定也将人力资源状况作为一个重要变量加以考虑，两者双向互动。所以，人力资源规划是组织发展战略的重要组成部分，同时也是实现组织战略目标的重要保证。

**2. 确保组织生存发展过程中对人力资源的需求**

人力资源部门必须分析组织人力资源的需求和供给之间的差距，制定各种规划来满足对人力资源的需求。

**3. 有利于人力资源管理活动的有序化**

人力资源规划是企业人力资源管理的基础，它由总体规划和各种业务计划构成，为管理活动（如确定人员的需求量、供给量、调整职务和任务、培训等）提供可靠的信息和依据，进而保证管理活动的有序化。

**4. 有利于调动员工的积极性和创造性**

人力资源管理要求在实现组织目标的同时，也要满足员工的个人需要（包括物质需要和精神需要），这样才能激发员工持久的积极性，只有在人力资源规划的条件下，员工对自己可满足的东西和满足的水平才是可知的。

**5. 有利于控制人力资源成本**

人力资源规划有助于检查和测算出人力资源规划方案的实施成本及其带来的效益。要通过人力资源规划预测组织人员的变化，调整组织的人员结构，把人工成本控制在合理的水平。

**同步实训 3-1　人力资源规划认知**

**实训目的：**加深学生对人力资源规划工作的认识。

**实训安排：**

1. 学生可以从网络上收集并分析一些企业人力资源规划实例并讨论。
2. 分析并体会人力资源规划在组织人力资源管理工作中所起的作用。

**教师注意事项：**

1. 由生活事例导入对人力资源规划的认识。
2. 提供一些人力资源规划的简单案例，供学生讨论。
3. 参观企业或提供其他相应学习资源。

**资源（时间）：**1课时、参考书籍、案例、网页。

**评价标准：**

| 表现要求 | 是否适用 | 已达要求 | 未达要求 |
|---|---|---|---|
| 小组活动中，外在表现（参与度、讨论发言积极程度） | | | |
| 小组活动中，对概念的认识与把握的准确程度 | | | |
| 小组活动中，角色扮演的精准度 | | | |
| 小组活动中，文案制作的完整与适用程度 | | | |

## 3.2 人力资源供需分析

**任务提示**

人力资源规划制定建立在对人力资源供需状况作出预测分析的基础之上。这项工作要求人力资源管理人员首先应了解人力资源供需的影响因素，在分析现有人力资源基础上，采取科学的方法对人力资源需求状况作出预测。

为了做好人力资源规划编制工作，人力资源管理人员还必须先分析企业现有人力资源情况，然后对规划期内企业人力资源供需情况作出预测。

### 3.2.1 现有人力资源情况分析

现有人力资源情况一般分布在人力资源管理部门不同的岗位和管理人员手中，为了做好整体的人力资源规划，往往需要对这些情况进行汇总、整理与分析。

**重点名词 3-3　现有人力资源情况分析**

现有人力资源情况分析是指在企业人力资源规划工作中，对现有人力资源情况，包括员工岗位、素质、员工年龄结构、冗员情况和员工队伍稳定状况等，进行客观分析整理，以此作为人力资源的需求和供给预测的基础。

**1. 整理现有企业和员工资料**

（1）整理现有企业资料。现有企业资料包括企业的工作分类、岗位及职务，公司现有员工数量，每个岗位人员数量，表现评价，岗位任期，工作的变化和重新分配等。

（2）整理现有员工资料。现有员工的资料包括员工基本情况（主要指姓名、年龄、性别、籍贯、宗教、婚姻、家庭情况、健康状况等）、员工工作情况（主要指参加工作时间、用工方式、就职岗位和服务时间、最近的评价资料等）、员工技术与能力（主要指受教育状况、参加各种学习项目的情况、最近的培训经历、各种资格证明、以前的工作经验、工作以外的爱好和活动等）。

**2. 分析员工岗位配置和年龄结构**

（1）员工岗位配置。从员工岗位配置上看，应该“能级对应”，否则可能出现“大材小用”而埋没人才，或“小材大用”而难以胜任工作的情形。

一般可以这样操作：首先，将现有员工人数与编制定员数相比较，看人员配置数量如何。其次，将实际工作率与标准工作率作对比，判断工作潜力。第三，分析时要对不同人员进行分类。一般将一线、二线、三线人员分类对比。对于一线人员，可以从劳动时间使用情况的统计报表中获取；对于二、三线人员，通过“工作记录”或“工作抽样”的方法，取得一次性工时研究资料进行分析计算。

计算工作潜力可用以下公式：

$$工作潜力（人数）=|P_1-P_0|TH/P0_T$$

式中 $P_1$——实际工作率；

$P_0$——标准工作率，即企业主管部门要求达到的或企业自己确定的目标工作率；

$T$——制度工作时间；

$H$——分析期期末人数。



**重点名词 3-4 工时利用率**

工时利用率是指制度工作时间的实际利用程度。它可以反映劳动者劳动时间的利用情况，并可通过对缺勤工时、停工工时、非生产工时等的分析，有针对性地解决影响工时利用率的主要问题，不断提高工时利用率。工时利用率的计算公式为

工时利用率=（实际工作工时+加班工时×100%）/制度工作工时

公式中，实际工作工时=制度工作工时-（缺勤工时+非生产工时+停工工时）+停工工时中被用工时+停工工时中加班工时。

（2）员工年龄结构。分析员工年龄结构，主要是观察企业员工整体年龄是否老化。

① 计算平均年龄。企业员工的平均年龄从经验、能力、体力、效率兼顾的角度考虑，25～40 岁为最佳。若平均年龄大于 40 岁，则应该采取更新措施，否则会有难以为继的后果。

② 按年龄组统计分析各类员工、各工种及各类职务人员的年龄结构。企业理想的员工年龄结构应为梯形，顶端接近退休年龄，底端为年轻员工。

③ 可将年龄组的统计资料用表格的形式或在坐标轴上以曲线图的形式表示出来，从而使企业的员工年龄结构、年龄分布状况一目了然，并可以此为基础预测企业以后年龄结构的发展趋势。

**3. 分析员工素质**

人力资源的素质分析，主要分析以下几个指标：

（1）员工的知识技能水平。员工的知识水平主要指员工的文化知识、专业知识和工作经验等；员工的技能水平则包括智能、操作技能、表达能力及管理技能等。员工个人的知识技能水平，可以用员工所获得的专业技术职称及最终学历来表示；企业整体的知识技能水平，可用专业技术人员占全部员工的比重、中高级职称人数占全员的比重、大中专毕业

生占全员的比重、员工的平均文化程度等指标来表示。

（2）员工的思想素质和企业文化价值观。这些内容主要从员工的绩效考评与工作表现中观察，具体包括：员工是否认同企业文化、价值观，是否有“效率第一”及雷厉风行的工作作风，是否有消费者至上的信念及热情服务的职业道德，群体是否有开拓创新和勤奋拼搏的意识，企业是否具有凝聚力等。这些对于战略目标的实现起着至关重要的作用。优秀的企业文化能对员工形成向心力。

（3）员工群体的知识技能层次结构。员工群体的知识技能层次结构，是指企业所拥有的高、中、初级职称人员的比例关系，一般通过计算各类人员的比重来进行分析。企业人力资源中高、中、初级人员应与其生产经营的项目未来的发展前景及市场竞争状况相适应。

**4．分析冗员情况和员工队伍稳定状况**

（1）冗员情况分析。企业的冗员就是超出企业正常生产经营活动实际需要的人员，包括正常的后备人员。后备人员是为保证生产经营和企业长远发展需要而进行的适量的人员储备，如替补人员和在职培训人员。所以企业冗员计算可用下列公式计算：

企业的冗员=全部职工−实际需要−合理储备

企业的冗员一般可分为两大类：一类是本身素质与工作不相适应的人员，包括老、弱、病、残人员，知识技能不符合工作要求的人员，思想素质低下的人员；另一类是指素质与工作适应但超过实际需要的富余人员，包括只愿干本职工作和希望调换工作的人员。

冗员分析主要是为了了解企业冗员的具体构成和具体情况，以便于制订切实可行的冗员利用与处理方案。对于第一类情况可以采取提前退休、自动下岗、强迫下岗、培训再上岗、辞退等措施；对于第二类情况可采取部门内升迁、岗位轮换等办法。

（2）员工队伍稳定状况分析。考察员工队伍稳定状况通常用人力资源流动率来衡量，人力资源流动率是一定时期内某种人力资源变动（离职与新进）与员工总数的比率，适度的人力资源流动率是保证企业新陈代谢的条件。人力资源流动率受很多因素的影响，经常采用下面两种比率，即人力资源流出率、人力资源新进率来反映人力资源流动情况。

从人力资源流动率可以看出企业内部的稳定程度，若流动率过大，则表明人员不稳定，劳资关系存在较为严重的问题，同时会降低企业生产效率，增加企业挑选、培训新员工的成本。相反，如果流动率太小，则不利于企业的创新和活力的保持。

### 3.2.2 人力资源需求预测

人力资源需求预测就是指对企业在未来某一特定时期内所需人力资源的数量、质量及结构进行预测。这里所指的需求是在不考虑企业现有人力资源状况和变动情况下的完全需求。作出供给预测后，就可以得出净需求。

**1．分析人力资源需求的影响因素**

企业对人力资源的需求受到多种因素的影响。这些因素大致分为两类：外部环境和内部条件因素。

（1）企业外部环境。企业外部因素主要包括政策环境、经济环境、技术环境、竞争对手等。政策环境、经济环境会影响企业规模、经营方向和劳动力市场的变化；技术环境会影响企业的技术和装备水平，间接影响人力资源需求；竞争对手、行业发展状况变化会影响人才流动。

（2）企业内部条件。企业内部条件因素主要包括企业目标、规模、组织方式及经营方向的变化，自身技术管理水平，人员流动比率，职位工作量等。企业目标、规模、组织方式及经营方向的变化会直接影响企业人力资源需求的数量和质量；自身技术水平提升，生产效率提高，可能会带来对高技术人员需求的增加；人员流动比率是由于辞职、被解雇或合同到期等原因引起的职位空缺，意味着人力资源需求量也会出现；职位工作量的饱满与否，也会导致人力资源需求的增减。

**重要信息 3-4　人力资源需求预测的要点**

（1）预测要在外部环境和内部条件的基础上作出，必须符合现实情况。

（2）预测是为企业的人力资源规划服务，这是预测的目的。

（3）应该选择恰当的预测技术，预测要考虑科学性、经济性和可行性，综合各方面作出选择。

（4）预测的内容是未来人力资源的数量、质量和结构，应该在预测结果中体现。

人力资源需求预测所涉及的变量与企业经营过程所涉及的变量是共同的。与人力资源需求预测相关的变量包括顾客的需求变化、生产需求、劳动力成本趋势、可利用的劳动力（失业率）、每一工种所需要的员工人数、追加培训的需求、每个工种员工的流动情况、旷工趋向（趋势）、政府的方针政策的影响、劳动力费用、工作小时的变化、退休年龄的变化、社会安全福利保障等。在明确员工（包括一线员工和管理者）的技能和数量需求时，必须根据企业的特殊环境，认真考虑上述变量，应该把预测看成是完善周围的人力资源需求决策的一个工具。



**2．选择人力资源需求预测方法**

进行人力资源需求预测可以采用定性预测和定量预测两类方法。

（1）定性预测。

① 经验预测法，是指利用现有的信息和资料，根据企业管理人员的经验，结合本企业特点，对企业人员需求进行预测。在实际操作中，一般采用自下而上即由直线部门经理向自己的上级主管提出用人要求和建议，征得上级同意。自上而下则是由公司经理先拟定出公司总体用人目标和建议，然后由各级部门自行确定用人计划。

② 描述法，是指人力资源规划人员可以通过对本企业组织在未来某一时期的有关因素的变化进行描述或假设，从描述、假设、分析和综合中提出企业未来的人力资源预测规划。由于这是假定性的描述，因此人力资源需求就有几种备选方案，目的是适应和应付环境因素的变化。

③ 德尔菲法，又称专家评估法，一般采用问卷调查的方式，听取专家对企业未来人力资源需求量的分析评估，并通过多次重复最终达成一致意见。

第一轮：提出预测目标和要求，确定专家组，准备有关资料，征求专家意见。

第二轮：简明扼要地以调查表方式列出预测问题（25 个左右为宜），交付专家组讨论评价，然后由预测组织统计整理。

第三轮：修改预测结果，充分考虑有关专家意见。

第四轮：进行最后预测，在第三轮统计资料的基础上，请专家提出最后意见及依据。

这种方法既可用于企业整体人力资源需求量预测，也可用来预测部门人力资源需求，其目标是通过综合专家们的意见来预测某一领域的发展状况，适合于对人力需求的长期趋势预测。

**管理借鉴 3-1　出版公司的德尔菲法预测**

原子工业出版有限公司是一家大型图书出版商。它对公司出版的一本科普专著的销量运用德尔菲法进行了预测。

公司首先选择若干书店经理、书评家、读者、编审、销售代表和海外公司经理组成专家小组。将该专著和一些相应的背景材料发给各位专家，要求大家给出该专著最低销售量、最可能销售量和最高销售量三个数字，同时说明自己做出判断的主要理由。

三天后，公司将这些专家们的意见收集起来，归纳整理后返回给各位专家，然后要求专家们参考他人的意见对自己的预测重新考虑。专家们完成第一次预测并得到第一次预测的汇总结果以后，除书店经理王先生外，其他专家在第二次预测中都做了不同程度的修正。

按照上面的程序进行第三次预测，在这次预测中，大多数专家又一次修改了自己的看法。

在第三次的基础上又进行了第四次预测，结果所有专家都不再修改自己的意见。因此，专家意见收集过程在第四次以后停止。最终预测结果为最低销售量 15 万册，最高销售量 50 万册，最可能销售量 32 万册。

一年后，公司对采用德尔菲法预测的结果进行核实，这本专著的销量达到了 30 万册，和预测的结果基本相符。

显然，过程组织是否科学是保证德尔菲法预测准确性的关键所在。

（2）定量预测。

① 趋势预测法，是一种基于统计资料的定量预测方法，一般是利用过去几年时间里员工雇用数据来推算未来的员工需求量。这一方法假设人力需求与企业产出水平（可用产量和劳动生产率表示）成比例关系：员工需求量=产量 ÷劳动生产率。

趋势预测法一般只适合中期预测或比较稳定时的预测。

**例 3-1**　某高职院校过去 8 年的教职工人数见表 3-1，请预测现在起算的第二年和第四年人力资源的需求是多少？

**表 3-1　某高职院校过去 8 年教职员工数量**

| 年度 | 1 | 2 | 3 | 4 | 5 | 6 | 7 | 8 |
|---|---|---|---|---|---|---|---|---|
| 人数 | 450 | 455 | 465 | 480 | 485 | 490 | 510 | 525 |

解：首先根据过去 8 年的人员数据来分析其变化趋势。先假定这是一种线性变化 $Y$=a+b$X$，人数是变量 $Y$，年度是变量 $X$，那么，根据公式可以计算出 $a$ 和 $b$。

$$a=\frac{\sum Y}{n}-b\frac{\sum t}{n}$$

$$b=\frac{n\sum tY-\sum Y\cdot\sum t}{n\sum t^2-(\sum t)^2}$$

$a$=435.357　　$b$=10.476

直线趋势就可以表示为 $Y$=435.357+10.476$X$，也就是说，每过一年，该高职院校人力资源需求就要增加 10.476，取整约为 11。这样，就可以作以下预测：

第二年人力资源需求=435.357+10.476×（8+2）=540.117≈541（人）

第四年人力资源需求=435.357+10.476×（8+4）=561.069≈562（人）

② 回归预测法，是一种建立在统计技术上的人力资源需求预测法。与趋势预测法不同

的是，它不只考虑时间或产量等单个因素，还考虑了两个或两个以上因素对人力资源需求的影响。多元回归预测法运用事物之间的各种因果关系，根据多个自变量的变化来推测各变量的变化，而推测的有效性可以通过一些指标来控制。

**例 3-2** 由于某市医疗资源整合，某医院的病人将急剧增加，为此，2014 年医院拟将床位增加到 1 000 个，请预测明年护士的需求数量。病床数和护士数据见表 3-2。

表 3-2　某医院护士数与病床数

| 护士数量 | 180 | 270 | 345 | 460 | 550 | 620 | 710 |
| --- | --- | --- | --- | --- | --- | --- | --- |
| 病床数量 | 200 | 300 | 400 | 500 | 600 | 700 | 800 |

根据医院人力资源管理人员分析，病床数量与护士需求之间具有较高相关关系。因此，假设病床数为自变量 $X$，护士数为因变量 $Y$，两者之间的关系可以表述为 $Y=a+bX$，其中，$a$ 和 $b$ 的计算如例 3-1 所示。$a=2.375$，$b=0.891$，回归方程就是 $Y=2.375+0.891X$，即床位增加一个，护士就需增加 0.891 人。

明年所需的护士数=2.357+0.891×1 000=893.321≈894（人）。

③ 工作负荷法，又叫比率分析法。它考虑的是企业目标和完成任务所需人力资源数量间的关系，考虑的是每个人的工作负荷和企业目标间的比率。企业的目标通常是指生产量和销售量等易量化的目标。每个人的工作负荷则是指某一特定时间每个人的工作量。预测未来一段时间里企业要达到的目标，如要完成的产量或销售量，再结合每个人的工作负荷就可以确定出企业未来所需的人员数量。这里的比率一般是一个经验数据，具有较高的可靠性。



**3．组织人力资源需求预测**

人力资源需求预测应按如下步骤来操作：

（1）确定预测目标。人力资源需求预测目标一般包括预测时间段、范围、各种指标及其准确性要求等。

（2）收集并整理信息。正式预测前应收集整理相关信息，为预测做准备。

（3）选择预测方法。根据预测目标和掌握的信息情况，选择可行的预测方法。用定性与定量的方法同时进行预测，或以多种预测相互比较来印证预测结果，这样可以使预测的准确度提高。

（4）评价与判断预测结果。预测的结果未必完全符合未来的实际，必须对预测结果进行分析、评价和检验。

（5）分析预测误差，修正预测值。找出并分析产生误差的原因，修正预测结果，选出较理想的数值作为规划的依据。

### 3.2.3　人力资源供给预测

对于企业来讲，人力资源供给预测就是只对未来某一特定时期内能够供给企业的人力资源数量、质量以及结构进行预测估算。人力资源供给的来源包括内部供给和外部供给，供给预测只针对有效供给进行，超越企业能力的人力资源供给对企业没有实质意义。相对于内部供给，企业对外部人力资源供给具有许多不可控因素，因此人力资源供给的预测主要是侧重于企业内部供给的预测。

### 1. 分析人力资源供给的影响因素

企业人力资源的供给也受到外部环境和内部条件两种因素的影响。

（1）企业外部环境。一般来说，影响企业人力资源外部供给的因素主要有外部劳动力市场的状况、人们的就业意识、企业的吸引力等。当社会劳动力市场紧张时，外部供给的数量就会减少；而当社会劳动力市场宽松时，供给的数量就会增多。在人们就业意识中，如果企业不属于人们择业的首选行业，那么外部供给量自然就比较少，反之就比较多。当企业对人们的吸引力比较强，人们都会愿意到这里来工作，供给量也就会比较多；相反，如果企业不具有吸引力，人们都不愿意到这里来工作，那么供给量就会减少。此外，国家政策、竞争对手动态等也会影响一个企业的劳动力供给。所以，在分析企业的吸引力时，不仅要看绝对的水平，还要看相对的水平，也就是与竞争对手相比较而言的吸引力如何，这对于吸引专业性较强的人力资源来说更有意义。

（2）企业内部条件。由于人力资源的内部供给来自组织内部，因此组织在预测期内所拥有的人力资源就形成了内部供给的全部来源，所以内部供给的分析主要是对现有人力资源的情况及其在未来的变化情况作出判断。影响内部供给的主要因素有：企业现有人力资源状况；企业员工的自然损耗，包括辞退、退休、伤残、死亡等；企业员工的内部流动，包括晋升、降职、平职调动等；内部员工的跳槽；企业总体经营战略改变导致的人力资源政策变化等。

### 2. 选择人力资源供给预测方法

进行人力资源供给预测可以采用以下方法：

（1）人事资料清查法，又称技能清单法，是通过对组织现有人力资源质量、数量、结构和在各职位上的分布状况进行检查，掌握组织拥有的人力资源状况。通过一些记录员工信息的资料，可以反映员工的工作经验、受教育程度、特殊技能、竞争能力等与工作有关的信息，以帮助人力资源规划人员估计现有员工调换工作岗位的可能性大小和决定哪些员工可以补充目前空缺岗位。这一方法常作为一种辅助性的方法，对管理人员置换、人力接续等提供更详细的质量上的参考。人事资料样表见表 3-3。

表 3-3　人事资料样表

<table>
<tr><td colspan="2">姓名</td><td>部门</td><td>科室</td><td>工作地点</td><td colspan="2">填表日期</td></tr>
<tr><td colspan="2">到职日期</td><td colspan="2">出生年月</td><td>婚姻状况</td><td colspan="2">工作职称</td></tr>
<tr><td rowspan="4">教育背景</td><td>类别</td><td>学位</td><td>毕业日期</td><td>学校</td><td>专业</td><td>主修课程</td></tr>
<tr><td></td><td></td><td></td><td></td><td></td><td></td></tr>
<tr><td></td><td></td><td></td><td></td><td></td><td></td></tr>
<tr><td></td><td></td><td></td><td></td><td></td><td></td></tr>
<tr><td rowspan="4">培训背景</td><td colspan="2">培训主题</td><td colspan="2">培训机构</td><td colspan="2">培训时间</td></tr>
<tr><td colspan="2"></td><td colspan="2"></td><td colspan="2"></td></tr>
<tr><td colspan="2"></td><td colspan="2"></td><td colspan="2"></td></tr>
<tr><td colspan="2"></td><td colspan="2"></td><td colspan="2"></td></tr>
<tr><td>技　能</td><td>种类</td><td colspan="2"></td><td>证书</td><td colspan="2"></td></tr>
<tr><td>志　向</td><td colspan="6"></td></tr>
<tr><td colspan="2" rowspan="2">你认为自己需要的培训</td><td>类别</td><td colspan="4"></td></tr>
<tr><td>形式</td><td colspan="4"></td></tr>
<tr><td colspan="3">你认为自己现在就可以接受的工作安排</td><td colspan="4"></td></tr>
</table>

(2) 人员接替法，是指将每一个岗位都看作是潜在的工作空缺，该岗位下的每一位员工均是潜在的供给者。根据绩效评价，当某位员工绩效过低时，企业将采取辞退或调离的方法；而绩效很高时，他将被提升替代他上级的工作。这两种情况都会出现职位空缺，其工作都可以由其下属替代。在现有人员分布状况、未来理想人员分布和流失率已知的情况下，由待补充职位空缺所要求的晋升数和人员补充数即可知人力资源供给量。人力资源供给预测人员可以采取替代卡（单）方法，如图 3-2 所示；也可以采取人员接续预测法，如“管理借鉴”3-2 所示。

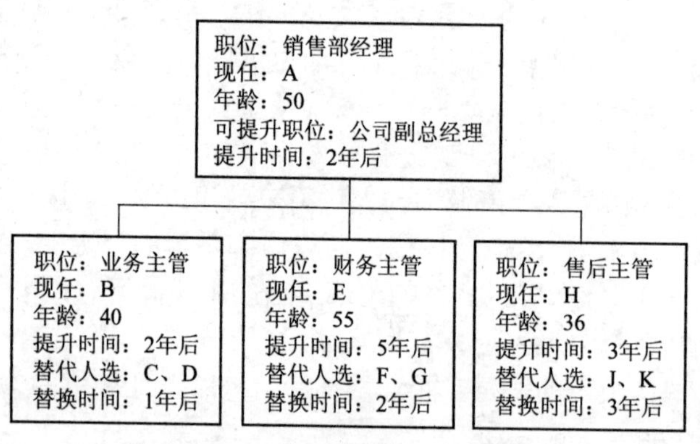


图 3-2 人员替代卡（单）图例



**管理借鉴 3-2 北京华夏文化公司的人员接续预测**

北京华夏文化公司人员定编 50 人，根据绩效评估和经验预测，称职的 32 人，需要培训的 10 人，3 人需淘汰，而人员流动大约 5 人。根据数据，公司就可以确定合适的人员补充，晋升 3 名优秀人员，对绩效稍差的进行培训，淘汰不合格人员，并通过人才库，内部选拔合适人才 6 人，然后确定外部招聘人员 5 人，从而保证了公司有充足的人员供给。人员预测法如图 3-3 所示。

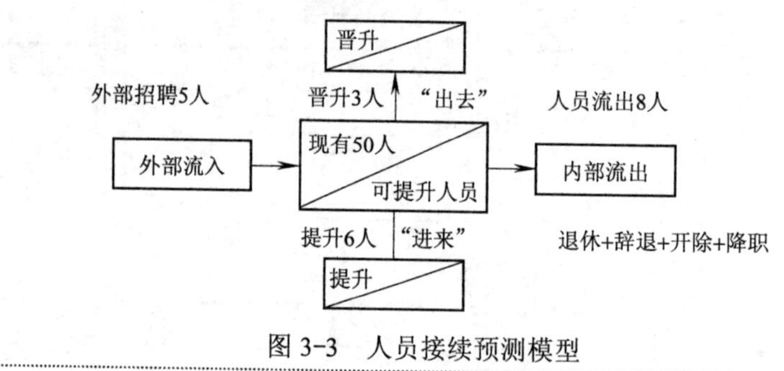


图 3-3 人员接续预测模型

(3) 马尔科夫分析法，主要用作预测具有相等时间间隔的时刻点上各类人员的分布状况，其基本思路是通过寻找企业内部员工流动的规律，推测未来人事变动的趋势。其基本假设是企业过去和未来员工的流动情况大致相同，依据一个人员流动的历史趋势，建立人员转换概率矩阵，来计算曾在某一职位上工作过、流动到另一职位或在某一个特定时期后离开本企业的员工的概率。这一方法可以分析员工在不同工作之间的流动轨迹和趋势，并以此判断企业内部人力资源可能的供应量。具体样表见表 3-4、表 3-5。

表 3-4 企业员工流动矩阵表

| | 商店经理 | 商店经理助理 | 地区经理 | 部门经理 | 销售班组 | 离职 |
|---|---|---|---|---|---|---|
| 商店经理 | 0.90 | | | | | 0.1 |
| 商店经理助理 | 0.11 | 0.83 | | | | 0.06 |
| 地区经理 | | 0.11 | 0.66 | 0.08 | | 0.15 |
| 部门经理 | | | 0.10 | 0.72 | 0.02 | 0.16 |
| 销售班组 | | | | 0.06 | 0.74 | 0.20 |

表 3-5 企业内部人力资源供给预测表

| 计划初期人数 | 商店经理 | 商店经理助理 | 地区经理 | 部门经理 | 销售班组 | 离职 |
|---|---|---|---|---|---|---|
| 12 | 11 | | | | | 1 |
| 36 | 4 | 30 | | | | 2 |
| 96 | | 11 | 64 | 8 | | 15 |
| 288 | | | 29 | 208 | 6 | 47 |
| 1 440 | | | | 87 | 1 066 | 288 |
| 供给预测数 | 15 | 41 | 93 | 303 | 1 072 | 353 |

从表 3-4 中可以看出，在过去任何一年内，平均有 90%的商店经理留任原职，10%的离职；11%的地区经理成为商店经理助理，66%的地区经理留职，8%的地区经理成为部门经理，15%的离开企业。用这些数据代表每个岗位人员变动的概率，就可以算出这些岗位未来人员供给情况。将计划初期每个岗位人数乘以每个岗位人员变动概率，然后纵向相加，就可以得到整个企业内未来人力资源的净供给量。

**同步实训 3-2 人力资源供需预测认知**

**实训目的：**加深学生对人力资源供需预测方法的认识。

**实训安排：**

1. 学生选择人力资源供需预测方法中的一种，分组进行讨论，并尝试运用。
2. 分析并体会这些方法的适用性与特点。

**教师注意事项：**

1. 由生活事例导入对人力资源供需预测的认识。
2. 提供一些人力资源供需预测的简单案例，供学生讨论。
3. 参观企业或提供其他相应学习资源。

**资源（时间）：**1 课时、参考书籍、案例、网页。

**评价标准：**

| 表现要求 | 是否适用 | 已达要求 | 未达要求 |
|---|---|---|---|
| 小组活动中，外在表现（参与度、讨论发言积极程度） | | | |
| 小组活动中，对概念的认识与把握的准确程度 | | | |
| 小组活动中，角色扮演的精准度 | | | |
| 小组活动中，文案制作的完整与适用程度 | | | |

## 3.3 人力资源规划编制

**任务提示**

在了解人力资源的框架及编制程序的基础上，根据前期人力资源供需预测与平衡的结果，编写人力资源规划并作出相应预算。经过规划人员认真审核、讨论，定稿后，才能用于人力资源管理实践。

### 3.3.1 人力资源供需的平衡

在企业人力资源供需预测的基础上，接下来的工作就是要进行人力资源的综合平衡，这是企业人力资源规划工作的核心和目的所在。企业人力资源的综合平衡主要从以下 3 个方面来进行：

**1．人力资源供大于求**

当人力资源供大于求时，企业可以采取的应对方式有：①开拓新的经营业务方向，从而扩大对人力资源的需求。②撤销、合并臃肿的机构，减少冗员，提高人力资源的利用率。③利用优惠措施，鼓励员工提前退休和内退。④冻结人员补充，也即当出现空闲岗位时不进行新人员补充。⑤加强培训工作，使员工掌握更多技能，增强其择业能力，为员工自谋职业提供便利。同时，通过培训也可为企业的发展储备人力资本。



**2．人力资源供不应求**

当人力资源供不应求时，企业可以采取的应对方式有：①企业内部重新调配，包括对现有员工进行技能培训，使得他们适应更高层次的工作。②最有效的方法是通过激励和培训来提高员工的业务技能，以及改进工艺设计来调动员工的积极性，提高劳动生产率，从而减少对人力资源的需求。③外部招聘。④聘用非全日制临时工，如返聘已退休者或雇用小时工。

**3．人力资源供求总量平衡，结构不平衡**

结构性失衡是企业人力资源供需中较为普遍的一种现象，在企业的稳定发展状态中表现得尤为突出。平衡的办法一般有技术培训计划、人员接任计划、晋升和外部补充计划。其中外部补充主要是为了抵销退休和流失人员空缺。

### 3.3.2 编写人力资源规划

具体来说，人力资源规划制定过程主要包括以下 8 个步骤：

**1．明确企业的经营目标**

明确企业经营目标和环境是制定人力资源规划的前提。不同的产品组合、生产技术、生产规模、资金情况以及不同的市场等对企业人员必然会有不同的要求。这里既有数量方面的要求，也有结构方面和质量方面的要求。

**2．了解企业经营环境**

企业面临的宏观环境、本行业的发展态势与前景、劳动力市场的结构、择业心理以及相关的政策法规都会对企业人力资源供需构成影响。人力资源规划就是要根据经营环境的变化，对企业的人力资源进行预先的统筹安排，以确保企业经营战略的有效实施。

3. 分析企业现有的人力资源状况

企业现有的人力资源是人力资源规划的基础，企业经营目标的实现首先要立足于开发现有的人力资源。因此，必须对企业现有的人力资源状况有一个全面和充分的认识。利用一定的方法，对企业人力资源的数量、质量、分布、利用状况等进行认真的统计分析是企业人力资源规划的一项基础性工作。

4. 预测企业的人力资源需求

这是企业人力资源规划的关键性工作，主要是根据企业发展战略和经营目标，以及具备的内外条件，对人员需求的结构、数量和质量进行估算。

5. 预测企业人力资源供给

这也是企业人力资源规划的关键性工作，主要是对未来某一特定时期内能够供给企业的人力资源数量、质量以及结构进行预测估算。人力资源供给的来源包括内部供给和外部供给。

6. 制定人力资源总体规划和各专项业务计划

这是人力资源规划中比较具体细致的工作，也是整个人力资源规划工作成果的表现阶段。它要求在对企业战略、经营环境和企业人力资源现状分析研究的基础上，根据对企业计划期内人力资源的供需预测，提出企业人力资源管理方面的各项具体要求、目标、措施及步骤等，以便有关部门能照此执行。这一步骤中，还应该做人力资源费用预算。人力资源费用包括人工成本和人力资源管理费用。

7. 审核、评估人力资源规划

为了保证人力资源规划的科学性和有效性，在制定完成之后，应组织相关管理人员、员工对其进行审核、评估。为此，应该预先制定标准，以方便对照进行。经审核、评估后，应有相应措施来监督人力资源规划的实施。

8. 人力资源规划的反馈

人力资源规划的反馈可以采取事前反馈、事中反馈和事后反馈 3 种形式。事前反馈是在规划编制完成后，经多方审核、评估，对规划作出修改；事中反馈是指规划实施中发现了其不足，可对其进行动态的修改，以使其更符合实际；事后反馈是指人力资源规划实施完成之后，收集相关建议和意见，对其进行投入产出分析，为未来的人力资源规划制定积累经验。

**同步实训 3-3　人力资源规划编制认知**

**实训目的：**加深学生对人力资源规划内容及写法的认识。

**实训安排：**

1. 学生从网络收集人力资源规划实例，分组进行讨论。
2. 分析并体会规划的内容及编写方法要求。

**教师注意事项：**

1. 由生活事例导入对人力资源供需平衡的认识。
2. 提供一些人力资源规划的简单案例，供学生讨论。
3. 参观企业或提供其他相应学习资源。

**资源（时间）：**1 课时、参考书籍、案例、网页。

**评价标准：**

| 表现要求 | 是否适用 | 已达要求 | 未达要求 |
| --- | --- | --- | --- |
| 小组活动中，外在表现（参与度、讨论发言积极程度） | | | |
| 小组活动中，对概念的认识与把握的准确程度 | | | |
| 小组活动中，角色扮演的精准度 | | | |
| 小组活动中，文案制作的完整与适用程度 | | | |

## 小结

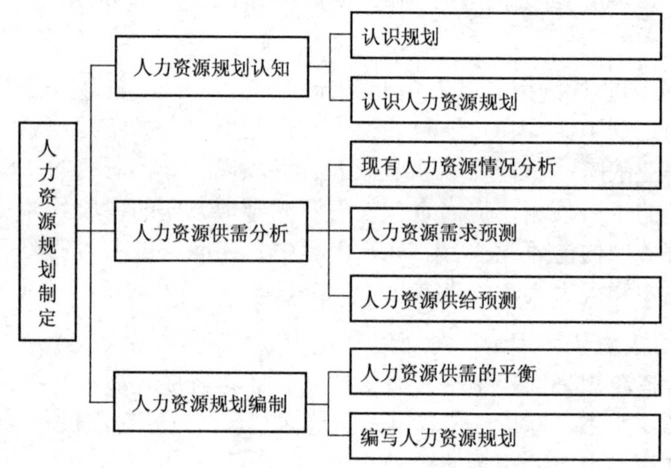


## 教学做一体化训练

### 一、重点名词

人力资源规划　　人力资源净需求　　人力资源现有状况分析　　工时利用率　　马尔科夫法　　技能清单　　人员替换

### 二、课后讨论

1．编写人力资源规划的意义。

2．做好人力资源规划的要点。

3．人力资源规划与其他管理工作的关系。

### 三、课后自测

（一）选择

1．业务规划是指在总体规划指导下的各种专项业务规划，具体包括（　　）等内容。

A．人员补充计划　　B．人员配备计划

C．人员培训开发计划　　D．薪酬激励计划

E．员工职业发展计划

2．（　　）属于企业人力资源中期规划。

A．1 年期规划　　B．4 年期规划

C．6 年期规划　　D．10 年期规划

3．人力资源需求的影响因素不包括（　　）。

A．企业外部环境　　B．企业内部环境

C．管理者个人偏好　　D．人力资源自身

4．现有企业资料包括（　　）等。

A．企业的工作分类、岗位及职务

B．公司现有员工数量

C．每个岗位人员数量、表现评价、岗位任期

D．工作的变化和重新分配

5．人力资源费用预算包括（　　）。

A．人力资源成本　　B．人力资源管理费用

C．企业财务费用　　D．企业生产费用

6．当人力资源供大于求时，企业可以采取的应对方式有（　　）。

A．拓展新的企业业务方向，从而扩大对人力资源的需求

B．撤销、合并臃肿的机构，减少冗员，提高人力资源的利用率

C．利用优惠措施，鼓励员工提前退休和内退

D．冻结人员补充，也即当出现空闲岗位时不进行新人员补充

E．加强培训工作，使员工掌握更多技能，增强其择业能力，为员工自谋职业提供便利

（二）判断

1．在总体规划中，最主要的工作就是人力资源供给和需求的情况预测。（　　）

2．与绩效评估计划相关的人力资源政策与措施，不包括奖罚制度和沟通机制。（　　）

3．收集整理企业现有人力资源信息与做好人力资源供需预测关系不大。（　　）

4．冗员就是超出企业正常生产经营活动实际需要的人员，包括正常的后备人员。（　　）

5．相对于外部供给，企业对内部人力资源供给具有许多不可控因素，因此人力资源供给的预测主要是侧重于外部供给的预测。（　　）

6．人力资源规划实施完成之后，收集相关建议和意见，可以为未来的人力资源规划制定积累经验。（　　）

（三）简答

1．人力资源规划的内容包括哪些？

2．人力资源需求的影响因素有哪些？

3．人力资源供给的影响因素有哪些？

4．怎样对人力资源现状进行分析？

5．预测人力资源供需的方法有哪些？

6．怎样平衡人力资源的需求与供给？

（四）案例分析

**北京信达科技开发有限公司2014年人力资源计划**

根据公司整体经营方针，人力资源部会同有关部门制定了2014年人力资源计划，工作重点是职位设置与人员配置、人员招聘、人事政策调整。本计划实施自2014年1月1日始至2014年12月31日止。

**一、职务设置与人员配置计划**

2014年，公司将划分为9个部门，其中行政副总经理负责行政部和人力资源部，财务总监负责财务部，营销总监负责销售一部、销售二部和产品部，技术总监负责开发一部和开发二部。具体职务设置与人员配置如下：

（一）决策层（5人）

总经理1名、行政副总经理1名、财务总监1名、营销总监1名、技术总监1名。

（二）行政部（8人）

行政部经理1名、行政助理2名、行政文员2名、司机2名、接线员1名。

（三）财务部（4人）

财务部经理1名、会计1名、出纳1名、财务文员1名。

（四）人力资源部（4人）

人力资源部经理1名、薪酬专员1名、招聘专员1名、培训专员1名。

（五）销售一部（19人）

销售一部经理1名、销售组长3名、销售代表12名、销售助理3名。

（六）销售二部（13人）

销售二部经理1名、销售组长2名、销售代表7名、销售助理3名。

（七）开发一部（19人）

开发一部经理1名、开发组长3名、开发工程师12名、技术助理3名。

（八）开发二部（19人）

开发二部经理1名、开发组长3名、开发工程师12名、技术助理3名。

（九）产品部（5人）

产品部经理1名、营销策划1名、公共关系2名、产品助理1名。

**二、人员招聘计划**

（一）招聘需求

根据2013年职务设置与人员配置计划，公司人员数量应为96人，到目前为止公司只有83人，还需要招聘13人，具体职务和数量为：开发组长2名、开发工程师7名、销售代表4名。

（二）招聘方式

开发组长：社会招聘和学校招聘。

开发工程师：学校招聘。

销售代表：社会招聘。

（三）招聘策略

学校招聘主要通过参加应届毕业生洽谈会、在学校举办招聘讲座、发布招聘张贴、网上招聘等4种形式；社会招聘主要通过参加人才交流会、刊登招聘广告、网上招聘等3种形式。

（四）招聘人事政策（略）

（五）风险预测

1. 由于今年本市应届毕业生就业政策有所变动，可能会增加本科生招聘难度，但由于公司待遇较高并且属于高新技术企业，可以基本回避该风险。另外，由于优秀的本科生考研的比例很大，所以在招聘时应该留有备选人员。

2. 由于计算机专业研究生愿意留在本市的较少，所以研究生招聘将非常困难。应重点通过社会招聘来填补“开发组长”空缺。

**三、选拔方式调整计划**

2013 年开发人员选择实行面试和笔试相结合的考查办法，取得了较理想的结果。在 2014 年首先要完善非开发人员的选择程序，并且加强非智力因素的考查，另外在招聘集中期，可以采用“合议制面试”，即总经理、主管副总经理、部门经理共同参与面试，以提高面试效率。

**四、绩效考评政策调整计划**

2013 年已经开始对公司员工进行了绩效考评，每位员工都有了考评记录。另外，在 2013 年对开发部进行了标准化的定量考评。

在 2014 年，绩效考评政策将做以下调整：

1. 建立考评沟通制度，由直接上级在每月考评结束时进行考评沟通。

2. 建立总经理季度书面评语制度，让员工及时了解公司对他的评价，并感受到公司对员工的关心。

3. 在开发部试行“标准量度平均分布考核方法”，使开发人员更加明确自己在开发团队中的位置。

4. 加强考评培训，减少考评误差，提高考评的可靠性和有效性。

**五、培训政策调整计划**

公司培训分为岗前培训、管理培训、技术培训 3 部分。

岗前培训在 2008 年已经开始进行，管理培训和技能培训从 2010 年开始由人力资源部负责。在 2014 年，培训政策将做以下调整：

1. 加强岗前培训。

2. 管理培训与公司专职管理人员合作开展，不聘请外面的培训人员。该培训分成管理层和员工两个部分，重点对公司现有的管理模式、管理思路进行培训。

3. 技术培训根据相关人员申请进行，采取公司内训和聘请培训教师两种方式进行。

**六、人力资源预算**

（一）招聘费用预算

1. 招聘讲座费用：计划本科生和研究生各 4 个学校，共 8 次，每次费用 300 元，预算 2 400 元。

2. 交流会费用：参加交流会 4 次，每次平均 400 元，共计 1 600 元。

3. 宣传材料费：2 000 元。

4. 报纸广告费：6 000 元。

（二）培训费用

2013 年实际培训费用 35 000 元，依据 20%递增，2014 年预算为 42 000 元。

（三）社会保障金

2013 年社会保障金共交纳××元，按 20%递增，预计今年社保金总额为××元。

北京信达科技开发有限公司人力资源部

2013 年 12 月 25 日

阅读以上材料，回答问题：

1. 从时间上看，这个计划属于哪一类别？
2. 这个人力资源计划中包括了哪些内容？
3. 你还可以给这一计划做哪些补充？

## 实践项目　人力资源规划观察

活动目的：组织编写简单人力资源规划，认识其工作过程。

活动安排：

1. 教师与校外基地接洽，进入企业。
2. 学生分组，分赴不同管理岗位，实地了解企业人力资源规划工作并写出报告。

教师注意事项：

1. 讲解工作要点。
2. 检查学生分组是否合理。
3. 组织学习资源的调配。

资源：课后 4 课时、网页、参考书、基地企业。

评价标准：

| 表现要求 | 是否适用 | 已达要求 | 未达要求 |
|---|---|---|---|
| 小组活动中的工作表现（参与度、讨论发言） | | | |
| 整个职业工作过程的表现（概括、发现） | | | |
| 对整体职业工作任务的认识与把握 | | | |
| 完成任务过程知识与经验的运用 | | | |



## 学生自我工作总结

通过完成“任务 3　人力资源规划编制”，我能够作如下总结：

一、主要知识

完成本任务需了解的主要知识点为：

1. ……………………

2. ……………………

二、主要技能

完成本任务需掌握的主要技能有：

1. ……………………

2. 

## 三、主要原理

完成本任务涉及的管理原理有:

1. 

2. 

## 四、相关知识与技能

本任务的完成过程:

1. 人力资源规划的意义是:

2. 人力资源供需预测的作用:

3. 人力资源规划编写的要求是:

## 五、成果检验

本任务的成果:

1. 完成本任务的意义有:

2. 学到的经验有:

3. 自悟的经验有:

4. 你认为人力资源规划对人力资源管理工作的意义是:

# 任务 4 >>>

# 员 工 招 聘

## 任务描述

员工招聘工作的核心是：在确定了企业（组织）的工作内容、任务、员工任职条件和人力资源需求之后，人力资源管理部门就应该开始招聘工作，为企业组织有能力和有兴趣的人士前来应征，并通过甄选，以最适合和最经济的方法选出最合适的人才，最终录用，成为企业员工。

## 学习目标

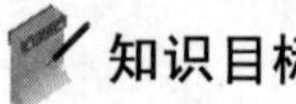

### 知识目标

- 能认识员工招聘的原因。
- 能认识员工招聘的方法。
- 能认识人员招聘的程序。

### 能力目标

- 能说明企业员工招聘的意义。
- 能组织小型面试项目。
- 能对人员招聘与选拔有整体认识。

## 任务导入

亲爱的同学，通过完成前面任务 2、任务 3，你会获得两个重要信息：①了解了一个企业有哪些工作、需要什么样的人来完成；②通过制定人力资源管理规划，了解了完成这些工作所需人的数量与质量。接下来，就应该是为企业进行人才选拔。对于拟成立的企业来讲，进行人员招聘，是企业开始运作的人力保障；对于已经成立的企业来讲，人员也会出现正常与非正常的流出，这时，人员招聘就成为企业正常持续运作的人力支持。

## 任务解析

根据人力资源管理职业工作活动顺序和职业教育学习规律，“员工招聘”任务可以分解为以下子任务：

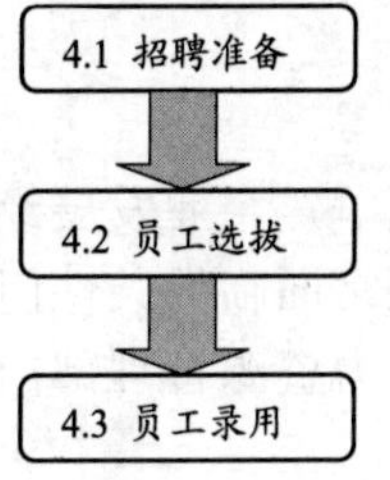


**管理故事**

我们的第四个故事要从我国唐代讲起。贞观三年，唐太宗问吏部尚书杜如晦："近来朕看见吏部择人，只重视其言词文笔，却不知其品行。过了数年之后，恶行渐渐败露，虽然加以刑戮，但百姓已受其害。如何才能获得人才？"杜如晦回答说："两汉取人，都是从乡间着手经由州郡推荐，然后启用。所以当时可以说人才济济。现在每年选集，为数千人，大家虚饰外貌文词，人品不可知悉，考选当局只能依据其阶品分派而已，这样的考诠选录，道理实未精辟，所以不能得到好人才。"

唐太宗曾和魏征讨论用人的问题，唐太宗说："为事择官，不可轻率，用一好人，别的好人都来了，用一坏人，别的坏人都跟着来了。"魏征说："这是对的。天下未定，主要用人的才干，顾不得德行；天下已定，那就必须才德兼备才可用。"他基本上遵守这个原则来用人。

**【管理感悟】**现代企业选拔录用人才大多采取考核的方式。从积极方面看，通过考核可以了解一个人的知识修养、才干和能力，以为录用的依据。从消极方面看，它可能助长一些人的作假。



## 4.1 招聘准备

**任务提示**

员工招聘准备工作包括根据人力资源规划确定人员的净需求，并根据人员录用政策和工作说明书要求，确定员工招聘的来源，在此基础上编制具体的招聘计划。同时，还应制作好招聘工作所需的相关表格及其他文件资料。

员工招聘是人力资源管理的重要环节，也是企业吸收与获取人才的重要渠道。招聘包括两个相对独立的过程，即招募和选拔聘用。招募是聘用的基础，聘用是招募的目的。招募主要是通过宣传来扩大影响，树立企业形象，达到吸引人应征的目的；而聘用则是使用各种技术测评和选拔方法挑选合格员工的过程。企业应该重视招募计划的制定，招募时间、宣传、渠道选择等方面的工作，从而达到节约选拔与培训成本，提高人与职位适应性的目标。

企业在进行招聘时，外部环境因素包括经济条件、劳动力市场状况、法律法规等会对这项活动产生影响。此外，企业发展战略、企业文化、企业发展阶段也会影响招聘的开展与结果。

员工招聘准备阶段，一些事务性的工作通常由人力资源部门的招聘专员负责完成。

### 4.1.1 分析招聘需求

市场的竞争归根结底是人才的竞争，企业发展经营的各个阶段都必须要有合格的人才作为支撑，而员工流动是当今企业经常面临的共性问题，因此员工招聘工作是企业人力资源管理活动中的一项经常性工作。人力资源管理部门要做好这项工作，首先必须分析员工招聘需求。

**1．分析员工招聘原因**

通过“工作分析与设计”和“人力资源规划制定”两项工作，人力资源管理部门已经为企业进行员工招聘做了大量的准备工作。但是，在具体的员工招聘活动前，管理人员仍然应该根据具体原因，作出有针对性的招聘安排。

企业进行员工招聘的原因，一般来讲，主要基于以下几种情况：①新建一个组织或企业，为了满足企业的目标、技术、生产、经营需要招聘合适的员工；②现有的企业由于业务规模扩大导致人手不足；③现有组织人员结构不合理，需要进行人员配置的调整，裁减不符合组织工作要求的人员，吸纳组织需要的特殊人才；④组织内部由于员工调任、离职、退休或升迁等原因造成的职位空缺；⑤为改造企业文化而引入高层管理人员和专业人才。

**2．了解工作分析与人力资源规划成果**

员工招聘需要建立在“工作分析与设计”和“人力资源规划制定”两项工作的基础之上。在具体招聘活动之前，管理人员还应该再一次熟悉或完善工作分析与人力资源规划的成果，以便作为招聘活动的依据。



“工作分析与设计”工作重点解决了“企业有哪些工作”和“什么样的人才能完成这些工作”的问题；“人力资源规划制定”工作则重点解决了“企业需要多少个这样的人”的问题。由于企业的发展和人员的流动，使得这两项工作也是常常动态化的。企业人力资源管理人员应该在不断完善这两项工作成果的基础上，将这两者结合，为招聘工作做准备。

**3．确定员工招聘需求**

根据工作描述、工作说明书、人力资源规划以及企业用人部门提出的人员招聘计划，企业人力资源管理部门通过调查、分析和内部综合平衡，以及与用人部门的负责人进行沟通、协商，就可以确定出人员招聘的净需求。在此基础上，确定出具体的人员招聘数量。

**重要信息 4-1　企业员工招聘的意义**

企业进行员工招聘，其意义并非只是人员的增加那么简单，还具有以下意义：

**1．招聘活动是企业发展的重要条件**

企业招聘员工的目的是为企业寻找适合工作的必要人选，从而实现人与工作的相互适应。它要求企业所招聘的员工在技术、心理、身体等各方面都要适合工作的需要。企业招聘的合格人选对于实现组织目标来说其作用是不言自明的。成功的招聘，为组织引进了人才，开阔了思路，提高了工作效率，形成了新的竞争优势。

**2．招聘活动可以降低企业成本**

成本控制的好坏是企业竞争力的重要支撑之一。有效的员工招聘可以使组织避免引入素质较差或不能融入组织的员工，并避免由此而发生的培训成本和风险，如由于招聘员工不合格而导致的员工离职的成本，同时为了维持企业的正常运转，企业仍需花费费用寻找合适的人选。

3．**招聘活动可以提高企业的绩效水平**

利用规范的招聘程序和科学的选拔手段，可以将那些愿意在企业中工作并且符合录用条件的应聘者长时间地留在组织内。优秀的员工的共同特点就是能够很快地转换角色，进入状态，能够在很短的时间内创造工作佳绩而无须对他们进行长时间培训。可以说，创造员工的高绩效，推动组织整体绩效水平的提高，是一个组织追求有效招聘管理的最高境界。

4．**招聘活动有利于人力资源的合理流动**

一个科学有效的招聘系统，可以促进人员的合理流动，帮助人们找到适合的工作岗位。做到工作职责匹配、调动人的积极性、主动性和创造性，让人们的潜能得以充分发挥，达到人力资源有效配置的目的。

5．**招聘活动能够扩大组织的知名度**

人员招聘是招聘组织与应聘者直接接触的过程，是招聘组织向市场展示自己的过程。招聘人员素质、招聘工作的组织、招聘材料的介绍、面试过程的专业化过程及接待应聘者的方式等，都在从不同侧面展示了招聘组织文化、风格和工作效率，让外界更多地了解了企业，扩大了企业的知名度。

### 4.1.2 确定员工招聘来源

在确定了招聘需求人数的基础上，人力资源管理人员还应该根据岗位及资格要求，决定员工招聘的来源，即是内部招聘还是向外招聘，是“制造”还是“购买”员工，即通过内部培训来加强员工的技术和专业性，还是从外部招聘相应技术和专业的人员。

企业可以从多个渠道获得人力资源。概括起来讲，招聘渠道通常可以分为两类：内部渠道和外部渠道。内部渠道主要包括内部晋升、工作轮换、工作调换与内部人员重新聘用等；外部渠道主要包括广告、职业介绍机构、猎头公司、员工推荐、校园招聘与网络招聘等。

1．内部招聘

内部招聘就是从企业内部现有员工中选拔合适的人才来补充空缺或新增的职位，实际上是企业内部的一种人员调整。在进行人员招聘工作中，企业内部调整应先于企业外部招聘，尤其对于高级职位或重要职位的人员招聘工作更应该如此。

一般来说，企业要进行内部招聘基本要具备这样一些条件：①数量条件，即企业内有充足的人力资源储备，即“人才蓄水池”；②质量条件，即内部的人员质量能够满足组织发展的需要；③制度保障，即有完善的内部选拔机制。内部招聘的来源有以下 3 种情形：

（1）内部晋升和工作轮换。内部晋升是从企业内部提升员工来填补高一级职位空缺，促使企业的人力资源垂直流动，激发组织内其他员工的士气，保持组织的工作效率不断提高。工作轮换主要是组织内人员的横向流动，一般是指职务级别不变的情况下，在组织内轮换工作岗位。工作轮换有助于员工扩展自己的知识面，得到更多的实际经验。

内部晋升和工作轮换是建立在系统有序基础上的内部职位空缺补充方法。内部晋升一般适用于中层管理人员，而且在时间上可能是较长时间的，甚至是永久的。而工作轮换则适用于一般员工，它既可以是有潜力的员工在各方面积累经验，为晋升做准备，又可以减少员工因长期从事某项工作而带来的枯燥与无聊。

（2）工作调换。工作调换主要是指企业内劳动力的横向流动，在职务级别保持不变的前提下，调换员工的工作岗位。这样一来不仅填补了职位空缺，还使员工对不同工作有了更广泛的了解，既丰富了工作本身，又拓展了员工知识面。参加过工作调换的员工能将相关岗位的知识技能结合起来，从而更有效地工作。知识的丰富化、系统化还能有效地激发员工的创造力，为企业的技术创新、产品创新做出业绩。

（3）内部人员重新聘用。有些企业由于市场变化的原因，一段时间经营效果不好，会暂时让一些员工下岗待聘，当企业情况好转时，再重新聘用这些员工。由于员工对企业的了解，对工作岗位能够很快适应，为此可以节省大量的培训费用。同时，又可以以较小的代价获得有效的激励，使组织具有凝聚力，促使组织与员工共同发展。

**重要信息 4-2　企业内部招聘的方法**

在企业内部招聘中，可以采取的方法主要包括推荐法、档案法及布告法等。

推荐法是由企业员工根据单位和职位的需要，推荐其熟悉的合适人员，供用人部门进行考核和选择。

档案法是指企业人力资源管理人员从员工档案中了解员工的各种信息，进而帮助用人部门寻找合适的人员补充空缺的职位。

布告法是指人力资源部门将空缺职位信息以发布的形式公布于企业中，再通过面试选拔出最合适的申请人。

**管理借鉴 4-1　著名企业的内部招聘**

著名跨国企业索尼公司人力资源管理值得称道。有一天，索尼董事长盛田昭夫按照惯例在职工餐厅与职工一起就餐、聊天。忽然发现一位年轻人郁郁寡欢，满腹心事。于是，盛田昭夫就主动坐在这名员工对面，与他攀谈。

这个员工说道："我毕业于东京大学，进入索尼之前，对索尼公司非常崇拜。但是，现在才发现，我不是在为索尼工作，而是为科长干活。坦率地说，我这位科长不但无能，而且对员工的一些小发明与改进不仅不支持，不解释，还挖苦打击。对我来说，这名课长就是索尼。我十分泄气，心灰意冷。这就是索尼？这就是我的索尼？我居然要放弃了那份优厚的工作来到这种地方！"

这番话令盛田昭夫十分震惊，于是产生了改革人事管理制度的想法。之后，索尼公司开始每周出版一次内部小报，刊登公司各部门的"求人广告"，员工可以自由而秘密地前去应聘，他们的上司无权阻止。

另外，索尼原则上每隔两年就让员工调换一次工作，特别是对于那些精力旺盛、干劲十足的人才，不是让他们被动地等待工作，而是主动地给他们施展才能的机会。

【讨论】你怎样看待索尼公司的内部招聘？这种制度能否在中国企业行得通？

**2．外部招聘**

外部招聘是指根据一定的标准和程序，从企业外部的众多人选中选拔出空缺职位工作所需的人员。有时候，企业仅仅有内部招聘是不够的，必须借助于企业外部的劳动力市场，采用外部招聘的方式来获得所需的人员。

企业进行外部招聘往往出于以下考虑：为了获取内部员工不具备的技术、技能等；企业出现职位空缺，内部员工数量不足，需要尽快补充；企业需要能够提供新思想、新观念的创新型员工；企业为了建立自己的人才库；和竞争对手竞争所需的一些具有特殊性、战略性人才。

外部招聘的来源主要有熟人介绍、主动上门求职、职业介绍所推介、学校推荐、其他企业的员工等。

**重要信息 4-3　企业外部招聘的方法**

企业在外部招聘中，可以借助以下一些方法：

1. **广告招聘**

广告招聘是利用各种宣传媒介发布企业招聘信息的一种方法，也是宣传企业形象的常用方法。招聘广告的内容包括以下部分：广告题目、审批机关、公司介绍；职位介绍；人事政策；应聘方式和联系方式。

2. **职业中介机构**

我国职业中介机构的主要种类有劳务市场、人才交流中心或人才市场、人才咨询公司、高级人才咨询公司等。企业没有设立人力资源部门或者急需在短期填补空缺时，可以借助于职业中介机构。

3. **猎头公司**

猎头公司是指为组织寻找高级人才的服务机构，是一种与职业中介机构类似的就业中介。猎头公司一般都拥有自己的人才数据库，他们通晓各种行业、组织对特殊人才的需求，同时能根据市场的变动及时收集大量的人才信息，熟悉各类组织对特殊人才的需求，因此利用猎头公司进行招聘的成功率较高。

4. **员工推荐**

员工推荐，又叫熟人介绍，是常见、有效的推荐方式。在外部招聘的方法中，有效性较高。因为员工对应聘者与所空缺职位都比较了解，再加上举荐会涉及其声誉，所以员工总是举荐高质量的求职者。同时，企业节省了招聘人才广告费和付给职业介绍所的费用。

5. **自荐**

自荐是指在没有得到公司内部人员推荐的情况下，应聘者直接向招聘单位提出求职申请，求职者在某种程度上已经做好了到企业工作的充分准备，并且确信自己与空缺职位之间有足够的匹配程度，然后才会提交求职申请。

6. **校园招聘**

学校是人才高度集中的地方，对于大多数组织来说，面向校园招聘员工也是一种普遍的招聘方法。大型组织可以通过举办大型的专场招聘会的方式进行招聘，而一般组织会选择校园广播、网络、公告栏或学院推荐等方式进行招聘。

7. **网络招聘**

利用互联网进行人员招聘也越来越多地被公司所采用。这些企业通过专业招聘网站、网上人才库或自己的网站发布招聘信息，吸引应聘者前来应聘。

### 4.1.3　制定招聘计划

在确定了员工招聘来源的基础上，企业人力资源管理部门就可以制定人员招聘计划，用来指导招聘活动的进行。

**重要信息 4-4　招聘计划的内容**

招聘计划由用人单位根据部门发展需要制定，然后由人力资源部门对其进行审核，特别是对人员需求量、费用等项目进行严格复查，签署意见后交上级主管审批。招聘计划的具体内容包括以下方面：

（1）招聘岗位和岗位要求，包括招聘的职务名称、人员需求量、任职资格要求等内容；

（2）招聘信息发布的时间和渠道；

（3）招聘渠道和方法的选择；

（4）招聘小组人选，包括小组人员姓名、职务、各自的职责；

（5）应聘者的考核方案，包括考核的场所、大体时间、题目设计等；

（6）招聘的截止日期；

（7）新员工的上岗时间；

（8）招聘费用预算，包括资料费、广告费、差旅费和人才交流会费用等；

（9）完整、详细的招聘工作时间表；

（10）招聘广告样稿。

一般来说，员工招聘计划没有固定的格式，主要包括以下主要内容：

**1．说明拟招聘的岗位名称、数量及任职要求**

员工招聘计划首先应该说明企业招聘的具体目标（招聘的岗位、数量）、招聘要求（应聘人员的性别、年龄、学历、专业背景、从业经历等）。根据工作说明书与人力资源规划，对拟聘的岗位和条件做出充分说明，便于应聘人员选择。特别是聘用条件，应当尽量详细具体，如有的岗位可能适合于女性，有的可能适合于男性，应当在条件中列明。

**2．说明招聘信息的发布时间与招聘日期**

招聘计划中，招聘信息发布时间和招聘日期与企业的整体经营管理计划有关。一般情况下，根据企业整体运营安排，人员招聘工作不能如期进行，就会影响企业整体经营，从而带来较大的经济损失。因此，招聘信息发布时间和招聘日期的确定应该考虑能够及时招聘到员工，并能够预留培训时间。例如，北京新月国际大酒店拟在 2014 年 10 月初正式开业，要求招聘员工在 2014 年 6 月底到岗，以便至少有 3 个月的培训时间。如果招聘与选拔工作需要一个月时间，那么招聘信息至少应该在 5 月初就进行发布。如果还有宣传企业形象的考虑，则可以在 3 月或 4 月发布招聘信息。招聘选拔日期则可以定在 6 月初或中旬。

**3．说明招聘的范围及渠道**

招聘计划中，根据招聘对象要求的来源和素质要求，人力资源部门可以确定从多个渠道进行招聘。例如，招聘高端管理人才，可以借助于国内或国际的猎头公司；招聘一般文员、秘书、市场调查员等实际工作经验要求不高的职位，则可以通过校园招聘来达到目的。

**4．说明招聘组成员构成**

招聘计划中，根据招聘对象的来源，招聘组的组成人员也不同。招聘一般员工，由企业人力资源管理部门会同用人部门负责人组成招聘小组；招聘重要岗位或中高层管理人员，由公司领导和人力资源管理部门组成招聘小组，有时也会邀请一些行业专家加入面试小组。

### 5. 说明招聘方式

招聘计划中，还需说明对应聘者的面试、笔试、实际操作等测试安排，考核的场所、时间、管理人员以及题目设计者姓名等。

### 6. 列出招聘预算

在招聘计划中列出招聘费用预算可以对招聘过程、结果起到控制作用。费用包括广告费用、印刷宣传资料、面试场地租赁和布置费用、人才交流会费用、差旅费等。

**例 4–1** ××公司员工招聘计划书

**一、招聘目标**

| 职务名称 | 人员数量 | 其他要求 |
| --- | --- | --- |
| 软件工程师 | 8 | 本科以上学历，35 岁以下 |
| 销售代表 | 10 | 大专以上上学，相关工作经验 3 年以上 |
| 行政文员 | 3 | 专科以上学历，女性，30 岁以下 |

**二、信息发布时间和渠道**

1. ××日报，5 月 18 日
2. ××招聘网站，5 月 18 日

**三、招聘小组成员名单**

组长：成功（人力资源部经理），对招聘活动全面负责。

成员：成才（人力资源部薪酬专员），具体负责应聘人员接待、应聘资料整理。

成人（人力资源部招聘专员），具体负责招聘信息发布，面试、笔试安排。

**四、选拔方案及时间安排**

1. 软件工程师

资料筛选：开发部经理，截止到 5 月 25 日

初试（面试）：开发部经理，5 月 27 日

复试（笔试）：开发部命题小组，5 月 29 日

2. 销售代表

资料筛选：销售部经理，截止到 5 月 25 日

初试（面试）：销售部经理，5 月 27 日

复试（面试）：销售副总，5 月 29 日

3. 行政文员

资料筛选：行政部经理，截止到 5 月 25 日

面试：行政部经理，截止到 5 月 27 日

**五、新员工的上岗时间**

上岗时间预计在 7 月 1 日左右。

**六、招聘费用预算**

1. 《北京青年报》广告刊登费，14 000 元
2. 南方招聘网站信息刊登费，7 800 元

合计：21 800 元

**七、招聘工作时间表**

5 月 11 日：撰写招聘广告

5月12日—5月13日：进行招聘广告版面设计
5月14日：与报社、网站进行联系
5月18日：在目标报社、网站刊登广告
5月19日—5月25日：接待应聘者、整理应聘资料、对资料进行筛选
5月26日：通知应聘者面试
5月27日：进行面试
5月29日：进行软件工程师笔试（复试）、销售代表面试（复试）
5月30日：向通过复试的人员发送录用通知
7月1日：新员工上班

### 4.1.4 制作招聘资料

企业招聘资料一般包括招聘广告、应聘申请表、面试评价表等。

**1. 制作招聘广告**

企业招聘广告应该充分显示其对人才的吸引力和企业自身的魅力。撰写广告词要求语言简明清晰，招聘对象的条件一目了然。措词既要实事求是，又要热情洋溢，充分体现出企业对人才的渴求和尊重。

一份完整的招聘广告词一般包括4部分：第一部分是标题或启事；第二部分是公司的性质、经营业务范围、规模、业绩成果情况，以及未来的发展战略等内容；第三部分是广告词的正文内容，即拟招聘职位名称、数量、任职要求、工作职责、工作地点等；第四部分是结尾部分，即公司的地址、邮编、网址、邮箱、联系人、联系（咨询）电话、应聘截止日期等。

为了达到较好的视觉效果，提高招聘质量，可聘请专业设计公司对招聘广告版面进行设计，将公司的Logo或有标志性的办公大楼、重大庆典活动场面等放在广告版面上（或作为背景），借此宣传公司，提高公司的知名度和吸引更多的求职者前来应聘。

**例4-2** ABC汽车集团招聘广告

ABC汽车集团诚聘合资企业高级管理及技术人才！

ABC汽车集团为香港上市公司。应国内合资企业的用人需求，经国家人事部门全国人才流动中心同意，现招聘总经理、资深会计师、总工程师、总工艺师各5名。

总经理及资深会计师条件详见2014年9月19日和26日、10月4日和12日ABC汽车集团刊登在人民日报海外版上的招聘广告。

总工程师：男性，大学本科以上学历，在工业企业工作5年以上，具有汽车行业的生产管理经验者优先。

总工艺师：机械、金属材料类专业本科以上学历，在汽车生产企业工作5年以上。

以上应聘人员需身体健康，年龄在45岁以下，可长期在汽车产区工作。具有中级以上英语水平者优先。

上述招聘人员的工作地点是ABC汽车集团的合资生产企业。

欢迎您加盟ABC汽车集团。请将个人中英文简历、求职意向、身份证复印件、学历及职称证书的复印件、两张近照等寄到ABC汽车集团有限公司行政人事部。

地址：北京市朝阳区××街××号××饭店×××房间

邮编：100021

谢绝来人及电话来访。所寄材料恕不退还。

### 2. 设计应聘申请表

在对外招聘中，企业的每个职位都有具体的任职要求，如专业、学历、年龄、性别、从业经历及业绩、职称或职业资格等要求。为了阅读审查方便，人力资源管理部门应该事先设计应聘申请表。回收表格后，招聘人员就能从内容符合要求、格式统一的应聘申请表中轻松地挑选到符合条件的应聘者。

应聘申请表一般应包括如下信息：①应聘者的姓名、性别、年龄、学历、专业、职称、职业资格等基本信息；②应聘者的教育背景、工作经历及工作业绩，能从事何种工作等情况；③应聘者的婚姻状况、主要社会关系情况；④应聘者的住址、联系电话等信息。应聘申请表见表 4-1。

**表 4-1　ABC 公司应聘申请表**

应聘职位：　　　　　　　　　　　　　　　　　　　　填表时间：　年　月　日

| 姓名 | | 性别 | | 出生年月 | | 民族 | | 照片 |
|---|---|---|---|---|---|---|---|---|
| 最高学历 | | 最高学位 | | 职称 | | 职业资格 | | |
| 籍贯 | | 政治面貌 | | 婚姻状况 | | 健康状况 | | |
| 户口地 | | 户口性质 | | 毕业院校 | | 毕业专业 | | |
| 应聘信息来源 | | 原单位 | | 原职务 | | 联系电话 | | |
| 个人学习工作简历 | | | | | | | | |
| 工作业绩 | | | | | | | | |
| 离职原因 | | 原工资水平 | | | | 应聘原因 | | |
| 家庭成员 | | | | | | | | |

我承诺：本人所填内容属实，如有虚假，愿接受相应处分或辞退处理。

申请人签名：　　　　日期：

### 3. 设计面试评价表

各个用人单位的招聘流程可能有所不同，但有一步是基本相同的，即人力资源部（或用人部门）对应聘者的初步面试。初步面试合格，方能进入下一轮的复试。面试中，招聘人员需要根据面试过程中对应聘者的观察、语言答问表现，收集相关信息，从而对应聘者的素质特征及工作动机、工作经验等进行价值判定。因而需要事先设计好面试评价表，以便能够应用预先设计好的评价量表对应聘者做出正式的评价或评级，从而决定是否进入复试。表 4-2 为某公司的面试评价表样。

**表 4-2　ABC 公司面试评价表**

| 姓名 | | 性别 | | 出生年月 | | 民族 | |
|---|---|---|---|---|---|---|---|
| 毕业院校 | | | | | 所学专业 | | |
| 毕业时间 | | | | | 应聘职位 | | |
| 说明：在适当的格内打✓，不能确定不打✓ | | | | | | | |

（续）

| 评价项目 | 分 值 | | | | |
|---|---|---|---|---|---|
| | 5 | 4 | 3 | 2 | 1 |
| 仪态举止 | | | | | |
| 体格 | | | | | |
| 表达反应 | | | | | |
| 人际沟通 | | | | | |
| 协作意识 | | | | | |
| 稳定性 | | | | | |
| 应聘意愿 | | | | | |
| 与职位对口 | | | | | |
| 综合评价： | | | | | |
| 录用建议 | □拟录用 □可考虑 □不予考虑 | | | | |

**重要信息 4-5　企业员工招聘工作的内容**

企业员工招聘工作的内容主要是由招募、选拔、录用和评估4个阶段组成的、系统性的管理过程。

（1）招募。招募是组织发布招聘信息，吸引求职者并建立求职者“蓄水池”的过程，主要包括招聘计划的制定与审批、招聘渠道的选取、招聘信息的设计与发布、组织应聘申请者。

（2）选拔。选拔是从职位申请者中筛选那些符合组织需要人员的过程，也就是组织对申请者作出分析考察的过程，包括资格审查、初选、测试、体验、背景调查等内容。

（3）录用。录用阶段主要包括上岗引导、新员工访查等工作内容。目的在于促进员工了解组织的文化和价值观，培养员工的态度；满足他们进入群体过程的需要；打消新员工不切实际的期望；提供新员工需要的专门信息；降低文化冲击的影响，提高新员工的稳定性。

（4）评估。评估是招聘过程中必不可少的一个环节。评估包括两个方面的内容：一方面是对招聘结果的成效进行评估，如成本与效益评估、录用员工数量与质量评估；另一方面是对招聘方法的成效进行评估，如对所采取的选拔方法的信度与效度加以评估。

**同步实训 4-1　员工招聘计划认知**

**实训目的**：加深学生对员工招聘计划的认识。

**实训安排**：

1. 学生可以从网络上收集并分析一些企业员工招聘计划或招聘广告实例。
2. 分析并讨论员工招聘计划工作的要点和意义。

**教师注意事项**：

1. 由生活事例导入对员工招聘的认识。
2. 提供一些员工招聘计划编写的简单案例，供学生讨论。
3. 参观企业或提供其他相应学习资源。

**资源（时间）**：1课时、参考书籍、案例、网页。

评价标准：

| 表现要求 | 是否适用 | 已达要求 | 未达要求 |
|---|---|---|---|
| 小组活动中，外在表现（参与度、讨论发言积极程度） | | | |
| 小组活动中，对概念的认识与把握的准确程度 | | | |
| 小组活动中，角色扮演的精准度 | | | |
| 小组活动中，文案制作的完整与适用程度 | | | |

# 4.2 员工选拔

任务提示

编写了员工招聘计划后，开始发布招聘信息，收取应聘人员投递的简历或应聘申请表，经过初选之后，开始组织符合条件的应聘人员进行笔试、面试与其他测试，从而选拔出优秀者。

## 4.2.1 发布招聘信息

为了尽快招聘到合适的员工，企业人力资源管理部门应该及时向可能应聘的人群传递企业的招聘信息。不管采取哪种招聘方法，招聘信息发布的及时与否会直接影响到招聘的效果。招聘信息发布的时间、方式、渠道与范围是根据招聘计划来确定的。由于需要招聘的岗位、数量、任职者要求的不同，招聘对象的来源与范围的不同，以及新员工上岗工作时间和招聘预算的限制，因此招聘信息发布的时间、方式、渠道与范围也是不同的。

### 1. 确定信息发布范围

信息发布的范围是由招聘对象的范围决定的。在招聘成本一定的前提下，发布信息的范围应尽可能广。发布信息的范围越广，接收到该信息的人就越多，可能招聘到合适人选的概率就越大，如希望招聘到具有国际工作经验的人员，那么信息发布范围就不能仅仅局限于国内。

### 2. 选择信息发布方式

发布信息的渠道通常有报纸、杂志、电视、网络、布告栏和新闻发布会等形式。不同的渠道覆盖面、影响力、发布成本差异较大。人力资源管理人员应结合企业自身的实际情况、职位的特点以及应聘者获悉信息的方式来确定信息发布的渠道。

### 3. 选择信息发布时间

在条件允许的情况下，招聘信息应该尽早向外界发布，这样有利于缩短招聘进程，有利于使更多的人获取信息，吸引更多的应聘者。

### 4. 区分招聘对象层次

为提高招聘的成功率，节约招聘成本，应该根据招聘职位的要求和特征，有针对性地向特定层次的潜在应聘者发布招聘信息，从而避免信息发布的盲目性，提高人员招聘效率。

### 4.2.2 筛选应聘简历

发布了招聘信息之后，企业招聘小组通常可以收到大量的应聘者简历或应聘申请书。这时，招聘小组的人力资源管理部门相关人员应该会同用人部门的负责人共同对这些资料进行初步筛选，以确定哪些应聘者初步入围。

人力资源管理部对应聘人员资料进行整理、分类，定期交给各主管，由主管筛选出初步具有资格的人员，然后确定参加面试的人选和初步面试时间，最后由主管填写面试通知，并将应聘人员的资料及面试通知送交人力资源部门，由人力资源部具体通知面试人员。

应聘人员简历筛选的重点如下：

**1．审查应聘者基本情况**

对应聘者简历资料进行审查和筛选是企业所使用的一种初始筛选工具，主要包括个人基本信息是否符合招聘要求，如年龄、性别、籍贯、学历、婚姻状况、健康状况、家庭住址等。

**2．审查工作经历与求职态度**

应聘者的工作经历审查主要包括所取得的成绩、担任的职务和运用的知识和技能等。通过审查，可以观察其以前工作中的知识、经验、技能的相关性。对于那些频繁更换工作的应聘者要慎重考虑。



此外，渴望得到工作、态度端正的应聘者都会认真填写申请表，填写潦草或填写不完整的应聘者可以不予考虑。

**3．审查应聘申请表的真实性**

如果发现应聘申请表中有一些可疑的地方，人力资源管理人员一定要进行核查。如内容前后矛盾、出现逻辑错误等，就意味着这份简历可信度的降低。

### 4.2.3 组织笔试与面试

在进行简历初选的基础上，人力资源管理人员组织入围人员进行笔试与面试。

**1．组织笔试**

招聘中的笔试是一种基本的人员甄选方式，也称作专门性考查，主要用来测试应聘者的知识和能力，一般包括两个层面：一般知识和能力、专业知识和能力。

一般知识和能力包括一个人的社会文化知识、智商、语言理解能力、理解速度和记忆能力等；专业知识和能力是指与应聘岗位相关的知识和能力，如财务会计知识、管理知识、人际关系能力、观察能力等。性格和兴趣通常要运用心理测试的专门技术来测试，仅靠笔试中的一部分题目很难得出准确结论。

笔试的优点在于花费的时间少、效率高、成本低、对应聘者的知识、能力、技术的考查可信度较高，成绩评价比较客观。笔试的缺点在于它不能全面地考查应聘者的工作态度、品德修养及其他一些隐形能力。因此，笔试往往作为人员选拔的初步筛选方法。

笔试试题应该根据岗位要求科学设计，内容可以是多方面的，如一般性知识、案例分析、综合设计、领导能力测试、价值观和道德观等内容。

2．组织面试

面试是经过事先筹划安排的应聘者与面试考官的正式面谈，目的在于在短时间的直接交谈中，面试考官根据应聘者在面试中的回答情况和行为表现来判断其素质与能力。在面试过程中，应聘者通过对面试问题的回答来最大限度地展现自己对工作岗位的理解和认识，而面试考官要能够在面试短暂的时间里通过应聘者的表现和言谈举止来预测他是否能够满足工作岗位的具体要求，从而判断是否考虑录用。面试具有直观、深入、灵活、互动的特点，可获取应聘者的直接第一手材料。

面试开始之前，招聘工作人员应做好面试前的各项准备工作，如设计面试问题、面试评分表，编写面试提纲和答案，安排面试地点，布置会场，面试分组等。面试小组一般5～7人组成，并设组长，负责主持面试工作。面试开始后，一般让应聘者作简单的自我介绍，然后各位面试考官提出问题，由应聘者一一作答。

**重要信息 4-6　面试的形式**

面试的形式有结构化面试、非结构化面试等。

（1）结构化面试，是指在面试前，主考官提前准备好面试题目、面试实施程序、面试评价、考官构成等内容，严格按照事先设计好的程序对每个应试者进行相同内容的面试。这种面试最大的优点是对于所有的被面试者都必须回答同样的问题，一般不会发生漏掉重要问题的情况，而且对所有的被面试者有统一的评分标准，便于分析和比较，一般适用于初步面试。但其缺点是缺乏灵活性，局限了谈话的深度，主考官不能就应聘者的答案展开追问，很难做到因人而异，无法深刻、全面地了解应聘者。

（2）非结构化面试，没有固定的模式，面试考官随意提问一些问题，目的是考核其随机应变等能力。面试考官可以和应聘者进行一种开放式、任意的谈话，可以根据应聘者对上一个问题的具体回答来决定下一个问题问什么，还可以根据应聘者的回答进行追问，以了解更深入的信息。非结构化面试最大的优点是可以根据应聘者的陈述内容灵活地提出相关问题，谈话过程比较自然，主考官可以更加全面地了解应聘者的情况；缺点是对不同应聘者可能提出不同的问题，主观性比较强，没有统一的标准，可能影响面试的可信度和效率。由于非结构化面试的优缺点相对明显，因此它往往作为其他甄选方式的前奏和补充。

面试过程中，面试考官要重点了解应聘者的仪容、仪表等举止、姿态及精神面貌，专业知识和特长，工作经验和以往业绩情况，求职动机，个人的兴趣与爱好，人际交往与沟通技巧，应变能力，分析判断能力等情况，并从上述的各项考核项目中对应聘者作出综合评价。

**管理借鉴 4-2　摩托罗拉公司的面试**

在摩托罗拉公司，每一份求职者的简历都是一份宝贵的资源，公司会为每一位求职者保密。在面试中，摩托罗拉公司力争用适当的方法来评判求职者的综合素质，如给他们一些小题目，让他们做小组讨论，从中观察每个人的性格、对待问题的态度、反应能力等各方面的素质。公司认为任何面试和测评都不可能是十全十美的。通常情况下，招聘者确实能够凭借丰富的经验帮助公司选拔出适用的人才。比如有人没有申请上，并不是他的素质、能力不合格，而是他和公司之间没有一个结合点。摩托罗拉公司不会对辞职的员工有成见，用制度欢迎离开后又回来的员工。在公司重组期间，有些自愿离开公司的人走时按政策拿到一笔补偿金，后来他们希望回到公司，宁可把经济补偿还给公司。

【讨论】摩托罗拉公司的面试是一种互动式双向交流过程，在这个过程中面试者和应聘者应具有哪些面试目标？

### 4.2.4 组织其他测试

除了笔试和面试之外，根据职务工作的性质，有的企业或组织还会进行另外一些特殊能力的素质与能力测试，以了解应聘者对特殊工作的适应性。

**1. 劳动技能测试**

如果某些岗位有劳动技能方面的要求，就必须进行这种测试。例如，教师除了须具备专业的知识和技能外，其语言表达和组织教学能力显得非常重要，学校在招聘教师时，都要安排试讲（特别是对没有讲课经验的应届毕业生）。通过一节课的试讲，考查其是否能将知识讲清楚，学生能否听懂，是否具备教师的素质和能力。

**2. 心理测试**

心理测试是运用心理测量技术了解被试者智力水平和个性特征的一种方法。目前，这种方法在外资企业人员招聘中运用比较广泛。测试的主要内容包括能力测试、人格测试和兴趣测试。心理测试弥补了笔试中对性格和兴趣测试的技术性不足。



**3. 管理能力测试（文件筐测试）**

文件筐测试也叫公文处理测试。面试单位提供文件、备忘录、邮件、请示、报告、申诉信等文件，模拟管理人员日常处理公文的情景。被试者根据自己的经验、知识、能力、性格、风格去处理一系列文件。本测试可以用于测试组织与规划能力、分析能力、判断能力和决策能力等。

**4. 领导能力测试（无领导小组）**

测试人员给出一个与工作有关的题目，让几个应聘者组成一组，进行自由讨论，从而观察每个人的主动性、权力欲望、综合分析决策能力、时间控制能力、容忍力、说服力、口头表达能力、自信心、心理耐受力、精力和人际交往能力等。

### 4.2.5 组织背景调查

为了提高招聘效率，降低用人风险，对于一些重要岗位的应聘者，进行背景调查也是招聘过程是一个非常必要的环节。通过背景调查，会更清楚应聘者的真实信息，从而在最短的时间内发现问题。

背景调查可以从 3 个方面进行，即身份背景调查、学历背景调查、工作背景调查，其中最有价值和最有难度的是工作背景调查。

身份背景调查可以通过收取应聘人员身份证、户口簿、护照等个人信息证件来进行；学历背景调查目前有多种途径，如审核毕业证原件、到教育部学历验证中心的网站上去验证、电话咨询所在院校的学籍管理部门；工作背景调查可以采取通过熟人、电话询问调查、派人上门调查、发行调查等方式。

同步实训 4-2 员工选拔工作认知

**实训目的：**加深学生对员工选拔工作的认识。

**实训安排：**

1. 学生分组各选择一种员工选拔测试方法。
2. 分析并讨论该种测试方法的适用性及测试重点。

**教师注意事项：**

1. 由生活事例导入对员工选拔的认识。
2. 提供一些员工选拔测试的简单案例，供学生讨论。
3. 参观企业或提供其他相应学习资源。

**资源（时间）：**1课时、参考书籍、案例、网页。

**评价标准：**

| 表现要求 | 是否适用 | 已达要求 | 未达要求 |
|---|---|---|---|
| 小组活动中，外在表现（参与度、讨论发言积极程度） | | | |
| 小组活动中，对概念的认识与把握的准确程度 | | | |
| 小组活动中，角色扮演的精准度 | | | |
| 小组活动中，文案制作的完整与适用程度 | | | |

# 4.3 员工录用

任务提示

对应聘者测试完毕，进行了背景调查，招聘小组制定拟录用人员名单，交企业领导审批确定之后，人力资源管理部门就要发出录用通知，组织体检，正式录用员工。同时对本次招聘活动作出评价。

员工录用是依据选择的结果作出录用决策并进行安置的活动，包括决定录用人员、通知录用人员、组织体检、试用合同的签订、员工的初始安排、试用、正式录用等工作。

## 4.3.1 作出录用决策

员工录用决策是指通过对选拔过程中获取的信息进行综合评价与分析，确定每一位应聘者的能力特点，并根据预先设计好的人员录用标准进行挑选，从而实现人适其岗、岗得其人的合理匹配的过程。人员录用决策做得成功与否，对招聘有着极其重要的影响，如果决策失误，则可能使整个招聘过程功亏一篑，不仅企业蒙受重大的经济损失，还会因此延误企业的发展。

在许多企业中，录用决策是由人力资源管理部门具体负责决定。在这一过程中，首先应以岗位为标准，按照岗位要求选择最合适人选；其次应以人员为标准，将人员安置到最合适的岗位上，实现人尽其才，才尽其用。通常这两种标准结合起来使用，可以互为补充，以便提高组织的整体资源配置效率。

在这一工作中，要求人力资源管理人员避免主观武断和不正之风的干扰，把选拔阶段多种考核和测验结果组合起来，进行综合评价，从中择优确定录用名单。

**重要信息 4-7　录用决策的标准及注意事项**

在全面了解所有应聘人员的情况后，人员录用的标准是衡量应聘者能否被组织选中的一个标尺。从理论上讲，它是以工作描述与工作说明书为依据而制定的录用标准，又称为因事择人。这应该是录用效果最佳的方法。但在现实中，它将随着招聘情况的不同而有所改变，有可能出现人选工作和人与工作双向选择现象。

① 以人为标准。从人的角度出发，按每人得分最高的一项给其安排职位。但这样做会带来一个问题，即可能出现同时多人在该项职位上得分都最高，结果因只能选择一个而使优秀人才拒之门外。

② 以职位为标准。从职位的角度出发，每样职位都挑选最好的人来做。但这样做可能会导致一个人同时被好几个职位选中。尽管这样做的组织效率最高，但只有在允许职位空缺的前提下才能实现，因此常常是不可能的。

③ 以双向选择为标准。由于单纯以人为标准和单纯以职位为标准，均有欠缺，因此结合使用这两种方法，即从职位和人双向选择的角度出发，合理配置人员。这样的结果有可能并不是最好的人去做每一项职位，也不是每个人都安排到其得分最高的职位上去，但因其平衡了两方面的因素，从总体效率来看是好的。

作出录用决策的注意事项：

① 使用全面衡量的方法。我们要录用的人员必然是符合单位需要的全面人才，因此必须根据单位和岗位的需要对不同的才能给予不同的权重，然后录用那些得分最高的应聘者。

② 尽量减少作出录用决策的人员。在决定录用人选时，必须坚持少而精的原则，选择那些直接负责考查应聘者工作表现的人，以及那些会与应聘者共事的人进行决策。如果参与的人太多，会增加录用决策的困难，造成争论不休或浪费时间和精力。

③ 不能求全责备。人没有十全十美的，在录用决策时也不要吹毛求疵，挑小毛病，总也不满意。我们必须分辨主要问题以及主要方面，分辨哪些能力对于完成这项工作是不可缺少的，这样才能录用到合适的人选。

### 4.3.2　组织入围人员体检

组织入围人员体检也称入职体检。入职体检是专项体检之一，旨在通过体检保证入职员工的身体状况适合从事该专业工作，在集体生活中不会造成传染病流行，不会因其个人身体原因影响他人。

### 4.3.3　正式录用员工

体检合格后，人力资源管理部门就可以给被录用者发出录用通知，对于未被录用者也要发出致谢通知。

**1．通知被录用者**

录用决策一旦作出，且体检合格，就应该马上通知被录用者。录用通知一般采取信函的方式，其中要说明什么时候开始报到、在什么地点报到、如何抵达报到地点以及其他应该说明的信息。此外，还应该设计有欢迎新员工加入企业的用语。在通知中，让被录用者知道他们的到来对于组织提高生产率的重要意义。这对于被录用者是一个很好的吸引手段。录用通知示例，见例4-3。

**例4-3** ××公司录用通知书

××先生/小姐:

通过面试和考查，很高兴地通知您，我公司将为您提供__________职位。如果您能接受该职位工作，我们将感到十分荣幸。我们会为您提供良好的工作环境和难得的发展机遇，并按照我们商谈的结果支付您的薪酬。

我们很希望在_____年____月____日（星期____）之前，能够获得您是否愿意接受该职位的信息。有任何问题，请尽快与我们联系。电话__________，邮箱__________。

期待您的回复。

此致

××公司人力资源部

××××年××月××日

### 2. 回绝应聘者

在选择过程中的任一阶段，求职者都可能被拒绝。如果初步面试表明求职者明显不符要求时，对其伤害可能较小。对大多数人来说，求职过程是最不愉快的经历之一。大多数单位认识到了这一点，并努力使应聘者尽可能保持平静。但是，告诉人们他们未被录用仍然是件很难的事。一般而言，人们会选择写一封拒绝信的方法通知应聘者。当选择过程允许花在一个人身上的时间较多时，单位代表可以与求职者坐下来解释为何录用了另一个人。但是，逐渐地由于时间限制，迫使单位采取了写一封拒绝信的做法。这样做的好处是，针对个人的信件通常会减少被拒绝的耻辱感及应聘者对单位产生否定情绪的机会。大多数人在经过一段时间后，都会接受未被选中的事实。

一般说来，由单位人力资源部经理签名的辞谢信，比单纯加盖一个公章的辞谢信要让人感觉心理上得到一种补偿。

### 3. 关注拒聘者

无论单位如何努力吸引人才，都仍然会发生接到录用通知的人不能来单位报到的情况。对于那些单位看重的优秀应聘者，这是一件单位所不期望发生的事情。这时，单位的人力资源部甚至最高层主管应该主动去电话询问，并表示积极争取态度。如果是候选人提出需要更多的报酬，您应该而且必须与他进一步谈判。因此，在打电话之前，对于单位在这方面还能够提供什么妥协，最好有所准备。如果在招聘活动中，单位被许多应聘者拒聘，就应该考虑自己的条件是否太低。了解清楚应聘者为什么拒聘，从中也许可以获得一些有用的信息。

### 4. 岗前培训

新员工进入企业后，培训的目的就是让新员工了解单位的历史、现状、未来发展计划，他们所在部门的情况，组织的规章制度、工作的岗位职责、工作的流程、组织文化、绩效评估制度和奖惩制度，以及让新员工熟悉他们的同事。帮助员工了解企业，培养新员工的认同感，使新员工尽快完成角色转换。经培训合格后，允许上岗，培训不合格者允许再次参加培训，考核仍不合格者，应予以辞退。

5．试用考查

员工进入企业后，企业要为其安排合适的职位。员工安排即人员试用的开始。试用是对人员的能力与潜力、个人品质与心理素质的进一步考核。一般试用期为3～6个月。员工还要与单位签订相应的试用合同。员工试用合同是对人员与单位双方的约束与保障。试用合同应包括以下主要内容：试用的职位、试用的期限、员工在试用期的报酬与福利、员工在试用期应接受的培训、员工在试用期的工作绩效目标与应承担的义务和责任、员工在试用期应享受的权利、人员转正的条件、试用期单位解聘人员的条件与承担的义务和责任、员工辞谢的条件与义务、员工试用期被延长的条件等。

6．正式录用

员工的正式录用即我们通常所称的“转正”，是指试用期满，且试用合格的员工正式成为该单位成员的过程。员工能否被正式录用关键在于试用部门对其考核的结果如何，单位对试用员工应坚持公平、择优的原则进行录用。

正式录用过程中用人部门与人力资源部门应完成以下主要工作：员工试用期的考核鉴定；根据考核情况进行正式录用决策；根据《劳动法》，与员工签订正式的雇用合同；给员工提供相应的待遇；制定员工发展计划；为员工提供必要的帮助与咨询服务等。

雇用合同是单位与被聘者的契约，也是建立劳动关系的依据，并成为当事人的行为准则。合同的签订应符合国家政策，便于维护用人单位和被录用的员工双方的合法权益。

### 4.3.4 评价员工招聘效果



在招聘活动结束之后，企业应及时进行总结。通过招聘成本评估、录用员工评估、招聘人员工作评估以及招聘活动总结报告来对招聘工作的全过程进行记录和经验总结，检验招聘工作成果与方法的有效性，以利于招聘方法的改进。

1．招聘成本评估

招聘成本评估主要是对招聘过程中发生的费用进行调查、核实，并对预算进行评价的过程。招聘成本评估是鉴定招聘效率的一个重要指标。通过成本核算能够使招聘人员清楚地知道费用的支出情况，区分哪些是应支出项目，哪些是不应支出项目，这有利于降低今后招聘的费用，有利于为组织节省开支。

招聘成本分为招聘总成本与招聘单位成本。招聘总成本是人力资源的获取成本，由两个部分组成：一部分是直接成本，包括招募费用、选拔费用、录用员工的家庭安置费用和工作安置费用、其他费用（如招聘员工差旅费、应聘员工招待费等）；另一部分是间接费用，包括内部提升费用、工作流动费用。招聘单位成本是招聘总成本与实际录用人数之比。如果招聘实际费用少，录用人数多，意味着招聘单位成本低；反之，则意味着招聘单位成本高。

2．录用员工评估

录用员工评估是对所录用人员数量、质量及其结构等方面进行评价。数量评估是对招聘工作有效性检验的一个重要方面。通过数量评估，分析在数量上满足或不满足需求的原因，有利于找出各招聘环节上的薄弱之处，改进招聘工作。质量评估是对员工的工作绩效行为、实际能力、工作潜力的评估，是对招聘的工作成果与方法的有效性检验的另一个重要方面。质量评估既有利于招聘方法的改进，又对员工培训、绩效评估提供了必要的信息。

录用人员评估主要从录用比、招聘完成比和应聘比3方面进行。其计算公式为

录用比=录用人数/应聘人数×100%

招聘完成比=录用人数/计划招聘人数×100%

应聘比=应聘人数/计划招聘人数×100%

如果录用比例越小，则说明录用者的素质可能越高；当招聘完成比大于等于100%时，则说明在数量上完成或超额完成了招聘任务；应聘比则说明招募的效果，该比例越大，则招聘信息发布的效果越好。

录用员工的质量评估实际上是对录用员工在员工选拔过程中对其能力、潜力、素质等进行的各种测试与考核的延续，也可根据招聘的要求或工作分析中得出的结论，对录用员工进行等级排列来确定其质量，其方法与绩效考核方法相似。当然，录用比和应聘比这两个数据也一定程度上反映了录用员工的质量。

**3. 招聘人员工作评估**

招聘人员工作评估主要通过新员工合格率、职位平均空缺时间、新员工满意度等指标进行测评。这些指标反映了招聘人员工作的效率与效果。

**4. 招聘活动总结**

评估工作完成之后，最后一个环节就是对招聘工作进行小结，对招聘的实施、招聘工作中的优缺点等进行仔细回顾分析，撰写招聘小结，并把招聘小结作为一项重要的资料存档，为以后的招聘工作提供信息。

（1）撰写招聘总结的原则：真实反映招聘的全过程。将招聘活动中的一般过程和重要细节记录下来，不能带有主观色彩，这便于以后客观、正确地分析问题。招聘总结由招聘的主要负责人撰写。在招聘过程中，主要负责人要对招聘全过程有清楚的了解，能够全面记录整个招聘过程，而其他招聘人员大多只熟悉其中的某一个步骤便可。要明确指出招聘的成功和失败之处。在客观描述的基础上，再用独立的段落写出招聘活动的经验，这对于下一次招聘有着重要的参考意义。

（2）招聘总结的主要内容：①招聘计划简述。招聘计划是在制定人力资源规划之后，实施招聘活动之前产生的，在这里只需要说明招聘岗位名称、数量、招聘计划何时完成、人员何时能够上岗工作、招聘工作由哪个部门负责实施等。②招聘进程。招聘进程则以时间表的形式描述招聘与录用的时间安排与落实。③招聘结果。招聘结果记录每次测试的人员的数量与最终录用决策。④招聘经费。这部分内容应当详细叙述招聘费用的使用和支付情况。⑤招聘评定。这部分内容实质上是招聘综合分析的结果。在写招聘评定时，既要总结出合理的、有借鉴意义的成功经验，又要客观地指出招聘工作存在的不足。

**同步实训 4-3　员工录用工作认知**

**实训目的：**加深学生对员工录用工作的认识。

**实训安排：**

1. 学生分组讨论员工录用工作过程。
2. 分析并讨论这一过程中每一环节的实践意义。

**教师注意事项：**

1. 由生活事例导入对员工录用的认识。

2. 提供一些著名企业员工录用的简单案例，供学生讨论。

3. 参观企业或提供其他相应学习资源。

资源（时间）：1课时、参考书籍、案例、网页。

评价标准：

| 表现要求 | 是否适用 | 已达要求 | 未达要求 |
|---|---|---|---|
| 小组活动中，外在表现（参与度、讨论发言积极程度） | | | |
| 小组活动中，对概念的认识与把握的准确程度 | | | |
| 小组活动中，角色扮演的精准度 | | | |
| 小组活动中，文案制作的完整与适用程度 | | | |

## 小结

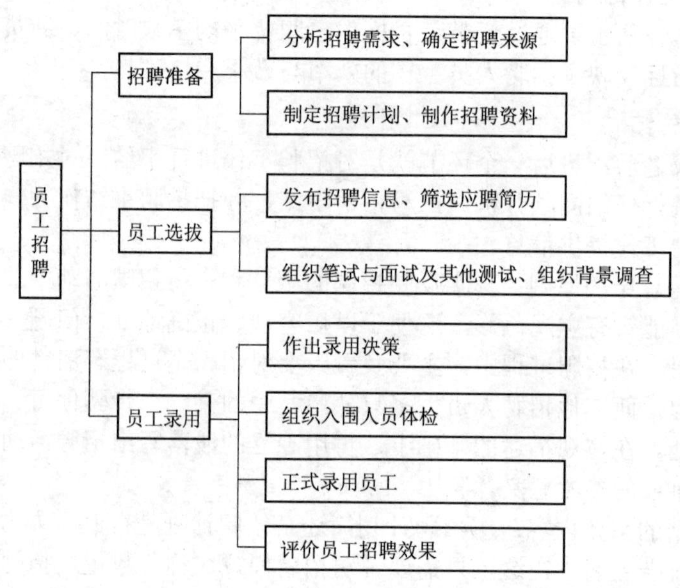


## 教学做一体化训练

### 一、重点名词

招聘　招聘渠道　猎头公司　结构性面试　录用比　招聘完成比　应聘比　文件筐测试　无领导小组

### 二、课后讨论

1. 影响企业招聘的环境因素。
2. 企业组织员工招聘与选拔的意义。
3. 制定招聘计划的要点。
4. 员工招聘与其他管理工作的关系。

5．招聘活动中笔试与面试的优缺点。

三、课后自测

（一）选择

1．制定招聘计划的主要依据有（　　）。

A．招聘策略
B．招聘程序
C．人力资源规划
D．工作分析
E．职业生涯规划

2．在进行招聘时，外部环境分析需要关注的因素包括（　　）。

A．经济条件
B．组织文化
C．劳动力市场
D．法律法规
E．管理风格

3．与外部招聘相比，内部招聘的优点有（　　）。

A．招聘成本小
B．有利于培养员工的忠诚度
C．有利于促进团结、消除矛盾
D．有利于招聘到高质量的人才
E．有利于激励员工、鼓舞士气

4．某大型企业要招聘高层管理人员若干，适宜选用的招聘渠道有（　　）。

A．发布广告
B．猎头公司
C．学校招聘
D．职业介绍所
E．内部员工保荐

5．制定招聘计划是人力资源部门的一项核心任务，招聘计划的主要内容包括（　　）。

A．录用人数以及达到规定录用率所需要的人员
B．招聘费用预算
C．招聘的截止日期
D．人员录用后的绩效考核方案
E．招聘工作时间表

6．通过发布广告招聘人员的优势有（　　）。

A．传播范围广
B．作用效果较长，信息量丰富
C．信息发布迅速
D．应聘人员数量大
E．应聘人员素质较高

（二）判断

1．当一个国家或地区出现金融危机的时候，经济发展受到了影响，劳动力市场的需求会普遍旺盛，企业招聘成本往往很高。（　　）

2．内部招聘是从企业现有员工中选拔合适人才来补充空缺或新增职位，实际上是企业内外的一种人员调整。（　　）

3．招聘信息覆盖面的大小、发布方式的多样与否、发布时间是否及时，都不会影响招聘的效果。（　　）

4．员工背景调查中最有价值和难度的是身份背景调查。（　　）

5．在多次招聘活动中，企业无须关注拒聘者，也不用刻意去了解其意图。因为从中企业也不能获得一些有用信息。（　　）

6．录用比和应聘比在一定程度上反映录用员工的质量。（　　）

（三）简答

1. 员工招聘计划的内容包括哪些？
2. 企业员工招聘的影响因素有哪些？
3. 人力资源供给的影响因素有哪些？
4. 企业发布招聘信息的工作内容有哪些？
5. 内部招聘与外部招聘各有什么特点？
6. 员工录用的工作内容包括哪些？

（四）案例分析

**丰田公司的全面招聘体系**

丰田公司全面招聘体系的目的就是招聘最优秀的、有责任感的员工，为此公司做出了极大的努力。丰田公司全面招聘体系大体上可以分成6大阶段，前5个阶段招聘大约要持续5～6天。

第一阶段：丰田公司通常会委托专业的职业招聘机构，进行初步的筛选。应聘人员一般会观看丰田公司的工作环境和工作内容的录像资料，同时了解丰田公司的全面招聘体系，随后填写工作申请表。1个小时的录像可以使应聘人员对丰田公司的具体工作情况有个概括了解，初步感受工作岗位的要求，同时也是应聘人员自我评估和选择的过程，许多应聘人员知难而退。专业招聘机构也会根据应聘人员的工作申请表和具体的能力和经验做初步筛选。

第二阶段：评估员工的技术知识和工作潜能。通常会要求员工进行基本能力和职业态度心理测试，评估员工解决问题的能力、学习能力和潜能以及职业兴趣爱好。如果是技术岗位工作的应聘人员，更加需要进行6个小时的现场实际机器和工具操作测试。通过第一、第二阶段筛选的应聘者的有关资料转入丰田公司。

第三阶段：丰田公司接手有关的招聘工作。本阶段主要是评价员工的人际关系能力和决策能力。应聘人员在公司的评估中心参加一个4小时的小组讨论，讨论的过程由丰田公司的招聘专家即时观察评估，比较典型的小组讨论可能是应聘人员组成一个小组，讨论未来几年汽车的主要特征是什么。实地问题的解决可以考查应聘者的洞察力、灵活性和创造力。在第三阶段应聘者也需要参加5个小时的实际汽车生产线的模拟操作。在模拟过程中，应聘人员需要组成项目小组，负担起计划和管理的职能，比如如何生产一种零配件，如何有效运用人员分工、材料采购、资金运用、计划管理、生产过程等一系列生产因素。

第四阶段：应聘人员需要参加一个1小时的集体面试，分别向丰田的招聘专家谈论自己取得过的成就，这样可以使丰田的招聘专家更加全面地了解应聘人员的兴趣和爱好，他们以什么为荣，什么样的事业才能使应聘员工兴奋，更好地做出工作岗位安排和职业生涯计划。在此阶段也可以进一步了解员工的小组互动能力。

第五阶段：通过以上4个阶段，员工基本上被丰田公司录用，但是员工需要参加第五阶段一个25小时的全面身体检查。了解员工身体的一般状况和特别情况，如酗酒等不良嗜好。

第六阶段：新员工需要接受6个月的工作表现和发展潜能评估，新员工会接受监控、观察、督导等方面严密的关注和培训。

丰田的全面招聘体系使我们理解了如何把招聘工作与未来员工的工作表现紧密结合起来。从全面招聘体系中我们可以看出：首先，丰田公司招聘的是具有良好人际关系的员工，因为公司非常注重团队精神；其次，丰田公司生产体系的中心点就是品质，因此需要员工对于高品质的工作进行承诺；第三，公司强调工作的持续改善，这也是为什么丰田公司需要招收聪明和有过良好教育的员工，基本能力和职业态度心理测试以及解决问题能力模拟测试都有助于良好员工队伍的形成。正如丰田公司的高层经理所说：受过良好教育的员工，必然在模拟考核中取得优异成绩。

阅读以上材料，回答问题：

1. 请你概括丰田的全面招聘体系。
2. 第三、第四阶段分别运用了什么测试方法？
3. 你还可以给招聘体系做哪些补充？

## 实践项目　编写企业招聘计划

**活动目的：**组织编写企业员工招聘计划，认识招聘工作过程。

**活动安排：**

1. 教师与校外基地接洽，进入企业。
2. 学生分组，分赴不同管理岗位，实地了解企业人员招聘工作并为企业招聘活动拟写招聘计划。

**教师注意事项：**

1. 讲解工作要点。
2. 检查学生分组是否合理。
3. 组织学习资源的调配。

**资源：**课后4课时、网页、参考书、基地企业。

**评价标准：**

| 表现要求 | 是否适用 | 已达要求 | 未达要求 |
|---|---|---|---|
| 小组活动中的工作表现（参与度、讨论发言） | | | |
| 整个职业工作过程的表现（概括、发现） | | | |
| 对整体职业工作任务的认识与把握 | | | |
| 完成任务过程知识与经验的运用 | | | |

## 学生自我工作总结

通过完成“任务4　员工招聘”，我能够作如下总结：

**一、主要知识**

完成本任务需了解的主要知识点为：

1. ............................................................

2.

## 二、主要技能

完成本任务需掌握的主要技能有:

1.

2.

## 三、主要原理

完成本任务涉及的管理原理有:

1.

2.

## 四、相关知识与技能

本任务的完成过程:

1. 员工招聘的意义是:
2. 员工招聘测试的作用:
3. 回绝应聘者的要求是:

## 五、成果检验

本任务的成果:

1. 完成本任务的意义有:
2. 学到的经验有:
3. 自悟的经验有:
4. 你认为员工招聘对人力资源管理工作的意义是:

# 任务5 >>>

# 员 工 培 训

## 任务描述

员工培训在整个人力资源管理活动中就表现为为企业“锻造”高质量的人。这项任务的核心是：在确定了企业员工培训需求的基础上，根据培训内容、任务、员工情况制定出科学的培训方案后，人力资源管理部门就应该开始组织培训工作。培训工作进行中，要做好过程管理和培训工作总结，以保证员工培训的质量和后续培训的进一步完善。

## 学习目标

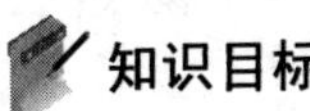

### 知识目标

- 能认识企业员工培训的原因。
- 能认识员工培训的方法。
- 能认识员工培训的程序。

### 能力目标

- 能说明企业员工培训的意义。
- 能组织小型培训项目。
- 能对员工培训与开发有整体认识。

## 任务导入

通过员工招聘，你所在企业获得了自己所需的员工队伍，这其中有些是新员工，有些则是在岗或岗位调换的老员工。为了使这些员工尽快适应岗位工作需要，必须对其进行培训；在企业发展过程中，一些员工的知识、技能也会面临老化、过时的情形，为了使这些员工更新知识，提高工作能力，满足其自身发展需要和企业发展的要求，也必须对这些员工进行培训。

## 任务解析

根据人力资源管理职业工作活动顺序和职业教育学习规律，“员工培训”任务可以分解为以下子任务：

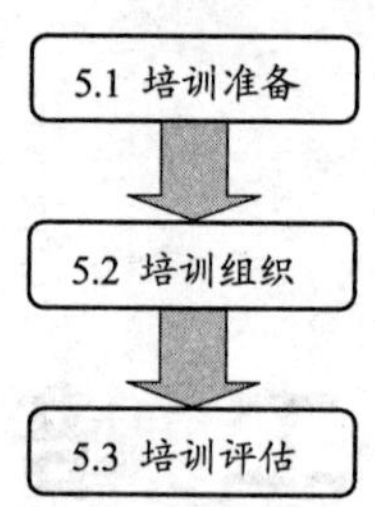


**管理故事**

我们的第五个故事要从一场森林运动会讲起。森林里要举行运动会，比赛的项目有赛跑、飞行、爬树和游泳，动物们纷纷报名参加。狐狸也来了，它自称无所不能，要求参加所有的项目。最先比赛的是赛跑，兔子一下子窜了出去，到了终点，高兴地吃了两个胡萝卜之后，狐狸才跌跌撞撞地跑过来。之后是飞行，燕子、鸽子一转眼就飞得没影了，狐狸扑腾着飞了几米远就落了下来，摔了个嘴啃泥。爬树比赛时，狐狸刚爬到树腰就摔了下来。比赛游泳时，狐狸刚游了一点儿就差点被淹死。狐狸虽然自称无所不能，可一到用的时候却没有一样是中用的。

**【管理感悟】**在一些企业里，往往有这样一些人，他们自称无所不能，总认为自己是大材小用，企业没有给他发挥才能的舞台，然而，当企业要使用他们，让他们肩负责任时却做不出任何成绩，甚至会破坏整体计划。因此，一个优秀的管理者要有善于识人的慧眼，同时还要根据他们的特点做好培训工作。



# 5.1 培训准备

**任务提示**

组织员工培训之前，首先应该分析员工培训的需求，在此基础上确定培训目标、培训内容，制定培训计划。员工培训工作的准备关键是要做好员工培训需求分析和确定培训目标。

随着现代经营管理理念的普及，企业管理层对员工培训与开发工作的认同也有了很大提升，许多企业高层已经不再将员工培训看做“费用”，而是看做一项长线“投资”。于是，企业培训形式多样，遍地开花，大师先知粉墨登场，光盘影碟满天飞舞。然而，这些培训往往是社会上一些热点、典型的课题，演讲者即兴成分较大，一些企业员工听完后却发觉真正能够落实到“行动”上的少之又少。

员工培训作为企业的人力资本投资，其成败在很大程度上依赖于培训需求分析。培训需求分析决定了培训能否瞄准正确的目标，进而影响到能否设计与提供有针对性的培训课程，因此对培训的有效性起着至关重要的作用。在越来越重视人力资本投资的今日，企业加大培训的投入力度虽有其必要性，但前提是必须进行有效的培训需求分析。一些企业的培训效果不好，最重要的原因就在于缺少有效的培训需求分析，缺乏针对性。

重点名词 5-1　员工培训需求分析

员工培训需求分析是指在规划与设计每项培训活动之前，由企业主管、人力资源部门、培训工作人员等采用各种方法与技术，对参与培训的所有组织及其员工的培训目标、知识结构、技能状况等方面进行系统的鉴别与分析，以确定这些组织和员工是否需要培训及需要何种培训的一种活动或过程。

### 5.1.1　分析员工培训需求

培训需求的确定，主要是通过对企业现实进行分析，找出现实和计划目标之间的差距，从而确定员工需要参加何种培训，企业应组织何种培训。培训需求分析通常包括 3 个方面的内容：企业分析、任务分析和员工分析。在企业中，培训需求分析人员主要包括人力资源管理部门工作人员、员工、管理人员、有关项目专家、客户以及其他相关人员。

1．企业分析

企业分析是指分析人员站在组织的高度，从企业整体角度出发分析员工的培训需求，具体是指通过对企业完成某一项任务（工程）所需的知识、技能状况同现有状况的差距分析，来确定组织的培训需要及培训内容。企业分析应从企业的组织目标、企业资源、企业特质和环境等方面进行，其目的是使培训与组织目标吻合并符合企业实际。

重要信息 5-1　企业员工培训需求产生的原因及分析报告

企业员工培训需求产生的原因大致可以分为以下 3 类：

**1．由于工作变化而产生的培训需求**

企业处在不断发展变化的环境之中，不同岗位的工作内容也会相应地发生变化，为了适应这种变化，培训需求随之产生。

**2．由于人员变化而产生的培训需求**

无论员工原来从事何种工作，当他们进入一家新的企业或踏入新的工作领域时，为了尽快地进入工作状态，实现较好的工作业绩，培训都是他们的首要选择。

**3．由于绩效变化而产生的培训需求**

实现既定的或更优异的绩效是企业所希望的，但部分员工因各种原因，在其现有状况和应有的状况之间会存在一定的差距，由此也产生了相关的培训需求。

企业员工培训需求分析报告一般包括以下 7 个方面的内容：报告提要，即对报告要点的概括；需求分析实施的背景；开展需求分析的目的和性质；概述需求分析实施的方法和流程；培训需求分析的结果；对分析结果的简要评析提供参考意见；附录，包括收集和分析信息时用的相关图表、原始材料等。

（1）企业目标分析。企业的目标是指确定企业完成某一项任务（工程）所需的知识、技能标准或要求，即组织的目标，包括短期目标、中期目标和长期目标。这对培训计划的设计与实施起决定性作用。一般来说，组织目标决定培训目标，培训目标为组织目标的实现服务。有什么样的组织目标就有什么样的培训目标，组织目标与培训目标具有内在的一致性。因此，在培训需求分析中，组织目标的确定应该尽可能详细具体。

**例 5-1　海尔的价值观念培训**

海尔培训工作的原则是“干什么学什么，缺什么补什么，急用先学，立竿见影”。在此前提下首先是企业目标下价值观的培训，“什么是对的，什么是错的，什么该干，什么不该干”，这是每个员工在工作中必须首先明确的内容，这就是企业文化的内容。对于企业文化的培训，除了通过海尔的新闻媒体《海尔人》进行大力宣传以及通过上下灌输、上级的表率作用之外，重要的是由员工互动培训。海尔在员工文化培训方面进行了丰富多彩的、形式多样的培训及文化氛围建设，如通过员工的“画与话”、灯谜、文艺表演、找案例等用员工自己的画、话、人物、案例来诠释海尔理念，从而达成理念上的共识。

（2）企业资源分析。对照组织目标，做好企业资源分析，主要是对组织内现有人力资源状况的分析，内容包括人员的数量、质量和结构等方面。此外，还应该了解管理人员和员工对培训活动的理解和参与度，以及企业可能提供的培训费用、时间以及培训形式方面的支持。企业资源分析主要是要准确评价组织是否拥有适宜的经费、时间、人员、知识、设计等资源来支持有关培训的需要，能够允许什么范围、什么对象、什么形式、什么水平、什么来源的培训开发项目等。

**例 5-2　宏图公司的组织资源分析**

宏图公司要对其商务部进行电子化改造升级，拟通过员工培训来解决对懂计算机员工的需求问题。人力资源管理部门进行组织资源分析如下：公司原则上只支付少量经费，要求商务部员工自学计算机知识；根据现有人员技术水平，可以利用企业内部人员对员工进行培训；考虑时间、费用问题，只对商务部现有员工进行培训；内部人员不能解决的难题，可以利用外部培训资源，如购买相关培训资料。



（3）企业特质和环境分析。企业的内部结构、企业文化、资讯传播途径都可能对员工培训工作产生影响。分析这些因素，有利于更好地确定员工培训的有效方式与方法。如管理层与一般员工的目标有冲突或在培训中被培训的技术行为与受训者主管上司所支持的技术行为有冲突，则表明受训者不大可能把培训中新学的技术应用于工作中，即组织还没有为培训做好准备。

此外，不同层次的管理人员，在培训需求分析中关注的重点不一样。高层更易从公司发展前景来关注培训与其他人力资源管理活动（如甄选、薪酬）相比在公司内所扮演的角色。而中层更关心培训将如何影响本部门财务目标的实现。

**例 5-3　海尔集团的培训环境**

海尔集团内部有句话：“下级素质低不是你的责任，但不能提高下级的素质就是你的责任！”集团要求每位领导，上到集团总裁、下到班组长都必须为提高部下素质而搭建培训平台、提供培训资源，并按期对部下进行培训。特别是集团中高层人员，必须定期到海尔大学授课或接受海尔大学培训部的安排，不授课则要被索赔，同样也不能参与职务升迁。每月进行的各级人员的动态考核、升迁轮岗，就是很好的体现：部下的升迁，反映出部门经理的工作效果，部门经理也可据此续任或升迁、轮岗；反之，部门经理就是不称职。为调动各级人员参与培训的积极性，海尔集团将培训工作与激励紧密结合。海尔大学每月对各单位培训效果进行动态考核，划分等级，等级升迁与单位负责人的个人月度考核结合在一起，促使单位负责人关心培训，重视培训。

### 2．任务分析

任务分析也称工作分析，是指对完成工作任务并达到满意绩效所必须掌握的知识与技能进行分析，并通过现状与要求的对比，确定员工培训与开发的内容。任务分析是在特定工作岗位的层次上进行的。任务分析一般可以分为5个步骤：①选择需要分析的工作岗位。②通过观察、访问、与知情者讨论等方式，初步列出该工作岗位所要完成的各项任务的基本清单。③核查、确认初步列出的任务清单的可靠性和有效性，可以通过组织专家会议或书面调查等形式回答有关各项工作任务的问题，以使其进一步完善。④明确成功完成每一项任务（任务清单确定的）所需要的知识、技能或能力。这类信息可以通过访谈和调查问卷法加以收集。⑤对比分析，找出现状与要求的差距。

一般情况下，只有从企业分析中得出企业有必要在一定培训上投入时间和资源的结论后，才会具体进行任务分析。这是因为任务分析需要投入大量时间来收集和归纳数据，是一个耗时长、要求细致的工作。

### 3．员工分析

员工分析是以员工个体作为企业员工培训需求分析的对象，主要分析员工个体现有状况与应有状况之间的差距，在此基础上确定谁需要和应该接受培训及培训的内容。员工分析主要分新员工和在职员工的培训需求分析。

（1）新员工培训需求分析。新员工由于对企业文化、企业制度不了解而不能融入企业，或是由于对企业工作岗位的不熟悉而不能很好地胜任新工作，此时就需要对新员工进行培训。对于新员工的培训需求分析，特别是对于从事低层次工作的新员工的培训需求分析，通常使用任务分析法来确定其在工作中需要的各种技能。

**管理借鉴5-1　日本企业的新员工培训**

拥有悠久历史的日本企业是很喜欢用“白纸”一样的人的，所以应届毕业生在日本找工作选择余地会很大。由于日本的教育体制同中国类似，都是不特别强调应用性，因而使得日本著名企业的员工培训体系非常庞大而细致。松下的员工培训尤其知名，通常所谓“新入社员”会接受松下6个月至2年不等的企业文化和职业培训。但是，结合中国市场的特殊性，这种培训很难在中国本土完全展开，松下（中国）仍然是以社员的“中间采用”（招聘有过从业经验者）为主，公司目前维持每年10%的流动率，相当于70人的进进出出，其中2/3都是面向社会全面招聘的。此外，日企的招聘往往是从性别、年龄到工作背景都有非常明确的要求，但日本企业在招聘员工方面一向很“矜持”，它们不喜欢参加大卖场式的人才招聘会，认为那样既影响公司形象，又容易在人多眼杂中暴露公司机构，所以日本企业习惯于猎头服务或通过求职网站发布招聘信息。

（2）在职员工培训需求分析。在职员工培训需求是指由于新技术在生产过程中的应用，在职员工的效能不能满足工作需要等方面的原因而产生的培训需求。在职员工培训需求分析通常可以采用观察法、问卷调查法、阅读技术手册、访问项目专家等方法收集相关信息，主要是通过绩效评价的方式，找出那些与组织期望绩效有差距的员工，分析这些差距出现的原因，从而为有针对性的培训做好准备。

**重要信息 5-2 员工分析的内容**

员工分析旨在帮助组织确定哪些员工需要培训以及相应的受训基础如何。员工分析内容主要包括以下方面：分析员工实际工作绩效与预期工作绩效之间的比较关系，判断是否有必要进行培训；分析员工适应工作变革或应用新技术时，新的任务完成情况或绩效改善状态；分析员工的知识、学历、态度、动机、行为等个性特点和基本技能（能够顺利完成工作和培训内容的技能）状况，判断员工是否需要培训等。要在分析上述内容的基础上来具体确定或回答哪些员工需要培训，需要培训什么，他们是否做好了受训准备等重要问题。

员工分析的关注重点是员工绩效不良或员工绩效低于组织所要求绩效的标准。员工的绩效不良经常可用顾客抱怨次数、绩效考评等级、事故率、不安全行为等方面的不良指标来度量。通过确定员工的绩效问题，分析实际绩效与期望绩效或绩效标准之间差距的原因，便可帮助管理者确认员工培训需要的线索、方向以及必要性与可行性。但是，在面对或确认员工绩效问题后，必须对可能影响员工工作绩效的个人特征、投入（资源）产出、结果、标准、工作设计、沟通反馈等因素进行全面的认知和分析。如果影响工作绩效的其他要素合格或令人满意，主要是因为员工个人缺乏做好工作必需的知识、技能、态度和行为而影响绩效，则需要对其加以培训；如果前者存在明显缺陷，而后者合格时，培训可能就不是解决绩效问题的上佳办法；如果两者都不令人满意时，则需要实事求是地予以综合治理。

### 5.1.2 确定员工培训目标



在培训需求分析的基础上，人力资源管理部门就可以确立培训目标，以使培训更加有效。培训目标是指培训活动的目的和预期效果。有了培训目标，才能确定培训对象、内容、方法等具体工作，并可在培训之后对照此目标进行培训效果评估。

**1. 确立培训目标的原则**

培训目标确定应把握以下原则：培训目标要和企业长远目标相吻合，对企业部门可以起到工作指南作用；培训目标应切合实际，受训者可以在培训过程中对照培训目标找出差距，具有可行性；培训目标应具体，操作性强，为后期培训的评估提供了重要的参考依据；培训目标应有一定的难度，对受训者起到有效的激励作用。另外，培训目标的设置应与企业的宗旨相容，好的培训目标应该是具体的、可操作的、可测量的。一般来说，目标越具体，就越能取得培训的成功。

**2. 确定培训目标的内容**

培训目标一般包括 3 方面的内容：①说明员工应该做什么；②阐明可被接受的绩效水平；③受训者完成指定的学习成果的条件。

**3. 确定培训目标的层次**

培训目标可以分为若干层次，从某一培训活动的总体目标到每堂课或每次培训的具体目标，越往下越具体。循序渐进，逐步实现。

**重要信息 5-3 企业员工培训的意义**

企业员工培训的意义体现在以下几个方面：

（1）可以使企业适应环境的变化，满足市场竞争的需要。企业所处的环境在激剧地变化，原来合格的员工，如果不经常培训，就会不合格。市场竞争，从产品竞争到销售竞争，再到资本竞争、知识竞争不断升级，最终是人力资源的竞争，企业要在激烈的市场竞争中取胜，必须重视职工培训，这是市场竞争的需要。

（2）可以提高组织运作的质量和能力，提高工作绩效。接受过职业培训的员工，不仅能够更好更快地掌握新技术和新方法，正确理解技术指标的含义，提高整个组织的工作水平和质量，减少浪费，提高劳动效率，而且还能够更彻底地理解企业的方针、政策和管理要求，对企业进行的监督、指挥和协调工作有更高的认识。

（3）可以促使企业员工接受变革。任何企业不可避免地在受到社会、市场、竞争对手以及企业内部的压力时，会发生不同程度的变化，而且这种变化是经常性的。实践证明，受训练不多的人，掌握一门新技术比较吃力，因而对上述的变化就会持反对或拒绝的态度，导致消极情绪和不合作，并影响工作的效率和质量。而经常接受培训的人，容易接受新的东西。

（4）可以促使员工认同企业文化。对新成员进行职业培训，可以使他们了解本企业的文化，引导他们的思想文化与企业的思想文化统一起来。另一方面，培训本身就是企业文化的一部分。

（5）可以满足职工自身发展的需要。每个员工都有一种追求自身发展的欲望。这种欲望如不能满足，员工就会觉得工作没劲、生活乏味，最终导致员工尤其是优秀员工流失。对一般员工来说，差不多每个人也都希望在企业中有成长晋升的机会，这就需要不断学习。员工不但要熟悉自己的工作，还要了解本专业的最新动态，掌握有关的新技术和新方法，使自己有比较宽的知识面和合理的知识结构。

（6）可以有效激励员工。培训可以增强员工的责任感、成就感和自信心。当员工通过企业组织的职业培训感受到自己的价值和组织的重用，就会对工作怀有满腔热情，对自己充满信心。从这个角度来看，培训本身就是一种重要的激励方式。



### 5.1.3 制定员工培训计划

在进行培训需求分析，确定培训目标以后，人力资源管理人员就可以根据培训的需求和目标制定培训计划，主要包括确定培训内容、选择培训对象、选择培训形式、确定培训层次、培训费用预算等，具体还包括培训地点、培训项目的负责人、培训学制、课程设置方案、课程大纲、教科书与参考教材、培训教师、教学方法、考核方法、辅助器材设施等。

**1．确定培训内容**

员工培训内容一般分为 3 个层次：①知识培训。知识培训有利于员工理解工作过程知识，增强对新环境的适应能力，获得持续发展和提高的基础。②技能培训。技能培训主要是针对员工业务能力的提升而组织的培训。③素质培训。素质培训是较高层次的培训，主要包括正确的价值观、积极的工作态度、良好的思维习惯、企业精神以及其他较高的目标。此外，有的企业也组织创新能力培训、团队精神培训、形象与心理培训等。

企业的培训要结合企业现实的生产经营管理需要或未来发展的需要，内容必须是该领域最新的研究成果或是同行业最新的经验，要有针对性、实用性、超前性，这样培训工作才能适应企业需要。针对性就是指培训要面对问题，针对需求，不要搞形式主义，不要对牛弹琴。实用性就是指培训要围绕经济或管理上的难题或实际问题进行，而不是空谈理论；应该是讲理论能解惑、释疑、指明方向，讲实际能使人掌握方法、借鉴经验。超前性就是指培训的内容应当新鲜而不陈旧，先进而不落后。

**管理借鉴 5-2　IBM 的新员工培训内容**

“无论你进 IBM 时是什么颜色，经过培训，最后都变成蓝色。”这是 IBM 新员工培训时流行的一句话。IBM 的员工培训是多方位的，既有集中面授又有分期培训，同时还建有电子学习中心（e-Learning）、图书中心等。新加入的员工首先要接受新员工定位培训，内容包括 IBM 公司的介绍、历史沿革、业务框架、经营战略、部门分工合作情况、新员工的工作职责、福利待遇、如何进行培训学习以及如何利用公司资源等。随后，公司将对员工掌握的技能进行测试评定，看是否适合上岗。接下来，公司的电子学习中心会分部门、分级别地对员工提供各种学习资源，员工可根据自己的情况在工作范围内选择要学习的内容。选定的学习内容需经过主管经理批准后方可注册学习，学完之后需经考试测评认证。电子学习中心涉及的内容广泛，包括财务、金融、市场营销、经营战略等，有点像企业办的网上在职专业培训中心。此外，电子学习中心也给公司员工提供了一个随时随地学习培训的机会，只要登录企业内部网，就可以获得学习资料并进行自学，解决了员工工作繁忙，无法有较多的时间进行脱产学习的问题，真正实现了工作学习两不误。



**2．选择培训对象**

选择培训对象时，必须考虑员工掌握培训内容的能力，以及他们在回到工作岗位以后应用所学内容的能力。这不仅是一个重要的激励问题，同时也是一个重要的效率问题。如果员工在培训过程中没有获得应有的收获或者他们回到工作岗位无法应用所学内容，那么不仅在员工个人心理上会产生强烈的挫折感，同时也是组织培训资源的浪费。

在选择培训对象时，除了从培训候选人的学习能力来进行甄别以外，还可以从员工的学习动力的角度进行考虑。

**3．选择培训形式**

企业培训对象的多样性决定了培训形式是多样的，而培训内容的针对性和实用性决定了培训形式必须是灵活的，既可以是脱产的，也可以是在职的，既可以是中、长期的，也可以是短期的。培训的形式没有固定的模式，一切要从本企业的需要出发，也就是说要根据企业的生产实际，合理安排培训的时间，区别不同对象，采取不同的培训形式。

**4．确定培训层次**

企业应当根据本企业的生产经营实际需要确定合理的培训层次，确定人才培养的合理规模，形成合理的结构，使得培养出来的人才真正为企业所用。正像波音公司一样，具有竞争力的企业大致拥有三个梯队的人才储备：①立足企业生产一线自身需要，解决生产难题的人才，从而为企业赢得国内市场；②能使企业扩大国内市场的人才；③能够研究国外同类产品的发展动态，进而改造本企业产品的人才，从而使企业产品打入国际市场。

**5. 培训费用预算**

在编制员工培训计划时，人力资源培训专员要注意将各项费用发生的情形充分考虑到，以保证培训工作能够有充裕的经费支持，从而能够保证培训效果。员工培训费用一般包括培训所发生的直接费用（如聘请讲师、课程版权以及内部讲师参加培训以引入课程的费用等）外，还包括间接费用（如培训场地、设备以及教材准备费用等）。

**同步实训 5-1 员工培训计划认知**

**实训目的：**加深学生对员工培训准备工作的认识。

**实训安排：**

1. 学生可以从网络上收集并分析一些企业员工培训计划实例。
2. 分析并体会员工培训计划的编写要点。

**教师注意事项：**

1. 由生活事例导入对员工培训的认识。
2. 提供一些员工培训计划的简单案例，供学生讨论。
3. 参观企业或提供其他相应学习资源。

**资源（时间）：**1 课时、参考书籍、案例、网页。

**评价标准：**

| 表现要求 | 是否适用 | 已达要求 | 未达要求 |
| --- | --- | --- | --- |
| 小组活动中，外在表现（参与度、讨论发言积极程度） | | | |
| 小组活动中，对概念的认识与把握的准确程度 | | | |
| 小组活动中，角色扮演的精准度 | | | |
| 小组活动中，文案制作的完整与适用程度 | | | |

## 5.2 培训组织

**任务提示**

在分析员工培训的需求、制定培训计划的基础上，企业员工培训工作正式展开。人力资源培训专员要负责编写课程描述、课程计划、选择培训教师、选定培训场所、确定培训教材、确定培训方法、安排培训设施及时间要求。

培训计划制定完成后，员工培训工作即将开始，即进入培训计划的实施阶段。这一阶段，事务性的工作由人力资源管理部门培训专员负责。工作中，必须做到切实保证严格执行计划，严格检查各个环节，出现问题及时处理。重视培训信息的反馈，为培训工作的改进提供依据。同时还应该根据环境、需求等实际情况的变化，及时调整和修正原计划，以保证培训任务的完成和培训目标的实现。

员工培训的组织应做好以下工作：

### 5.2.1 编写课程描述

员工培训的课程描述是指对有关培训项目总体信息的说明，内容包括培训课程名称、目标学员、课程目标、地点、时间、培训的方法、预先准备的培训设备、培训教师名单以及教材等。课程描述信息一般是从培训需求分析中得到的。

### 5.2.2 编制课程计划

员工培训中，编写详细的课程计划非常重要。课程计划主要是对培训期间的各种活动及其先后次序和管理环节作出安排。它有助于保持培训活动的连贯性而不论培训教师是否发生变化，也有助于确保培训教师和受训者了解课程和项目目标。课程计划主要内容包括具体的课程名称、学习目的、报告的专题、目标听众、培训时间、培训教师的活动、学员活动和其他必要的活动的安排。表 5-1 为公司新员工培训课程表示例。

**表 5-1 ××公司新员工培训课程表**

| 时间 | 地点 | 主讲人 | 课程内容 |
| --- | --- | --- | --- |
| 9 月 1 日上午<br>8:00—11:30 | 职工俱乐部 | 公司总经理、副总经理、人力资源部、市场部、财务部 | 新员工欢迎仪式<br>新员工座谈会 |
| 9 月 1 日下午<br>14:00—17:30 | 305 会议室 | 人力资源部经理 | 公司历史、组织制度 |
| | | 市场部经理 | 市场部设置、工作流程 |
| 9 月 2 日全天<br>8:00—11:30<br>14:00—17:30 | 305 会议室 | 外聘专职培训师 | 市场专员职责<br>市场专员素质<br>沟通技巧 |
| 9 月 3 日全天 | 户外拓展基地 | 人力资源培训专员 | 团队合作意识培训 |
| 9 月 4 日 | 职工俱乐部 | 人力资源部经理 | 培训总结 |



### 5.2.3 确定培训讲师

在企业员工培训中，培训讲师是培训计划的具体执行者、引导者之一，培训师本人的知识、实践经验以及培训技术水平直接影响培训效果。

**重要信息 5-4 员工培训讲师来源**

企业员工培训讲师有以下来源：

按照隶属关系可以分为企业内部讲师与外聘讲师，外聘讲师通常还可以分为实战型讲师与学院型讲师。

按照讲师专长可以分为管理课程讲师、营销课程讲师、IT 技术讲师、通用技能讲师以及其他专业课程讲师。

按照讲师的籍贯还可以分为国内讲师、港台地区讲师、国外讲师。

按照讲师风格还可以分为讲座型的（严谨型）、互动型的（活泼型）。

**1. 根据实际需要选择培训讲师**

一般来讲，企业内部讲师比较了解课程目的以及每名受训学员的特点，便于因材施教；外聘讲师通常是某领域或学科的专家；实战型讲师具有十分丰富的实践经验，在讲授课程的同时，我们可以分享他在进行某项业务时的成败案例，同时他可以解答在具体业务操作中遇到的困惑问题；学院型讲师具有深厚的理论基础，我们可以从他那里较全面、系统地学习某一课程的基本概念和理论。在选择讲师风格时要注意结合课程本身特点、企业文化以及受训员工的接受能力，这样才能起到良好的培训效果。作为公司培训管理人员，在选择培训讲师时，需要注意结合公司业务情况、企业文化、课程特点以及员工的接受水平。

**2．根据费用预算选择培训讲师**

在专门配备内部培训讲师还是外部聘请培训讲师时，人力资源培训专员首先要明确的是：招募配备内部培训讲师必然增加企业的人工成本，而选择聘请外部培训讲师则是一次性的，尽管讲课费用很高，但无须考虑其他经常性开支。但如果反复从外面聘请，开设相同课程，也会增加企业的培训费用。所以应该考虑企业的特点与规模因素，来决定是否需要配备企业内部专职讲师。具体情况可参见表5-2。

**表5-2 选择讲师方式与企业特点的关系**

| 所属行业 | 企业规模特点 | 受训员工特点 | 选择讲师方式 |
|---|---|---|---|
| 消费品行业<br>餐饮酒店业 | 规模较大、劳动密集 | 从事相同岗位、工种人数众多 | 配备内部讲师 |
| IT企业 | 规模较小、技术密集 | 员工学历层次高、接受能力强、知识更新快 | 聘请外部讲师 |
| 大型跨国企业 | 规模很大、技术密集 | 人员众多、分工细致、对岗位技能要求较高 | 购买权威课程版权或向专业咨询培训机构定制开发课程；内部讲师讲授 |

## 5.2.4 选定培训场所

选择什么样的培训场地是确保培训成功的关键因素之一。根据课程内容安排和培训形式的需要，企业员工培训场所通常可以分为室内场所和室外场所。

**1．室内场所的选择**

知识性的培训一般会选择室内场所，室内场所的选择有以下要求：

（1）室内场所应具备舒适、安静，独立而不受干扰，为受训者提供足够的自由活动空间等特点。

（2）培训场地的布置应注意一些细节，检查空调系统以及临近房间、走廊和建筑物之外的噪音；场地的采光、灯光与培训的气氛协调；培训教室结构选择方形，便于受训者看、听和参与讨论；教室的灯光照明适当；墙壁及地面的颜色要协调，天花板的高度要适当；桌椅高度适当，椅子最好有轮子，可旋转便于移动等；教室电源插座设置的数量及距离也要适当，便于受训者使用；墙面、天花板、地面及桌椅反射或影音能保持合适的音响清晰度和音量。

（3）注意座位的安排，即应根据学员之间及培训教师与学员之间的预期交流的特点来布置座位。一般地，扇形座位安排对培训十分有效，不仅便于受训者从任何角度进行观看，也便于受训者从倾听讲座转向分组实践，还便于教室里受训者相互交流。当然，也可根据培训目的与方法来布置教室，如培训主要是为获取知识，一般以讲座和视听演示为主要培训方法，那么传统教室的座位安排就比较合适。总之，选择和准备培训场所应以培训效果为目的。

**2．室外场所的选择**

企业员工培训中，若以技能培训为主要内容，最适宜的场所为工作现场；如果是团队合作精神等态度类的培训，则需要选择一些户外拓展基地。

(1)选择室外培训场所第一要求是安全。新员工进入工作场所后，难免因好奇产生动一动机器设备的念头。在户外拓展活动中，一些项目也可能存在安全隐患。所以，室外培训场所首先的要求是避免员工受到人身伤害。

(2)无论是工作场所实际操作培训，还是基于团队合作意识的户外拓展活动，其硬件设施都应该能够满足培训目标统领下的培训项目的顺利实施，具有较强的针对性，不至于使培训流于形式。

(3)从软件角度讲，室外培训场所应有经验丰富的操作人员和系统的安全保障体系。实际上，从安全的角度，最好的基地就是拓展公司的自有基地，因为培训师对基地都很熟悉，能有效地避免安全隐患。如果租赁场地，则要慎之又慎。

### 5.2.5 确定培训方式

运用什么样的方式进行员工培训，也关系到培训的效果。合适的培训方式、方法，可以提高受训人员的兴趣与注意力，并有助于保证培训效果。

**1. 确定员工培训的方式**

根据培训和开发与员工工作活动的关联性状况，一般可以分成下列3类：

(1)不脱产培训，也称在职培训，是指员工边工作边接受培训，主要在实际工作中得到培训。这种培训方式有许多优点：①能够提供现成经验；②与工作的相关性高；③边生产边学习，学以致用；④可以利用组织内的设施和有关条件；⑤易于与师傅和其他员工交流；⑥实践性强。但在培训的组织性、规范性上有所欠缺。在职培训可以分为学徒培训、工作轮换、项目指导等形式。



(2)脱产培训，即员工脱离工作岗位，专门去各类培训机构或院校接受培训。这种形式的优点主要是员工的时间和精力集中，没有工作压力，知识和技能水平会提高较快，但在针对性、实践应用性、培训成本等方面往往存在缺陷。

(3)半脱产培训。半脱产培训是脱产培训与不脱产培训的一种结合，其特点是介于两者之间，可在一定程度上取两者之长，弃两者之短，较好地兼顾培训的质量、效率与成本等因素。但两者如何恰当结合，却是一个难点。

**2. 确定员工培训的方法**

培训方法多种多样，内容十分丰富。根据培训目标确定恰当的培训方法与技术，能够提高培训成效并降低成本。

(1)讲授法。讲授法又称讲解法，是指培训者用语言把知识、技能等培训内容传授给受训者的培训方式，即培训者讲，受训者听并汲取知识。讲授法成本低、节省时间，是按一定组织形式有效传递大量信息的培训方法之一。除了作为能够传递大量信息的主要沟通方法之外，讲授法还可作为行为模拟和技术培训方法的辅助手段。讲授法也有不足之处，如不大能吸引受训者注意，因而在培训中缺少受训者的参与、反馈及与工作实际环境的密切联系，不利于学习和培训成果的转化。

(2)视听法。视听法就是利用幻灯片、电影、录像、计算机等视听教材进行培训，它是一种多感官参与的途径，其中录像是最常用的方法之一。这种方法可用来展示预先录制的内容以展示行为、技术或说明问题，还可用来录制和重放受训者在课程中的表现，被广泛用于提高受训者的沟通技能、面谈技能、服务技能等。视听法具有直观、情境化、受训者参与程度高等优点。

（3）案例研究法。案例研究法要求受训者研究分析一些描述现实工作情形和真实经营管理事件的案例。通过分析背景材料来发现问题、提出解决问题的最佳方案，从而达到训练人员分析和解决企业实际问题能力的目的。该方法适合于开发高级智力技能，如分析、综合及评估能力的培训。案例研究法中，教员不仅仅是讲解，他们同时也应学习、听讲、理解。同样，学员也不仅仅是学习，他们也可以讲解、演说、传授。学员需要学习但也可以讲授，教员需要讲授，但也可以学习。

为了提高案例研究的有效性，使用这种方法时应把握几个要点：①尽可能从受训者所在组织选取一定的案例，有利于其了解背景和学习后的应用；②精心准备案例预习、分小组讨论等，尽量让参加者陈述其看法，在合作性学习互动中征求他人意见，正视不同看法并作出决策；③把对教师的依赖程度降低到最低限度，教师很少回答“对”或“否”，不完善的案例才是真实的，教师应尽量通过创造适当程度的戏剧场面来推进案例研究；④案例分析一般没有完全正确或错误的答案。

**例 5-4　哈佛大学的案例教学**

1980 年，哈佛法学院教授 Christopher Lang Dell 发明了个案研究方法，将法院的判例作为个案。以后，这种方法逐渐发展到医学、商业和社会工作方面。哈佛大学的案例研究法的做法是：讲师先将故事作简要的介绍，并描述问题发生所需要的条件或可能的状况，学生自行想过一遍以后，再看资料，这样有利于激发学生的想象力和发现案例的吸引力，然后由学生个人从个案中寻找答案。由于每个学生的想法不同，可能提出许多不同形式的解决方法，而学员在训练中可以互相观摩学习。



（4）商业游戏。商业游戏是指仿照商业竞争的规则，采用游戏的方式开发管理技能的一种培训方法。在商业游戏中，受训者被要求在规定的场景中，必须收集信息，分析情况，仿照商业竞争规则或管理规则，作出决策，推行方案，涉及企业经营管理实践、财务管理、市场营销、劳工关系等各个方面的活动。目前，这类培训已经有 ERP 沙盘模型在运用，主要用于开发受训者的经营决策能力和管理技能。

**例 5-5　商业游戏中的微型企业**

受训者每 4～7 人组成一个“微型企业”（小组）。组员自愿组合或指派均可，但每人在本“企业”中分工承担的责任或职务，则由每人自报或推举，小组协商确定。各组按照规定的情景和规则，分析信息、制定方案，利用游戏组织者所提供的统一的“原料”，在规定的工作周期内，通过组合拼装，装配“生产”出某种产品，再“推销”给竞赛组织者，争夺市场份额等。

（5）角色扮演。角色扮演是指在一个模拟的工作环境中，让参训者扮演分配给他们的角色，并给受训者提供有关背景信息，让他们承担角色职责的一种培训方法。目的是为了给学员提供不同的待人处事的观点和练习处理各种人际关系的技巧，寻求在情绪激动下解决问题的可能方法。

角色扮演法是一种花钱少、有趣味又能开发许多新技能的方式。它也可以训练人们体察他人情绪的敏感性。但是，这种方法在角色设计、表演投入、指导信息、处理交流、行为反馈上要求很高，而且经常会遇到诸如角色扮演活动花费时间长、有人视为儿童游戏而不感兴趣、活动的准备和指令不妥、“导演”和演员缺乏经验，致使参加者以为没什么效果，浪费时间。一些有过角色扮演活动失败体验的人，也往往不愿再参加这种活动。

因此，在角色扮演之前，向受训者说明活动的目的是非常关键的，这样能使他们感到活动更有意义、更愿意去学习；说明角色扮演的方法，各种角色的情况及活动的时间安排。注意观察活动时间、受训者的感情投入程度，以及各小组的关注焦点（各小组是在扮演各种角色还是在讨论与练习无关的一些事情）。角色扮演结束时，通过提问帮助受训者理解这次活动经历并互相探讨一下各自的认识。

（6）仿真模拟。仿真模拟法是指把参训者置于模拟的现实工作环境中，让他们依据模拟现实中的情境作出及时反应，分析实际工作中可能出现的各种问题的一种培训方法。它是一种代表现实中真实生活情况的培训方法。由于仿真模拟法所模拟的环境必须与实际工作环境的构成要素相同，并能够像一定条件下的真实设备或情景一样对受训者的指令和行为作出反应，因此受训者的决策结果能反映出如果他在那个工作岗位上工作会发生的真实情况，从而可以使受训者便捷并有针对性地学习掌握正确的技能和行为，修正不正确的技能和行为。

仿真模拟法常被用来传授生产和加工技能、管理技能、人际关系技能等。例如，以开发员工生产和加工技能为主的情景模拟重点是复制员工在实际工作中所使用的物理设备；以开发员工管理技能为主的情景模拟重点是仿真实际的管理环境、角色因素、情节矛盾、资源条件、人际关系等。

仿真模拟法的优点在于参训者能够迅速地掌握实际工作中的机器操作，它的实践性非常强，直接面对的就是具体的机器操作。这种方法的缺陷是仿真毕竟不是真，有的参训者对仿真器材认识不足，总认为这是假的，因此操作随意性大，容易导致机器设备损坏。这种操作上的随意性运用到真正的设备上，其后果无法预测。



（7）行为塑造。行为塑造也叫行为示范或行为模仿，是指向受训者展示一个关键行为的模型，然后给他们提供实践这些关键行为的机会并提供其实践情况的反馈，促使培训成果在实践中转化的一种培训方法。行为塑造能够抓住并保持学员的注意力，并提供了有针对性的实践和反馈机会，所以有效性突出，更适于行为、人际关系和某种技能的学习。

（8）冒险性学习。冒险性学习也称野外拓展或户外培训，是指注重于利用有组织的户外活动来开发团队协作和领导技能的一种团体建设培训方法。它最适用于开发与团队效率有关的技能，如自我意识、问题解决、冲突管理和风险承担。冒险性学习还包括一些费力的、富有挑战性的体育活动以及有组织的个人和小组户外活动。冒险性学习获得成功的关键是要求团队全体成员共同参与练习，必须根据拟对参训者开发的技能来设计和组织冒险学习的内容，要有经验丰富的指导者组织参与者讨论在练习中发生的事情及其与工作情景的联系。

**重要信息 5-5　多样化的拓展训练**

拓展训练是体验式培训的一种。所谓体验式培训，就是通过个人在活动中的充分参与，来获得个人的体验，然后在培训师指导下，团队成员共同交流，分享个人体验，提升认识的培训方式。项目涉及集体解决问题的能力，要求整个团队共同完成任务。在这些活动中，团队成员必须相互合作支持，以面对极其艰巨的挑战，这就是建立更强凝聚力的团队的关键所在。下面是几种拓展训练样本：

（1）信任跳练习。信任跳练习就是要求受训者站在桌子或较高的平台上向后仰倒，落入团队成员怀中。若受训者不愿仰倒，说明不够信任团队成员。练习完成后，指导者询问受训者以确认其恐惧来源，并将这种恐惧与具体的工作事件联系起来。

（2）盲人方队。人们都蒙上眼睛，给他们一定长度的绳子（绳长按人数定），并要求他们形成一个正方形，要求每人等间距沿着正方形站好。这一活动中表现出的行为可以用于包括领导行为、人际交流、解决问题等方面的讲解。

（3）抛沙包。人们站成一圈，把一个沙包或其他软球不落地连续击向空中 50 次。游戏规则是放松而自由，关键在于同伴的支持。同一个人不能连续击球两次。如果活动时微风阵阵，就特别富于娱乐性。这项活动看起来很容易，但确实需要领导关系和团队工作。活动进行中要注意的问题是当同伴失误掉球时，其他的集体成员支持或嘲笑同伴的方式。

（4）电子篱笆。竖起 1.2 米高的篱笆，篱笆大小以恰好能圈住整个小组的人为限，里面仅留少量的空间。告知人们篱笆上有 1 200 伏电压，不能碰触篱笆。篱笆太高，在跃出篱笆时，难以一跃而过，必须借助于其他成员的身体支持。

（5）多人滑雪板。4 个或 4 个以上的人（不超过 8 人）站在两条长木板上。每一木板上有一系列放脚的脚蹬，每个人都是一只脚在一条木板上面而另一只脚在另一条木板上。一对长的木板把所有队员连在一起。要使团队前进，必须协调调动滑板，这需要高水平的交流与合作（滑板上的人越多，难度就越大）。要求人们在一定时间内穿过一块平地。

**管理借鉴 5-3　户外拓展**

拓展训练或称外展训练（Outward Bound）属于典型的体验式培训形式。英文原意为一艘小船驶离平静的港湾，义无反顾地驶向未知的旅程，去迎接一次次挑战。这种训练起源于第二次世界大战期间的英国。当时大西洋商务船队屡遭德国人袭击，许多缺乏经验的年轻海员葬身海底。针对这种情况，汉斯等人创办了“阿伯德威海上学校”，训练年轻海员在海上的生存能力和船触礁后的生存技巧，使他们的身体和意志得到锻炼。战争结束后，许多人认为这种训练仍然应当保留，于是拓展训练的独特创意和训练方式逐渐被推广开来，训练对象也由最初的海员扩展到军人、学生、工商界人员等各类群体。训练目标也由单纯的体能、生存训练扩展到心理训练、人格训练和管理训练等。

（9）团队培训。团队培训是指将单个人的绩效协调在一起工作，从而实现共同目标的一种培训方式。一个团队或群体成功与否，取决于其成员个人决策活动中的相互协调、处理潜在危机情况的思想准备、团队的绩效等 3 个方面的要素，其中团队绩效又取决于团队成员的知识、态度和行为 3 个要素。团队培训旨在调适群体或团队成员个人的知识、态度和行为，通过协调个体的活动和绩效来促进团队绩效的提高，从而有效实现团队的共同目标。团队培训对于必须分享信息、协同工作，个人行为与群体绩效密切相关的集体是非常有用的。

（10）行动学习。行动学习是指给团队或工作群体一个实际工作中面临的问题，让他们合作解决并制定出一个行动计划，然后由他们负责实施这一计划的培训方式。一般情况下，行动学习包括 6～30 名团队成员，还可以包括不同部门的代表、顾客和经销商等。群体的构成可以不断变化，有时是在群体中包括一个有问题需要解决的顾客；有时群体中包括牵涉同一个问题的各个部门的代表；有时是群体中的成员来自多个职能部门又都有各自的问题，并且每个人都希望解决各自的问题。

（11）网络远程培训。网络远程培训是指利用 IT 技术和网络技术构建的一个网络通信平台，在这个网络平台上，远程培训的受众（员工）可以使用计算机和互联网去访问所需要的多媒体资讯内容（课件），并可与其他员工或讲师进行多媒体音频、视频、数据的互动，通过这个网络虚拟课堂，达到学习知识、学习技能、交流心得、提升素质的目的。远程培训是国际教育和职业培训改革的潮流和发展方向。学员不受地域的限制，可以足不出户，利用业余时间参加远程培训学习，学习效率可以接近或达到直接参加面授班的效果。

### 5.2.6 组织培训工作

企业员工培训过程中，出于组织与管理的需要，人力资源管理部门相关人员还应该做好两项工作：①及时发出培训通知；②组织管理培训的具体运行。

**1. 发出培训通知**

培训准备还应包括提前发放培训通知，让受训者能就本次培训做好相应的学习准备。提前通知培训师，也显得组织对培训工作的重视，也为培训师的提前准备预留充足的时间。有的培训还会涉及其他部门或组织的配合，提前告知会给培训工作带来便利，从而保证培训如期举行。

**2. 管理培训工作的具体运行**

各项培训工作进行中，培训组织者应该注意：①保证组织到位，要确认培训师、学员都要按时到位，培训所需的材料发放到位，座次安排、入场次序井然有序。②确保培训进程顺利，时间控制要严密。③收集第一手培训信息。在培训具体实施过程中，培训组织者要收集第一手信息，为以后的培训安排做好准备。④按时进行培训中效果调查，及时发放效果调查表，指导学员填写。要针对调查表的具体要求实施，如针对课程的就要在课程实施前发放，课程结束后就要回收；而针对整个培训的就适宜在培训即将结束时发放并马上回收，以防时间过长丢失。⑤针对培训中可能出现的突发情况，及时做出应对。



**同步实训 5-2 员工培训组织认知**

**实训目的：**加深学生对员工培训组织工作的认识。

**实训安排：**

1. 学生可以从网络上收集并分析一些企业员工培训方法实例。
2. 分析并体会员工培训方法的适用性和侧重点。

**教师注意事项：**

1. 由生活事例导入对员工培训的认识。
2. 提供一些员工培训组织的简单案例，供学生讨论。
3. 参观企业或提供其他相应学习资源。

**资源（时间）：**1 课时、参考书籍、案例、网页。

**评价标准：**

| 表现要求 | 是否适用 | 已达要求 | 未达要求 |
| --- | --- | --- | --- |
| 小组活动中，外在表现（参与度、讨论发言积极程度） | | | |
| 小组活动中，对概念的认识与把握的准确程度 | | | |
| 小组活动中，角色扮演的精准度 | | | |
| 小组活动中，文案制作的完整与适用程度 | | | |

## 5.3 培训评估

**任务提示**

在员工培训结束后，要对本次培训活动作出评价。培训效果评估可以从受训者的角度，即满意程度、学习收获、行为改进以及业绩提升等方面进行；也可以从培训本身出发，即培训的组织、成本控制等方面进行。

员工培训效果评估是企业培训管理活动中的重要环节。通过评估，企业培训部门可以总结经验与教训，使以后培训工作能够更加完善和更富有针对性，从而改进培训工作，提高培训实效。根据需要，这项工作可以在培训工作进行中进行，也可以在培训工作结束时实施。员工培训效果评估一般包括5个方面的工作：确定培训工作评估的内容、制定培训评估标准、选择培训效果评估方法、评价培训组织过程、评价培训成果。

### 5.3.1 确定培训工作评估内容

组织培训工作评估，一般从以下3个方面进行：

**1．对受训者的评估**

培训结束后，受训者的感受如何？是否达到了预期目标？通过培训，受训者掌握了哪些知识？是否能够将所学知识转化为工作能力？培训的投资回报如何？这是培训组织者最关心的问题。这些问题只有通过对受训者进行评估，才能得到回答。

**2．对培训者的评估**

这里的培训者主要指培训讲师。对培训者进行评估一方面可以说明培训者的水平，另一方面可以帮助培训者在以后的培训中不断发展自己。评估主要通过培训者自评和受训者对其的评估。主要内容为培训者能否调动受训者的学习积极性，能否活跃课堂气氛，能够让受训者在很短的时间内获得更多的知识和信息。

**3．对培训本身的评估**

对培训工作本身的评估一般综合应用培训者的自我评估、受训者的评估和结业考试3种方式进行。主要考查培训能否让受训者视野得到开拓，思维得到创新，知识得到更新，技能得到提高。

### 5.3.2 制定培训工作评估标准

为评价培训项目，必须明确根据什么来判断项目是否有效，即确立培训的结果或标准。

**1．培训结果的确定**

培训结果可以划分为5种类型：认知结果、技能结果、情感结果、效果以及投资净收益。

（1）认知结果。它可用来判断受训者对培训中强调的原则、事实、技术、程序等的熟悉程度，也是衡量受训者从培训中掌握了哪些知识的指标。通常可用书面测验的方法来评价。

（2）技能结果。它是用来评价受训者的技术及行为的一种指标。技能结果包括技能的获得或学习和技能的在职应用（技能转化）两方面，两者都可以通过观察来评价。

（3）情感结果。它包括受训者的态度和动机两个方面的内容。情感结果的一种类型是受训者对培训项目的反应。反应性结果是指受训者对培训设施、培训者以及培训内容的感知。对反应性结果的评价可通过受训者填写问卷获得，这种信息对于确定哪些因素有利于学习、哪些因素阻碍学习是很有用的。

（4）效果。它用来判断项目给企业所带来的回报，效果性结果表现在企业成本节约、产量增加以及产品或顾客服务质量的改善等方面。

（5）投资净收益。它是对培训所产生的货币收益与培训的成本进行的比较，即企业从培训中所获得的价值。

**2．评价标准**

评价标准通常由评价内容、具体指标等构成。制定标准的具体措施步骤为：①对评价目标进行分解；②拟订出具体标准；③组织有关人员讨论、审议，征求意见，加以确定；④试行与修订。在确定标准时必须把握一定的原则：评价标准的各部分应构成一个完整的整体，各标准之间要相互衔接、协调，各标准之间应有一定的统一性与关联性。



由于培训内容的不同，培训评估的项目也不同，一般来讲，培训评估的项目设置分为以下 4 个层次：

**重要信息 5-6　柯氏四层次评估模式**

关于培训效果的评估问题，有不少学者对其进行了研究。美国著名学者 D. L. 柯克帕特里克教授（D. L. Kirkpatrick）提出的四层次框架体系就是其中一种（见表 5-3）。

**表 5-3　柯克帕特里克的四层次评价标准框架**

| 层　次 | 标　准 | 重　点 |
|---|---|---|
| 1 | 反应 | 受训者的满意程度 |
| 2 | 学习 | 受训者知识、技能、态度方面的收获 |
| 3 | 行为 | 受训者工作行为的改进 |
| 4 | 结果 | 受训者工作绩效的改善 |

（1）反应层次，即受训者对这一培训项目的直观感受，受训者是否感到培训项目有好处，包括受训者对培训科目、培训教员和自己收获的感觉。这个层面的评估易于进行，是最基本、最普遍的评估方式。主要通过调查表或面谈方式收集学员的反馈意见，通常在一门课或一天的培训结束后立即进行。

（2）学习效果，即受训者对所教授的内容的掌握程度，受训者是否能够回忆和理解对他们进行培训的概念和技能。这可以用培训后的闭卷考试或实际操作测试来考察。需要牢牢记住的是，如果受训者没有学会，那么培训者就没有发挥作用。

（3）行为变化，即员工由于参加这一培训所引起的与工作有关的行为发生的变化，受训者是否在行为上应用了学习到的这些概念和技能。需要注意的是，由于工作经历的逐渐丰富、监督和工作奖励方式的变化都可能对员工的行为产生影响。为了克服这种干扰，可以使用控制组方法，即将员工分为训练组和未受训练的控制组。在实施训练之前，衡量各组的工作绩效；在实施训练之后，再衡量各组的工作绩效，通过比较发现训练的效果。在这个问题上，应该注意培训组的绩效变化将在培训结束后，经过一段时间的实践才能体现出来，了解这一性质对正确评价培训项目的效果很重要。

（4）结果层次，即主要考察受训者受训后工作绩效的改善，包括受训者行为的变化是否积极地影响了组织的绩效，有多少与成本有关的积极后果（如生产率的提高、质量的改进、离职率的下降和事故的减少）是由培训所引起的，受训者在经过培训之后是否对组织或他们的工作产生了更加积极的态度。

上述评估层次实施从易到难，费用从低到高。一般最常见的是对第一层次的评估，而最有用的数据是培训对组织的影响。其中，对反应和学习效果的衡量主要是主观感受，所以有时称为内部标准；而对行为和培训结果的衡量主要是客观结果，所以有时称为外部标准。是否评估，评估到第几个层次，应根据培训的目的和重要性决定。

### 5.3.3 选择培训工作的评估方法

**1．课后评价法**

课后评价法是指培训者在学员的培训刚结束时立即进行的评估，这是比较常用的方法。如果培训是有效的且使用了正确的方式，那么评估可能是有效的。但是，课后评价法在运用中要注意：培训的结果不仅与培训方式有关，而且与学员是否喜欢关系很大。

**2．管理人员评估法**

管理人员评估法是指由培训管理人员对培训工作作出评价。这一方法一般多用于评估培训程序时，评估的一般方法是培训者向直接主管提供培训的详细目标和内容，然后他们就学员的知识、技能、态度展开讨论并写出个人目标。由主管全面评估并确定了自己目标的学员，才能更好地应对培训。

**3．调查表法**

调查表法也称调查问卷法。这一评估方法通常要求培训部对学员按照不同间隔期进行跟踪调查。如果评估目标是学员对所学知识记住并应用的程度，则调查表应设计成对学员培训后的所学知识或技能的记住程度，培训者可根据需要选择培训后3个月、6个月或12个月施用其方法。调查表的第二个重要功能是确定学员所学知识是怎样被应用于实践中的，学员有哪些收获，目前有哪些机会去提高知识水平。

**例5-6** **课程培训效果评估表示例**

**课程培训效果评估表**

编号: 年 月 日

说明：本调查表的目的是检讨培训课程的效果，以便今后做进一步的修改和完善。您的意见对我们至关重要！

请您根据本次培训的实际情况客观填写（在表格中请按5分制打"√"），感谢您所给予的真实评价！

培训时间：

培训地点：

所在部门：　　　　　　　　　　　　　　　　　参训人姓名：

| 项　目 | 评　分 | | | | |
|---|---|---|---|---|---|
| | 5 | 4 | 3 | 2 | 1 |
| 1. 对本次培训课程内容设计的满意程度 | | | | | |
| 2. 对讲师的授课方法及技巧的满意程度 | | | | | |
| 3. 本次培训对您今后工作的指导程度 | | | | | |
| 4. 对本次培训时间及场地安排的满意程度 | | | | | |

本次培训您认为收获最大的地方是：

本次培训后，您将在工作岗位上运用的内容是：

您认为此次培训在哪些方面还需要改进：

您希望今后参加哪些培训课程：（请打"√"或具体说明）

□管理类　□销售类　□个人生涯规划　□IT技术　□其他

如果满分为100分，您认为这次培训可以得　　分。

（100～85为非常满意；85～75为比较满意；75～60为尚可；60以下为不满意）

人力资源管理部



**4．评估中心法**

评估中心法是指许多企业通过成立一个中心来评价员工的潜力，并向员工提供在有经验技术顾问的指导下评估自己发展需要的机会，每一种中心都为培训者提供许多有用信息，作为评估培训时的参考。在评估中心，学员的发展潜力常与先前的培训经历有关，这有助于培训者对先前培训效率的评价。

**5．面谈法**

面谈法是指通过与学员进行面谈，以了解培训效果的一种方法。通过详细面谈，培训者能够很有针对性地了解培训的效率。培训者可以设计多个方面问题以激起学员反馈，从大量封闭式和开放式问题的回答中得到大量信息。不论是从开始还是从后来进行评估，这种方法都能涵盖培训内容的各方面。

**6．行为观察法**

行为观察法是指通过观察学员行为来评估培训效果的一种方式。具体可以采取角色扮演或模拟的形式。培训者能观察到学习或反馈后有什么改变，同时也能通过反馈控制学员行为。

**7．行为表现记录法**

行为表现记录法是指通过详细评估系统或有效的个人报告来评估培训效果的一种方法。可以通过它确定培训需要，也可用于事后对培训的评估。通过与主管的合作，培训者想识别出员工的行为效率多大程度上与所受培训相关。因为记录了真正的行为表现，所以该方法也最为有效。

### 5.3.4 设计培训评估方案

培训工作评估可以采取培训前后对比、受训者预先测试、培训后测试以及时间序列分析等方式。培训工作评估方案一般包括以下内容：

**1. 评估的内容**

进行培训评估时应对培训目标、方案设计、场地设施、教材选择、教学管理以及培训者的整个素质等各个方面进行评价。内容包括评价培训者、评价受训者、评价培训项目本身3个方面。

**2. 评估的程序与方法**

评估的程序一般包括：①收集数据，如进行培训前和培训后的测试、问卷调查、访谈、观察、了解受训者观念或态度的转变等；②分析数据，即对收集的数据进行科学的处理、比较和分析，解释数据并得出结论；③把结论与培训目标加以比较，提出改进意见。

### 5.3.5 编写培训评估报告

培训工作评估报告是对整个培训工作的详细总结，其内容包括培训的组织和实施过程，并提出建议和意见，为今后的培训工作作参考。

培训工作总结报告的内容包括：

（1）导言。

（2）概述评估实施的过程。

（3）阐述评估结果。

（4）解释评估结果和参考意见。

（5）附录。

**同步实训 5-3 员工培训评估认知**

**实训目的：** 加深学生对员工培训评估工作的认识。

**实训安排：**

1. 学生可以从网络上收集并分析一些企业员工培训评估及评估报告实例。
2. 分析并体会员工培训评估方法的适用性和侧重点。

**教师注意事项：**

1. 由生活事例导入对员工培训评估的认识。
2. 提供一些员工培训评估的简单案例，供学生讨论。
3. 参观企业或提供其他相应学习资源。

**资源（时间）：** 1课时、参考书籍、案例、网页。

**评价标准：**

| 表现要求 | 是否适用 | 已达要求 | 未达要求 |
|---|---|---|---|
| 小组活动中，外在表现（参与度、讨论发言积极程度） | | | |
| 小组活动中，对概念的认识与把握的准确程度 | | | |
| 小组活动中，角色扮演的精准度 | | | |
| 小组活动中，文案制作的完整与适用程度 | | | |

## 小结

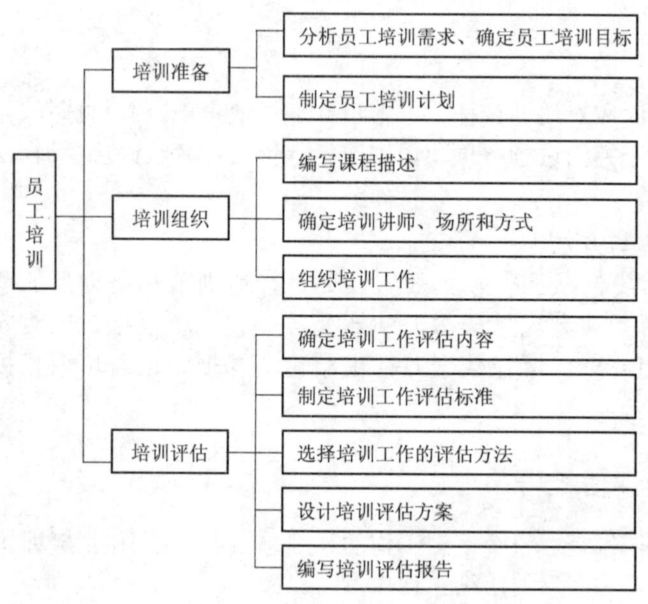




## 教学做一体化训练

### 一、重点名词

培训需求分析　　组织分析　　任务分析　　人员分析　　新员工培训

### 二、课堂讨论

1．企业员工培训需求出现的原因。
2．企业组织员工培训的意义。
3．员工培训与开发的关系。
4．员工培训与其他管理工作的关系。
5．自己组织培训与培训外包的优缺点。

### 三、课后自测

（一）选择

1．企业员工培训需求分析的人员组成包括（　　）。
　A．人力资源管理部门人员　　B．员工
　C．项目专家　　D．企业客户
　E．其他相关人员
2．在培训需求分析中，任务分析的步骤一般包括（　　）。
　A．选择需要分析的工作岗位
　B．初步列出该工作岗位所要完成的各项任务的基本清单
　C．核查、确认初步列出的任务清单的可靠性和有效性

D．明确成功完成每一项任务（任务清单确定的）所需要的知识、技能或能力
E．对比分析，找出现状与要求的差距

3．培训目标一般包括（　　）。
A．说明员工应该做什么
B．阐明可被接受的绩效水平
C．受训者完成指定的学习成果的条件
D．受训者未来的发展目标
E．受训者的职业生涯设计

4．讲授法的优点有（　　）。
A．成本低
B．节省时间
C．信息传递量大
D．与其他方法配合使用效果更佳
E．不大能吸引受训者注意

5．员工培训计划的主要内容包括（　　）。
A．确定培训项目内容
B．确定培训对象
C．培训的方式与方法
D．培训的层次
E．培训的具体安排

6．一般来说，培训评估的项目设置分为（　　）。
A．反应层次　B．学习效果　C．行为层次　D．结果层次
E．目标层次

**（二）判断**

1．培训通常侧重于提高员工当前工作绩效，所以员工培训具有一定的强制性。（　　）

2．从培训的对象看，培训有管理人员培训、专业技术人员培训、基层员工培训及新员工培训。从员工培训的时间看，培训有全脱产培训、半脱产培训与业余培训等。（　　）

3．培训需求分析对是否需要进行培训来说是非常重要的。它包括目标分析、任务分析与结果分析3项内容。（　　）

4．选择和准备培训场所应以员工舒适度为目的。（　　）

5．培训结果可以划分为5种类型：认知结果、技能结果、情感结果、效果以及投资净收益。（　　）

6．对培训效果的评价要考虑评价的时效性。有些培训的效果是即时性的，而有些培训的效果要通过一段时间才能表现出来。（　　）

**（三）简答**

1．员工培训计划的内容包括哪些？
2．培训需求分析中，企业分析应该从哪些方面进行？
3．员工培训费用预算的意义有哪些？
4．员工培训场所的选择有什么要求？
5．团队培训如何组织？

**（四）案例分析**

### 摩托罗拉公司的员工培训

摩托罗拉公司规定每年每位员工至少要接受40小时与工作有关的学习。摩托罗拉的培训工作是以客户为导向的，摩托罗拉大学客户代表部的主要职责是与各事业部的人力资源

组织发展部门紧密合作，分析组织现状与组织目标之间的差距，判断这些差距中哪些是可以通过培训解决的，并以此确定组织的培训需求，并提供组织发展的咨询和培训方案。根据事业部的发展目标和任务，分别对其事业部的各部门、各专业乃至员工个人的培训需求做出分析，并依此找出“差距”，分别制定相应的培训方案与培训课程。依据对员工个人工作及职业发展的需求分析，在组织发展部的协助下制定出员工个人的职业发展计划。

当摩托罗拉大学客户代表部从各事业部获取了第一手客户培训需求后，会提出一整套培训咨询和方案。摩托罗拉的课程设计部应用专门的课程设计模型来设计课程或项目，其领域涵盖了管理、质量、工程、技术、文化、语言等方面。课程的设计还对课程的学习方法、学习效果的评估做出规定或建议以保证培训课程的有效实施。为了保证课程设计的有效性，在课程设计完成之后，在直接进入到实际培训阶段之前，都要对该课程进行试运行，邀请相关领域的专家、项目设计人、学员代表、相关部门经理等对该课程提出各自的建议，并据此对课程进行必要的修改，以保证课程的设计达到培训的需求。课程运作管理部还负责认证讲课教师，只有经过认证合格后的教师才有资格执掌该课程的教鞭。培训信息管理中心则负责培训信息的发布、登记、课程的安排、学员培训记录及培训评估结果的分析与管理等，并配合全球系统，集中信息资源。

培训结束后，学员的感受是怎样的？培训是否达到了所设定的目标？其效果如何？通过培训，学员是否掌握了所学的知识？其所学知识是否已经转化成了能力？培训的投资回报率如何？

摩托罗拉依据上述问题将整个培训的评估分为 4 个层面的水平：



（1）培训后都要填写一份课程评估表，考察学员对所学课程的反应如何。

（2）采用许多灵活、有趣的方式对学员学习情况作出评估。

（3）通过培训前后的评估结果对比分析，检测学员是否将所学转化为了相应能力。

（4）投资回报率，即考察培训投资为各事业部及员工个人所带来的效益。

通过上述评估体系，一方面验证了培训的结果是否达到了各事业部及员工个人的培训期望；另一方面，也为客户培训需求分析、课程设计、实施与管理提供了有科学价值的反馈信息，为改造培训系统与效果提供了可靠的依据。摩托罗拉大学一直不断地完善这套员工培训与培养系统，并通过这套系统，不断加强与各事业部的伙伴合作关系，并致力于更好地解决公司各事业部业务及培训发展的需要，努力成为摩托罗拉所需人才培养的热土。

（资料来源：沈莹．现代人力资源管理[M]．北京：北京交通大学出版社，2007.）

阅读以上材料，回答问题：

1．概括摩托罗拉公司的员工培训体系。

2．说明摩托罗拉培训评估体系的意义？

## 实践项目　编制员工培训计划

**活动目的：** 组织编写简单企业人员培训计划，认识其工作过程。

**活动安排：**

1．教师与校外基地接洽，进入企业。

2．学生分组，分赴人力资源管理岗位，实地了解企业人员培训工作并写出报告。

教师注意事项：
1. 讲解工作要点。
2. 检查学生分组是否合理。
3. 组织学习资源的调配。
资源：课后4课时、网页、参考书、基地企业。
评价标准：

| 表现要求 | 是否适用 | 已达要求 | 未达要求 |
| --- | --- | --- | --- |
| 小组活动中的工作表现（参与度、讨论发言） | | | |
| 整个职业工作过程的表现（概括、发现） | | | |
| 对整体职业工作任务的认识与把握 | | | |
| 完成任务过程知识与经验的运用 | | | |

## 学生自我工作总结

通过完成“任务5　员工培训”，我能够作如下总结：

一、主要知识

完成本任务需了解的主要知识点为：

1. ......

2. ......

二、主要技能

完成本任务需掌握的主要技能有：

1. ......

2. ......

三、主要原理

完成本任务涉及的管理原理有：

1. ......

2. ......

四、相关知识与技能

本任务的完成过程：

1. 员工培训的原因是：......
2. 员工培训组织工作包括：......
3. 员工培训评估的要求是：......

五、成果检验

本任务的成果：

1. 完成本任务的意义有：......
2. 学到的经验有：......
3. 自悟的经验有：......
4. 你认为员工培训对人力资源管理工作的意义是：......

# 任务 6 >>>

## 员工使用与调配

### 任务描述

员工使用就是根据企业目标、岗位要求和业绩表现，将新员工或老员工安排到相应的工作岗位上去，使其得到合理利用。这项工作的内容有：根据岗位要求，将培训合格的新员工分配到企业的各部门，使其正式开始履职；根据绩效考核结果，改变员工的岗位职务、工作单位和隶属关系，以保证将员工使用在企业最需要的地方。

### 学习目标

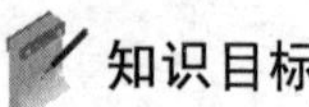

知识目标

- ☞ 能认识员工使用的含义。
- ☞ 能认识员工调配的含义。
- ☞ 能认识员工流动管理的含义。

能力目标

- ☞ 能认识员工使用的程序及意义。
- ☞ 能举例说明员工调配的的作用。
- ☞ 能够对员工使用与调配有整体认识。

### 任务导入

在企业经营活动中，人力资源管理部门会根据人尽其才、人事相符的原则，及时将经培训合格的新员工分配到工作岗位上去；也会根据企业工作需要和员工的成长情况，改变一些老员工的工作岗位职务、工作隶属关系，使其能够发挥出更大的聪明才智。企业必须动态地做好员工使用、调配、流动管理工作，即用好了人，才能使企业最大限度地消费人力资源。

### 任务解析

根据人力资源管理职业工作活动顺序和职业教育学习规律，“员工使用与调配”任务可以分解为以下子任务：

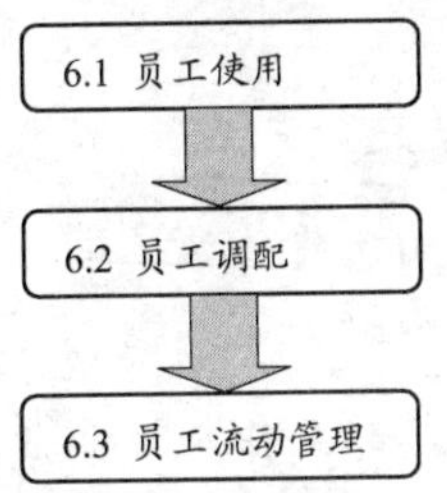


**管理故事**

我们的第六个故事又回到了我国古代战国时期。楚国大将子发爱结交有一技之长的人。有个号称“神偷”的人，也被子发待为上宾。一次，齐国进犯楚国，子发率军迎战，三战三败。子发无计可施。这时神偷请战。他在夜幕的掩护下，将齐军主帅的睡帐偷了回来。第二天，子发派使者将睡帐送还给齐军主帅，并对他说：“我们出去打柴的士兵捡到您的帷帐，特地赶来奉还。”当天晚上，神偷又去将齐军主帅的枕头偷来，再由子发派人送还。第三天晚上，神偷连齐军主帅头上的发簪子都偷来了，子发照样派人送还。齐军上下听说此事，甚为恐惧，主帅惊骇地对部下说：“如果再不撤退，恐怕子发要派人来取我的人头了。”于是，齐军不战而退。

**【管理感悟】**一个企业、一个团队总是需要各式各样的人才。成功的人力资源管理工作不在于能做多少事情，而在于能很清楚地了解每个员工的优缺点，把适当的人选分配在适合的岗位上。用人之道，最重要的是要善于发现、发掘、发挥员工的一技之长。用人不当，事倍功半；用人得当，事半功倍。



## 6.1 员工使用

**任务提示**

员工使用包括两部分：①人力资源部门将培训合格的新员工分配到具体岗位上去，赋予其具体的职责、权利，使其进入工作角色，开始为组织目标的实现发挥作用；②根据绩效考评结果，对老员工进行新职务的分配。

### 6.1.1 确认员工任职资格

在员工入职使用之前，一般要确定其任职资格。确认员工任职资格一般包括以下3个方面的工作：

**1. 设计员工职业发展通道**

职业发展通道的设计包括以下几个步骤：①根据企业业务要求，划分若干职位族（职位族是把具有相似职责与管理范围、工作模块相同、从业者所需知识/职业技能/基本素质相似的职位归为同一类别，形成职位族），通常企业会划分有管理族、技术族、市场族等；②对每一职位族设立一条或几条的职业发展通道，比如在很多IT企业，技术族的职业发展通道可能包括硬件开发、软件开发、测试、系统分析、技术支持等数条通道；③对每条发展通道确定等级，很多公司采用5级的设置，更细致的话可以在每一级再分成3等，这就形成了5级共15个层级的晋升通道。

**重点名词 6-1　员工职业发展通道设计**

员工职业发展通道设计是指人力资源管理人员向员工说明，在企业里各职位可以往哪些方向发展、向上可以有多少层级等。

**例 6-1**　大型企业人力资源管理部工作人员职业发展通道如图6-1所示。

图6-1　大型企业人力资源管理部工作人员职业发展通道

**例 6-2**　一般技术人员的双重职业发展通道如图6-2所示。

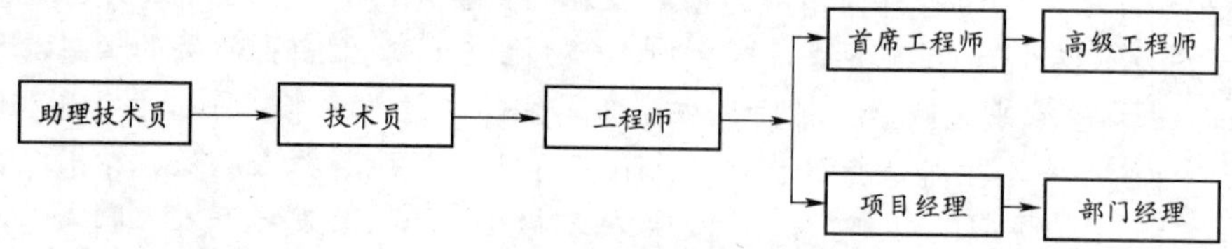


图6-2　一般技术人员的双重职业发展通道

员工职业发展通道的晋升指的是职级，而非职位。类似军队里军衔和职位的区别，一个军人从士兵到士官到尉官再到校官，最后成为将军，这个是他的军衔的晋升，但不是绝对的职位的变化，如有人从少将升为中将，但具体职位仍然是军长没变，或者有的大校是团长，有的却是师长，职级和职位两者之间并不是完全对应的。

### 2. 明示各职类员工任职标准

**重点名词 6-2　员工任职标准**

员工任职标准就是指该职级员工所要具备的能力、行为、绩效等方面的要求，员工只有满足了该职级的任职标准，才能确定成为该层级的人员，享受该层级的薪水待遇和其他相关收获。

一般来讲，在工作分析环节，各职位的任职标准已经确立，但对于企业新员工，人力资源管理部门有必要向其明示。员工任职标准通常包括能力、行为、绩效3个方面的标准。其中，能力方面包括知识技能和素质两个要素；行为方面包括专业行为和组织行为两个要素；绩效方面包括专业成果和团队成长两个要素。员工任职标准的明确过程是一项较复杂的工作，因为一个企业内职业通道繁多，而每一个通道的各个层级都需要明确任职标准。任职标准的设置意义十分重大，对于企业来说，任职标准的设置规范了企业所需人员的各项要求，对企业招聘、选拔、培养人才明确了模型，使人员管理各项工作（招聘、培训、绩效、薪酬等）更系统清晰。

无论是新员工还是老员工，如果能够清楚知道自己只要达到什么样的水平和要求，就能在企业里不断发展和获得提升，其工作的主动性和积极性会大大提升。

### 3. 进行员工任职资格认证

进行员工任职资格认证是指对员工任职资格的评审和认证过程。

对于企业新员工来讲，人力资源管理部门根据员工培训考核结果，初步确认其任职资格；对于企业老员工来讲，人力资源管理部门则可以通过专业职称评定、技能大赛等手段，为企业员工任职资格认证做参考。

企业员工任职资格管理不仅要关注员工是否达到任职标准，更要关注员工为达到标准而努力的过程，因此任职资格认证的方法更多需要体现日常的工作过程。在许多企业，员工可以根据任职资格的各项标准要求，结合日常工作，积累各分项标准达标的证据，并进行自评，然后由企业任职资格管理人员（可设置评审委员会）定期（半年/一年/两年，根据各职级任职标准难度不同而定）进行取证和审核。当然也可以采取更灵活、及时的措施，即当员工自评认为任职资格各分项标准都已达标时，就可以提出认证的申请，经审核后提交企业员工任职资格评审委员会进行审定。

**例 6-3　小李的职业发展通道**

北京某名校毕业的小李进入公司后，测试工具表明他本人属于企业性向，同时具备管理能力型的职业锚，而且他本人也乐意向管理方面发展，于是企业就给他制定了管理人员的发展规划，希望让他在两年后成为经理；半年后，企业对他的各项表现进行了评估，尽管上级对其评价不错，但他唯一的下级却认为此人过于夸夸其谈，不能使人信服。于是企业人力资源部门与其重新面谈，并重点对其能力与性格进行重新评估，结果认为小李更适合做销售。于是，公司对小李的职业生涯规划进行了修订。结果，一年之后，公司新的销售明星诞生了。

**重要信息 6-1　员工使用的原则与内容**

员工使用的目的在于将企业的人力资源合理地安置在相应职位上，实现人与事的科学结合。为此，在使用员工的过程中，应遵循以下基本原则：①人尽其才；②人事相符；③权责利一致；④德才兼备、任人唯贤；⑤用人所长、容人所短；⑥兴趣引导；⑦优化组合。

员工使用的内容包括：①新员工的安置。企业将新招聘的员工安置到预先设定的岗位上，使新员工开始为企业工作。②干部选拔、任用。从员工队伍中发现能力卓著、绩效突出的员工担任企业的各项领导职务，组织员工完成系统任务，实现组织目标。③劳动组合。将员工组合成班组等小团体，使员工形成协作关系。④员工调配。根据实际需要，改变员工的岗位职务、工作单位或隶属关系的人事变动，以保证将员工使用在企业最需要的地方。⑤职务升降。通过绩效评价，对工作绩效优异者晋升职务。⑥员工的退休、辞退管理。

### 6.1.2　确定员工劳动组织

通过员工任职资格的确认工作，一批员工即将走上工作岗位。根据合理分工与协作的原则，人力资源管理部门应该正确配备劳动力，合理确定工作量，节约劳动力的使用，不断提高劳动生产率。

1．确定劳动定员

**重点名词 6-3　劳动定员**

劳动定员是指根据企业已定的产品方向和生产规模，在一定时期和一定的技术组织条件下，规定企业各类人员的数量界限和质量标准。定员是企业实现分工协作、明确岗位职责的重要手段，也是企业内部劳动力调配的主要依据。

（1）确定劳动定员的原则。人力资源管理部门确定企业劳动定员的原则主要包括：①既要考虑到现实的技术和组织条件，又要充分挖掘劳动潜力，将定员建立在采用先进工艺技术和发挥职工潜能的基础上；②参照主管部门下达的定员标准，并与同行业的先进水平和本企业历史先进水平进行比较，保持其平均先进性；③处理好不同人员之间的构成比例，包括合理安排基本工人与辅助工人的比例、基本工人和辅助工人内部各工种间的比例、管理人员占职工总数的比例、固定职工和临时工之间的比例、女工占职工总数的比例等。

（2）制定劳动定员的标准。定员标准是指在一定生产技术组织条件下，对不同企业的同类型岗位人员制定的统一用人数量标准。定员标准可以为企业定员方案提供依据和作为主管部门考核企业定员水平的尺度，同时可以为新建和扩建企业的定员提供依据等。

定员标准的适用范围分为 3 类：①各行业通用标准，如劳动部门制定的企业食堂、托儿所、幼儿园工作人员标准；教育部制定的各类学校教员、职员、工人标准；卫生部制定的医护人员定员标准等。②部门或行业标准，这是定员标准的主要部分，其中以国务院主管部门制定的为主，地方主管部门制定的为辅。③企业标准，一般是企业结合自己的生产技术组织条件把行业定员标准具体化，只适用于本单位。

企业制定定员标准的要求是：定员水平要先进合理，有科学依据；计算口径和计算方法要统一；形式尽可能简化；各项内容要协调；有关工种名称、岗位划分、工作范围、技术要求等应与其他有关的技术标准、工艺规范等规定一致，以保持标准之间的协调统一。



（3）确定劳动定员的方法。确定劳动定员的具体方法有劳动效率定员计算法、设备定员计算法、岗位定员计算法、比例定员计算法和职责定员法。

**例 6-4　劳动效率定员计算法**

某公司销售一部 2013 年的销售任务是 100 万元，假设该公司销售人员的年劳动效率为 10 万元/人年，出勤率为 100%。那么，该公司销售一部的定员人数应为

定员人数=工作任务/（生产效率×出勤率）=10（人）

**例 6-5　设备定员计算法**

某企业有设备 100 台，需要连续运转。每台机器分 4 班看管，每位工人看管机器的定额为 3 台，员工出勤率为 90%。那么，该企业的定员人数应为

定员人数=（设备台数×每台设备看管班次）/（看管定额×出勤率）≈148（人）

**例 6-6　岗位定员计算法**

某企业流水生产线需要 10 个岗位共同操作，该设备连续 24 小时运转。实行三班制，每个班次为 8 小时。假定每个员工在一个班次因生理所需时间为 1 小时。那么，该生产线的定员人数为

定员人数=共同操作的各岗位生产工作时间总和/（工作班时间−休息和生理所需时间）
=（24×10）/（8−1）≈36（人）

**重要信息 6-2　企业劳动定员的范围**

企业劳动定员的范围包括企业进行正常的常年性生产所需要的全部职工。企业的全部职工的工作岗位可以划分为几类，即工人、学徒、营销人员、工程技术人员、管理人

员、服务人员、其他人员。

（1）工人包括基本生产工人（直接从事产品制造的工人）和辅助生产工人（从事各种辅助性工作）。

（2）学徒是指在熟练工指导下，在生产劳动中学习生产技术，享受学徒工待遇的人员。

（3）营销人员是指直接从事产品销售的有关人员。

（4）管理人员是指在企业组织机构及生产车间从事行政、生产、经济管理工作的人员。

（5）工程技术人员是指担负工程技术工作并具有工程技术能力的人员。

（6）服务人员是指为生产服务或者间接为生产服务的人员。

（7）其他人员是指以上6类以外的人员。

企业定员不包括为外单位培训的准备输送的后备人员，也不包括为临时性生产和工作所招用的人员。

2. 确定劳动定额

**重点名词 6-4　劳动定额**

劳动定额是劳动者在一定的生产技术条件和合理组织劳动的基础上，完成某项工作而预先规定的活劳动消耗量的标准。

劳动定额是企业管理中的一项基础性工作。工时定额（亦称时间定额）和产量定额（亦称工作量定额）是两种基本类型。前者规定单位工作量所需要的时间；后者规定单位时间内必须完成的工作量。两种定额互为倒数关系，并以劳动时间作为衡量劳动量的尺度。此外，还有服务定额（规定服务项目和数量多少的定额）、看管定额（规定看管设备数目多少的定额）、销售定额（规定完成销售额多少的定额）和设计人员的设计定额等。

确定劳动定额的具体方法有技术测定法、比较类推法、经验估工法、统计分析法等。

### 6.1.3　赋予员工职责

经过任职资格认定的员工，人力资源管理部门按其具备的能力与招聘、培训的目的和效果将其分配到企业的各个部门，并向员工颁发正式的任命书（聘书），任命书应写明职务的名称、工作内容、职责、权利、任用时间、考核方式等。员工接受任命之后，在规定的时间到岗并进入工作状态，开始其职业生涯。

员工开始工作后，人力资源管理部门便开始对员工的工作状态进行监督、考察，从中获取信息，作为对员工进行评价的依据。根据评价结果，人力资源管理部门作出人事决策，或向企业的决策层提出建议，进行人事调整。

**重要信息 6-3　员工使用的意义**

人力资源管理的目的就在于合理地使用人力资源，最大限度地提高人力资源的使用效益。员工使用在人力资源管理中居于核心地位，其重要意义表现在以下几个方面：①员工使用是人力资源管理的中心环节。②员工使用的情况决定了企业人力资源管理活动的成败。③员工使用对实现组织目标起着举足轻重的作用。④合理使用员工，利于减少企业的“内耗”。⑤合理使用员工有利于推进人力资源开发工作。

同步实训 6-1　员工使用认知

实训目的：加深学生对员工使用工作的认识。

实训安排：

1. 学生可以选择从网络上收集并分析一些企业劳动定员确定的方法。
2. 分析并体会员工使用就是“使合适的人去到合适的岗位”这句话的含义。

教师注意事项：

1. 由生活事例导入对员工使用的认识。
2. 提供一些员工使用的简单案例，供学生讨论。
3. 参观企业或提供其他相应学习资源。

资源（时间）：1课时、参考书籍、案例、网页。

评价标准：

| 表现要求 | 是否适用 | 已达要求 | 未达要求 |
| --- | --- | --- | --- |
| 小组活动中，外在表现（参与度、讨论发言积极程度） | | | |
| 小组活动中，对概念的认识与把握的准确程度 | | | |
| 小组活动中，角色扮演的精准度 | | | |
| 小组活动中，文案制作的完整与适用程度 | | | |

## 6.2　员工调配



任务提示

员工进入企业后，人力资源部门在进行监督、考察的基础上，需要对其工作岗位职务、工作隶属关系作出调整；员工出于自己的需要和抱负的实现，也会提出调整申请或要求。这种调整有企业内部门之间的调整，也有企业之间的调整。

在企业发展过程中，因发展目标、经营管理情境的变动以及员工个人的发展情况，会对一些员工的工作岗位职务、工作隶属关系作出调整。这项工作就是员工的调配，实际上是员工使用的进一步延续。人力资源管理部门的许多工作活动都是以调配方式来完成的。员工调配工作主要包括员工平调、员工晋升、员工降职和员工管理。

### 6.2.1　员工平调

重点名词 6-5　员工平调

员工的平调是指员工在企业内部同级水平的职务之间调动，包括企业内部不同单位之间以及单位内部不同职位（岗位）或职务（如工种）之间的变更。

员工的平级调动通常是内部人员的横向流动，是一种较常见的人员配置方式。一个企业可提供的晋升的职位毕竟是有限的，职位越高可用于晋升的职位就越少，多数人员只能在同级水平调动。当然，平级调动可能是为了使员工对不同工作有更大范围的了解，或是为员工获得进一步晋升所需的经验而做的特别安排。例如，职工被调任到一些业务更加繁杂、重要的岗位，平调之人也有受重用之感，从而激发其工作积极性。与之相反，也可能是对员工的一种变相降职处理，如将重要岗位的员工调整到一般的岗位上去。

员工平调的关键是确定哪些人可以调动，人员的调动的依据是资历和业绩两个标准。一般企业希望根据员工的能力大小安排平调，而员工更愿意依据资历深浅调动工作。

1. 收集员工平调信息

人力资源部门在进行员工平调之前应该广泛收集相关信息，如员工个人的发展状况、表现、个人意愿、考核评价结果，员工所在班组的定员情况、劳动定额完成情况，以及班组对员工个人的评价等。

2. 制定员工平调方案

员工平调一方面应该考虑企业发展目标和经营目标的实现，另一方面应该考虑企业内容班组的人员组成和绩效情况，同时还应该注意到员工自身价值和需求的实现。所以，在制定员工平调方案时，一定要精心筹划、合理安排。

员工平调方案一般包括以下内容：调整原因、拟调整员工情况、拟调入单位情况、调出单位情况、调整计划安排。

**例 6-7　青岛啤酒的用人之道**

青啤公司“合适的人干合适的事”的用人之道，包容了员工更多的个性化特征，让每一个员工都能找到施展才华的舞台，让员工快乐地工作。青啤文化中“合适的人干合适的事”的人才观确定了青啤公司的“用人”哲学。该公司用人不求全责备，不求完人，只用能人。青啤公司总裁金志国始终相信“人为先，策为后”，他说：“让合适的人做合适的事，远比开发一项新战略更重要。”

3. 组织员工平调工作

在制定好员工平调方案之后，人力资源管理部门应做好以下几项工作：首先，与员工个人以及相关部门进行沟通协调，以使平调工作取得较好的开端；其次，人力资源部门出具调动命令，督促相关人员按照规定时间进行工作交接，并及时进入新的工作岗位；第三，人力资源部门将员工平调工作的相关表格、文案归档。

**重要信息 6-4　员工平调管理的原则**

（1）用人所长。对多数员工来讲，发挥自己的业务专长是其最大的愿望，而无用武之地则成为他们最大的苦恼。

（2）因事设人。因事设人是根据职位或职务对人员素质、能力的需要，挑选合适的人去担当。相反，因人设岗则偏离了组织目标，也离开了“事”的需要，是一种不正常的人事变动，对组织是十分有害的。

（3）协商一致。人事调配涉及面广，变动一个人的工作岗位，除了调出、调入单位的领导外，有时还牵涉到三四个人的工作连锁变动。因此，在调配过程中，应贯穿深入、细微的思想工作，做好各方意见的沟通，使各方基本满意，否则将影响部门与部门、人与人之间的正常关系。

（4）照顾差异。人与人之间在生理、心理、能力等各方面千差万别，适当考虑和细心照顾这些差异是搞好因才适用、人员调配工作的重要方面。

（5）应对调配有明确的管理规定。它包括在组织要求调动时，应给员工多长时间的准备，组织支付调动费用的条件及支付方式和支付金额；在员工提出调动的情况下，员工应该提前多长时间通知组织，组织应该在什么时间范围内批复员工的调动申请。这样，组织和员工就可以将调动造成的损失降低到最小，并且可以使组织避免由于调动可能带来的法律诉讼。

### 6.2.2 员工晋升

**重点名词 6-6 员工晋升**

晋升是指企业员工由原来的岗位上升到另一个较高的岗位。对员工来说，晋升是一种成就，使其具有更高的职业工作地位并承担更重的责任，同时也为其带来了更高的薪资福利。组织管理层常常利用晋升来激励员工。

企业员工晋升的种类按职务和职等变化分为以下 4 种：职务晋升，职等不变；职等晋升，职务不变；职务职等同时晋升；资格晋升。

人力资源管理部门在员工晋升管理中应做好以下工作：

**1. 员工晋升准备**

人力资源管理部门首先应会同企业内部各部门进行晋升前的筛选准备工作，如确定需晋升的岗位、人数、要求（包括性别、年龄、学历和工作经验），拟定日程安排，编制笔试问卷和审核纲要，成立审核小组，准备相关表格资料；同时，还应接受企业内部各部门通过员工推荐、员工自荐或部门提名等形式推选出的工作绩效优异人员名单。

**2. 员工晋升考核**

人力资源管理人员会同企业各部门对推选人员进行综合能力分析，包括员工品行分析、生产部门业务能力分析、团队协作能力分析等。然后，组织这些人员参加考核。考核可以分为 3 次，经考核合格后，人力资源管理部门还可以组织进行面谈，最终确定待晋升人员名单。



**重要信息 6-5 员工晋升的制度与程序**

**1. 晋升的主要制度**

（1）岗位分类制度。明确规定各个岗位对人员资格条件的要求，资格条件不具备的人，就不能在这一岗位任职。

（2）任期目标责任制。根据不同岗位的职责要求，明确规定每一个任职者在任期内必须达到的工作目标。达到工作目标的，继续留任；超过工作目标的，应该晋升其职务；达不到工作目标要求的，说明不能适应该岗位要求，应该降低其职位。

（3）考核制度。没有考核制度就不可能真正了解员工的能力和与岗位要求相适应的程度，晋升也就失去了依据。因此，必须建立起严格的考核制度，运用科学的考核方法，定期或不定期地对员工的德、能、勤、绩进行全面考核，并以考核结果作为员工晋升的依据。另外，在监督、工作福利等方面，也应制定相应的规章制度，以利于克服员工的心理障碍。

**2. 员工晋升的程序**

（1）部门主管提出晋升申请。部门主管根据部门发展计划，预测需要增补的岗位，然后根据本部门岗位空缺情况，提出晋升申请。

（2）人力资源管理部门审核、调整各部门提出的晋升申请。审核内容有：部门的发展计划是否可行；部门内员工辞退、辞职人数是否属实；晋升员工是否符合晋升政策。人力资源管理部门在审核的基础上，根据各部门的岗位空缺情况，调整各部门的晋升申请。

（3）提交岗位空缺报告。调整各部门的岗位晋升申请后，人力资源管理部门提交岗位空缺报告。岗位空缺报告应该说明企业内空缺岗位名称、空缺原因、空缺人员数量及候选人名单和情况介绍等。

（4）选择合适的晋升对象。选择依据和标准包括工作绩效、工作态度、能力、适应性、品德、资历等。

3．员工晋升决策

人力资源管理部门会同企业各部门根据考核评审结果确定待晋升人员名单，对其进行岗前工作技能和管理能力的培训。经培训合格后，确定晋升人员名单，上报总经理审批，审核后向中选人员发出晋升通知，向落选人员发辞谢鼓励通知。

**重要信息 6-6　员工晋升的意义**

（1）可以保持人与事科学结合。随着企业的发展，原有岗位对人员资格条件的要求在不断变化，新职务不断涌现，需要符合要求的人员及时予以补充。同时，人的能力也是发展变化的，有的人通过一定时间的工作和学习，可能具备适应更高岗位的能力。无论是基于岗位的需要，还是充分发挥员工能力的目的，都可以通过晋升来达到人与事之间的再度科学结合。

（2）可以激励员工开发自我。晋升或者降职能够引进竞争机制，做到能上能下，不仅能够有利于各个职位的择优用人，而且有利于形成发现人才、鼓励先进、鞭挞后进的作用，激励员工积极工作，不断提高工作能力，积累经验，做出成绩，在实现组织目标和职位要求的同时，实现个人价值。

（3）可以使企业员工队伍保持活力。企业员工队伍的活力，取决于两个基本因素：合理的知识结构和合理的年龄结构。为了经常保持企业员工队伍强盛的活力，必须根据企业的需要，选择、吸收和提拔有相应专业知识的年轻优秀员工，不断调整队伍的知识结构和年龄结构。有较高专业知识、能胜任高职位要求的，要大胆晋升。缺乏必要的专业知识、不能胜任现职要求的，坚决调下来。只有这样，才能优化队伍配置，不断提高企业员工的整体素质。

### 6.2.3　员工降职

**重点名词 6-7　员工降职**

降职是指从原来高职位降低到低职位，降职的同时意味着削减被降职人员的工资、地位、权力和机会。从一般意义上看，降职是一种带有处罚性质的管理行为。因此，相对于晋升，降职对被降职员工和其所在团队的影响更大。

作为一种带有处罚性质的管理行为，降职影响到被降职员工的切身利益，甚至会打击其自尊心。降职通常使一个人的情绪激动，感到失去了同事的尊重而处于尴尬、愤怒、失望的状态，生产效率可能进一步降低。所以，人力资源管理部门在处理员工降职问题时，应该慎之又慎。

1．核实降职情形

当出现以下一些情形时，人力资源管理部门可以准备对员工进行降职处理：由于组织机构调整而精简工作人员；员工不能胜任本职工作，调任其他工作又没有空缺；员工违反了企业规章，按照惩罚条例对员工进行降职；员工身体健康原因等。

**2．拟订降职处理方案**

首先由企业内部用人部门提出降职申请，报送人力资源管理部门，然后人力资源管理部门核实相关情形后，根据组织政策和各部门主管提出的降职申请，拟定出员工降职处理方案，进行员工调整，最后呈请主管人事的上级核定。

降职审核权限一般为：总经理、副总经理的降职由董事长裁决，人力资源管理部门备案；各部门经理级人员的降职由人力资源管理部门提出申请，报总经理核定；各部门一般管理人员降职由用人部门或人力资源管理部门提出申请，报经理审核，由总经理核定；各部门一般员工的降职由用人部门提出申请，报人力资源管理部门核准。

**3．降职处理的通知**

凡核定降职人员，人力资源管理部门都要发布员工变动通知，并以书面的形式告知本人。企业内各级员工接到降职通知后，应于指定日期内办理移交手续，履行新职，不得借故推诿或拒绝交接。此外，降职时员工的各种劳动报酬由降职之日起重新核定。如果被降职的员工对降职处理不满，可向人力资源管理部门提出申诉，但未经核准前不得擅自离开新职或怠工。

**重要信息 6-7　员工降职管理注意事项**

员工降职管理应注意以下事项：

（1）人力资源管理部门在采取降职措施时应该慎重审核，不轻易动用降职手段。

（2）应该征求本人的意见，努力维护当事人的自尊心，强调当事人对组织的价值，使其保持一种积极的心态。

（3）如果由于员工本人工作原因确实需要降职处理时，也不能“一棍子打死被降职的员工”，要让其感到只要努力工作，仍然有希望恢复到原来的岗位或级别。

（4）对于确实不能胜任工作岗位，甚至由于品德等原因对该岗位工作产生破坏作用的员工，要坚决降职。



### 6.2.4　员工管理

要做到合理、科学地使用员工，人力资源管理部门必须清楚地了解和掌握每位员工的基本情况和特点，必须熟悉每个工作岗位的任职要求，并把两者有机组合在一起，这就是员工管理。这里的员工管理主要是企业对员工精神方面的管理，如员工需求管理、员工价值体系管理和员工保护。

**1．员工需求管理**

人力资源管理部门应会同企业内部用人单位，共同做好员工的需求管理工作。不但要观察员工的工作行为，还要注意多与员工进行沟通，特别是管理沟通，认真听取员工对公司管理和部门管理建议，了解员工的思想动态。利用沟通机会，管理者可以及时了解员工的实际工作状况，员工也可以了解到管理者的管理思路和计划，以便促进管理者与员工之间的相互了解和信任，提高管理的穿透力和效率。

员工需求管理工作应该使员工清晰地获得如下感知：①在工作中，我知道公司对我有什么期望；②我的工作职责、职权范围及与他人的工作关系；③在工作中，我有机会做我最擅长做的事；④我出色的工作表现得到了承认和表扬；⑤在工作中，有人来关心我；⑥在工作中，有人跟我谈过我的进步；⑦有人常常鼓励我向前发展；⑧我在工作中有机会学习和成长等。

**管理借鉴 6-1　索尼公司的人尽其才**

日本索尼公司管理者认为，一个人老待在一个地方，会因成功过于自信而失去创造力；而不安于现状、不墨守成规，敢于在各岗位之间跳来跳去的人，最具创新精神，能激发竞争。他们推行一种独特的用人制度，即允许并鼓励科技人员根据自己兴趣和特长，“毛遂自荐”去申请各种研究课题和开发项目；允许他们在各部门、各科研组之间自由流动，各部门领导不得加以阻拦，从而增强了科技队伍的活力。34岁的工程师平山，“毛遂自荐”到英国考察后，成功开发了笔记本电脑。这种灵活的用人制度，使许多科技人才脱颖而出，并担任了公司的重要职务。

【讨论】索尼公司的人力资源管理策略。

### 2．员工价值体系的管理

价值体系就是指一个人用什么样的态度去处理身边发生的事情，在心目中哪些事情是次要的，哪些事情是重要的。人力资源管理人员首先应该对员工价值体系进行识别，尽快了解员工的价值体系；其次，人力资源管理人员应该在尊重员工的现有价值体系基础上，积极用企业文化引领员工养成良好的工作习惯，培养工作的责任心，将公司所追求的价值体系明确告诉员工，可以使其更加明确工作的目标和方式，并能使员工认真地检查自己的价值体系与公司倡导的价值体系的差别，从而促使员工价值体系提升。



**管理借鉴 6-2　福特公司的人情化管理**

在福特公司，现已形成一条不成文的宗旨：尊重每一位职工。这个宗旨就像一条看不见的线，贯穿于福特公司管理企业的活动，同时也贯穿于企业领导的思想。这个基本信念对于其他任何企业领导来说都是不能忘记的，不但不能忘记，而且还应该扎扎实实地将它付诸实施。

福特认为，生产率的提高纯粹在于人们的忠诚，在于他们经过成效卓著的训练而产生的献身精神，在于他们个人对公司成就的认同感，用最简单的话说，就在于职工及其领导人之间的那种充满人情味的关系。如果当职工找你来谈关于公司生产经营等方面的建议，或其他有关企业事宜，而被你拒绝的话，则会使他（她）的自尊心受到伤害，而对工作感到心灰意冷，最终影响企业劳动生产率。

【讨论】福特公司员工人情化管理的作用。

### 3．员工保护

根据马斯洛的需求理论，人都有生理需求和安全需求，如果这些基本需求不被满足，很难说员工会有追求其他需求的欲望。员工保护包括4个方面：身体健康保护、心理健康保护、生活条件保护和工作目标保护。

**重要信息 6-8　员工调配的意义**

员工调配工作具有以下意义：

（1）员工调配是实施人力资源计划的重要途径。人力资源规划中确定的人员培训和变动方案，都需通过人员调配来实现。只有通过调配，才能按照人力资源结构合理化的要求，进行人员的优化组合，提高人力资源开发水平和使用效益。

（2）员工调配是实现组织目标的保证。组织的环境、目标和任务的不断变化带来员工岗位、职位的数目和结构的变化。只有不断地进行人员调配，才能适应这些变化，维持正常组织运转，使组织可持续发展。

（3）员工调配是激励员工的有效手段。人员调配包括职务的升降和平行调动。合理的员工调整，可以从不同方向激励员工。晋升能使其产生较强的成就感、责任感和事业心；平调会使员工产生一种新鲜感，从是高工作积极性；降职是负激励，能使员工更严格地遵守规章制度。

（4）员工调配是人尽其才的手段。员工的才能、风格、知识之间存在着互补效应，只有把能够互补的员工及时地调整到最适合的岗位、职位上，才能扬长避短，充分发挥其潜能。

（5）员工调配是融合组织内部人际关系的措施之一。由于性格、工作方式、工作思路的不同，或利益问题上的争议，企业上下级之间、员工相互之间经常会发生矛盾。通过人员调配可以扭转不良风气，改善人际关系气氛，优化工作环境。

**同步实训 6-2　员工调配认知**

实训目的：加深学生对员工调配工作的认识。

实训安排：

1. 学生可以选择员工调配管理的方式之一，讨论其与员工积极性的关系。
2. 分析并体会员工调配对于组织用人的意义。

教师注意事项：

1. 由生活事例导入对员工调配的认识。
2. 提供一些员工调配的简单案例，供学生讨论。
3. 参观企业或提供其他相应学习资源。

资源（时间）：1 课时、参考书籍、案例、网页。

评价标准：

| 表现要求 | 是否适用 | 已达要求 | 未达要求 |
| --- | --- | --- | --- |
| 小组活动中，外在表现（参与度、讨论发言积极程度） | | | |
| 小组活动中，对概念的认识与把握的准确程度 | | | |
| 小组活动中，角色扮演的精准度 | | | |
| 小组活动中，文案制作的完整与适用程度 | | | |

## 6.3　员工流动管理

**任务提示**

员工流动可以分为流入、内部流动和流出 3 种形式。内部流动工作已在前面完成，本任务主要工作包括 3 个部分：①员工流入管理；②员工流出管理；③员工流失管理。

员工流动管理是指从整个社会资本的角度出发，对人力资源的流入、内部流动和流出进行计划、组织、协调和控制的过程。员工流动管理的目的是确保组织人力资源的可获得性，满足组织现在和未来的劳动力需要和员工的职业生涯发展需要。从广义上来看，员工的流动管理属于整个社会的员工调配。

## 6.3.1 员工流入管理

作为人力资源管理部门一项常规的具体工作，员工的招募、筛选和录用这一过程构成了员工的流入。那么，放大视角，从整个社会、从整个企业的角度，做好员工流入的管理工作也是企业人力资源管理中一个不可忽视的环节。

在员工流入管理活动中，人力资源管理人员应做好以下工作：

**1．树立大视角管理理念**

在企业飞速成长过程中，社会源源不断地为企业提供着劳动者，为企业目标的实现奠定了坚实的人力资源基础。作为企业的人力资源管理部门，在员工流入管理中应该树立社会意识，从更大的视角出发，做好员工流入工作。例如，尊重社会成员共同遵守的价值观和行为规范，勇于承担社会责任；超越把利润作为唯一目标的传统理念，强调在生产过程中对人的价值的关注，对消费者、对环境、对社会的贡献。显然，企业做好员工流入管理最直接的社会效益就是有助于解决就业问题。

**2．做好员工流入的过程管理**

在招聘准备过程中，适当要求应聘者具有多方面的技能和素质。在关注招聘成本的同时，不断拓展招聘渠道，用快速反应适应市场和企业需要。招聘中，应该确立招聘者和应聘者的共同利益关系，把企业的要求与员工的要求结合起来。

**3．树立企业良好的用工形象**

在激烈的市场竞争中，人力资源管理人员应该深入了解、观察、研究同行竞争对手的招聘技术和招聘战略，并借鉴对手的招聘方法，适当调整自己的招聘技术和方法。同时，注重在求职者心中和全社会塑造企业良好的用人形象，如善待自己的员工、拥有专业的招聘队伍等。

## 6.3.2 员工流出管理

员工流出管理是企业员工流动管理中最重要的组成部分。做好员工流出管理，采取有效措施保护企业利益，对企业有着十分现实的意义。

**1．员工自然流出管理**

员工自然流出主要是由于员工伤残、死亡或到达法定退休年龄等情况所致。其中，伤残、死亡属于意外或自然原因造成，而退休则是企业自然流出中更常见的形式。

在伤残、死亡属于意外或自然原因造成的员工管理中，人力资源管理部门应该做好以下工作：①协同有关部门做好员工安全教育工作；②及时足额为员工购买保险；③做好员工事故善后工作。

退休是指员工达到一定的年龄并为组织服务了一定年限的基础上，根据组织及政府一些规定享受退休金的一种自然流出方式。作为企业人力资源管理部门有义务为员工制定退休计划，使退休员工顺利地度过从工作状态赋闲在家的转型。退休计划主要包括各项社会保障福利、休闲咨询、健康咨询、心理咨询、财务与投资咨询、生活安排等。

2．员工非自然流出管理

员工的非自然流出包括解雇、开除和提前退休等情形。

解雇，也称辞退，就是依据法律规定的条件，解除组织与员工劳动合同关系的行为。开除则更严重一些，如员工违反规定、旷工或不服从管理等引起的解聘。人力资源管理部门在作出解雇决策时，必须严格遵循有关法律、法规，做好解释和适当的物质补偿工作，以尽量避免带来不良的社会影响。

提前退休是指员工没有达到国家法定退休年龄或企业规定的服务期限之前就退休，其目的往往是企业为了提高生产效率。员工突然提前离开组织和岗位，有被剥夺劳动权利的嫌疑，人力资源管理部门一定要慎重对待，严格按照相关政策做好解释、安抚和补偿工作。

### 6.3.3 员工流失管理

**重点名词 6-8 员工流失**

员工流失是指企业不愿意而员工自愿的流出。这种流出对企业讲是被动的，企业不希望出现的员工流出往往给企业带来特殊的损失，因而又称之为员工流失。员工辞职是员工的权利，但对企业有害，企业一般要设法控制和挽留。

在实践中，一些主动离开企业、自愿流出的员工，往往是已经或将要成为企业竞争优势的骨干人才。他们的工作更多的是依赖自身知识和能力，往往还掌握着一定资源，是众多企业争夺的对象。一旦离开，可能意味着大量商业信息和科技成果的流失，或者一个产品、一群客户甚至一片市场被带走。所以，做好员工流失管理工作非常重要。

1．借助相关法律限制员工流动

在招聘开始，人力资源管理部门就应该向应聘者宣讲《劳动法》《合同法》等一系列法律、法规的规定。根据国家法律的规定，完善、规范企业自身和辞职员工双方行为，使不合规范的员工流失受到强制性约束。

2．制定相关措施减少员工流失

为了减少员工的流动倾向，除了要为员工创造良好的环境，不断增加自身的吸引力外，还必须采取一定的措施加强对员工流动的管理，制定相关管理制度，特别是可以利用劳动合同规定，约束员工在一定期限内不能擅自离开企业，否则要承担违约赔偿。

**管理借鉴 6-3 方正公司的离职面试**

如何保持公司拥有一个永远健康稳定的团队，一直是困扰每个 IT 企业的难题。方正是如何解决这个问题的呢？方正没有“固定淘汰率”，保持团队稳定有“三保险”。

（1）无论对待辞职者还是被辞退者，方正人力资源部都会对他（她）做最后一次面谈，称为“离职面试”。

这样做的目的主要有：

① 表示公司对个人的一种尊重；

② 第三方人事经理可以直接从离职者那里了解一些情况，避免了一些沟通不足造成的误解。如果确实是公司做得不妥，公司也希望通过“离职面试”能够留下这些人。

(2) 方正对职业经理人也有相关培训，培训他们怎么来保持自己团队的稳定。

(3) 方正每年都要对离开公司的人做一些统计和分析，找出可能存在的一些共性问题，然后采取针对性政策去调整。

方正没有类似某些公司每年“固定淘汰率”那样的做法，但方正的员工激励体系中包含了淘汰的内容。

**【讨论】**方正公司“离职面试”的意义。

### 3. 完善机制留住优秀人才

“员工的心，企业的根。”员工是企业的根本，一个强大的企业来自于每个员工的支撑。只有员工以企业为家，真正成为企业这个大家庭的一分子，才能最大限度地发挥能量。人力资源管理部门应该在完善福利待遇制度的同时，做到物尽其用、人尽其才，激发员工的成就感，提高广大员工的归属感，营造和谐氛围。

**重要信息 6-9　影响员工流失的因素**

影响员工流失的主要因素有以下几个方面：

(1) 工资水平。一般情况下，工资水平是决定员工流失的最重要的因素。有能力的员工如果能够在市场中相同职位获得更高待遇的话，就很可能主动离职。

(2) 管理模式。国内外有关研究表明，组织的管理模式与员工的流失有密切的关系。企业各级领导者，特别是最高领导的不良管理风格和管理水平，导致员工强烈不满，是员工主动辞职的原因。

(3) 个人因素。个人因素通常包括员工个人职业理想与实际从事的工作不一致；实际工作给予个人的满足感不足；员工个人价值观念与企业价值观不同。

**同步实训 6-3　员工流动管理认知**

**实训目的：**加深学生对员工流动管理工作的认识。

**实训安排：**

1. 学生可以选择员工流动管理的方式之一，讨论其与员工积极性的关系。
2. 分析并体会员工流动管理对于组织用人的意义。

**教师注意事项：**

1. 由生活事例导入对员工流动的认识。
2. 提供一些员工流动管理的简单案例，供学生讨论。
3. 参观企业或提供其他相应学习资源。

**资源（时间）：**1 课时、参考书籍、案例、网页。

**评价标准：**

| 表现要求 | 是否适用 | 已达要求 | 未达要求 |
|---|---|---|---|
| 小组活动中，外在表现（参与度、讨论发言积极程度） | | | |
| 小组活动中，对概念的认识与把握的准确程度 | | | |
| 小组活动中，角色扮演的精准度 | | | |
| 小组活动中，文案制作的完整与适用程度 | | | |

## 小结

员工使用与调配
- 员工使用
  - 确认员工任职资格、确定员工劳动组织
  - 确定劳动定额
  - 赋予员工职责
- 员工调配
  - 员工平调、晋升
  - 员工降职、管理
- 员工流动管理
  - 员工流入管理
  - 员工流出管理
  - 员工流失管理

## 教学做一体化训练

### 一、重点名词

员工职业发展通道设计　员工任职标准　劳动定员　劳动定额　员工的平调　员工的晋升　员工的降职　员工流失

### 二、课堂讨论

1．企业员工使用的“人尽其才、人事相宜”。
2．企业员工调配中对员工人际关系的影响。
3．在员工调配中是否应追求“黄金搭档”“最佳拍档”。
4．员工流动管理中企业应承担的社会责任。
5．提高待遇就一定能够避免员工流失。

### 三、课后自测

#### （一）选择

1．劳动定员标准的适用范围分为（　　）3类。
   A．各行业通用标准，如教育部制定的各类学校教员、职员、工人标准
   B．部门或行业标准，这是定员标准的主要部分，其中以国务院主管部门制定的为主，地方主管部门制定的为辅
   C．企业标准，一般是企业结合自己的生产技术组织条件把行业定员标准具体化，只适用于本单位
   D．国际标准

2. 员工使用的内容包括（　　）。

A. 新员工的安置
B. 干部选拔、任用
C. 劳动组合
D. 员工调配
E. 职务升降
F. 员工的退休、辞退管理

3. 员工调配工作主要包括（　　）。

A. 员工的平调
B. 员工的晋升
C. 员工的降职
D. 员工的管理

4. 员工管理一般包括（　　）。

A. 员工需求管理
B. 员工价值体系管理
C. 员工保护
D. 员工的请、销假管理

5. 从整个社会角度看，员工流动管理是广泛意义上的员工调配，可以分为：（　　）。

A. 员工流入管理
B. 员工流出管理
C. 员工流失管理
D. 员工脱产培训

6. 造成员工流失的原因可能有（　　）。

A. 工资福利待遇低下
B. 企业管理粗暴、水平低下
C. 员工专业不很对口
D. 员工个人价值观念与企业价值观不同
E. 员工无法获得成就感

**（二）判断**

1. 员工任职资格确认是员工使用的必要步骤。（　　）

2. 工时定额规定单位工作量所需要的时间，产量定额规定单位时间内必须完成的工作量。两种定额互为倒数关系，并以劳动时间作为衡量劳动量的尺度。（　　）

3. 员工一般容易接受平调，人力资源管理部门不需做过多解释工作。（　　）

4. 降职通常使一个人的情绪激动，感到失去了同事的尊重而处于尴尬、愤怒、失望的状态，生产效率可能进一步降低。（　　）

5. 员工流失都是由于福利待遇过低造成的。（　　）

6. 员工忠诚度只有理论意义，现实生活中，企业人力资源管理部门也无能为力。（　　）

**（三）简答**

1. 员工使用有何重要意义？
2. 员工使用应遵循哪些原则？
3. 员工调配应遵循哪些原则？
4. 员工流动管理有哪几种方法？
5. 影响员工流失的因素有哪些？

6．员工流失管理应采取哪些方式？

**（四）案例分析**

### 麦当劳的人才使用

2011 年 4 月末，麦当劳中国宣布，2011 年在全国范围计划招聘超过 50 000 名员工，其中超过 1 000 个餐厅见习经理的岗位将直接面向应届大学毕业生。这意味着在一年时间内，麦当劳在中国的员工总数将增加 70%。

麦当劳曾经为一个词所困扰——McJob（麦工）。McJob 最早于 1980 年在北美出现，是由 McDonald 和 Job 两个词演变而成的，意为低收入、没前途的工作。无论是企业形象，还是商业利益角度，麦当劳都努力想让消费者知道："我们不只是一家卖汉堡的公司，更是一家以人为本的卖汉堡的公司。"

首先，最基层的员工需要的是鼓励和认可。因此，工作氛围的打造以及恰到好处的比赛项目设置与奖励是关键。2004 年，符永和刚刚拿到毕业证书便登上了去雅典的飞机。一年前他在麦当劳勤工俭学，通过全明星比赛赢得去雅典奥运村麦当劳服务一个月的机会。7 年后，符永和已经是一名餐厅经理，他的下一个目标是营运督导。

其次，有志于晋升的中低管理人员更看重的是发展空间。麦当劳在多个公开场合表示，50%的管理员工从内部晋升，而大部分的管理层都从最基层的工种做起。

最后，高管们需要更大的吸引力。这时跨国经营管理的机会则正中下怀。

了解员工心理需求的背后是激发员工的工作激情和潜能。毕竟相当一部分员工并不甘于长期原地踏步。而此时榜样的故事便成为那些努力中的员工一路向前最好的鞭策。

陈麒亦作为中国区的高管，他本人就是一个榜样。

"在许多人都通过更换公司的方式来获取职业发展机会的时候，我却在同一家公司实现了多元化发展，圆了职业发展梦想。"陈麒亦 1980 年作为餐厅员工加入新加坡麦当劳公司，从做汉堡包和烤面包开始，从一名普通餐厅员工起步，自新加坡调任中国，在餐厅营运、人力资源和培训等不同岗位上不断历练成长，经历了从经理到总监，到总经理等多种角色，成为了如今的麦当劳中国副总裁兼首席人员官。

除了精神激励和发展空间，还有一个不可缺少的硬件——培训体系。而这个需要砸入大笔真金白银。

1961 年，麦当劳全球第一所汉堡大学在美国伊利诺斯州正式成立。从此之后，汉堡大学成为了麦当劳的人才摇篮。2010 年，麦当劳中国汉堡大学落户上海，成为中国员工培训和发展的主要基地。到 2015 年，麦当劳中国汉堡大学计划总投资 2.5 亿元人民币，为超过 5 000 位本土管理人员提供运营管理及领导力相关培训。

谁都不否认中国市场拥有大把的机会。在经济快速发展的今天，国内很多企业都忙于觅才挖人，直接起用成熟人才似乎是快速扩张的一条捷径。而麦当劳则选择了一种看上去很缓慢的方式，大笔投资培训，基层招募，从内部培养。这是一个费力的过程。然而，麦当劳选择这条路的背后有着自己的商业逻辑。

至此，麦当劳用人的商业逻辑已经清晰地展现在我们面前。通过引导正面情绪和追求，大量内部晋升，最终获得更大收益和忠诚。

（资料来源：第一财经日报 2011.5.19）

阅读以上材料，回答问题：

1. 概括麦当劳的员工使用策略。
2. 麦当劳怎样做员工发展通道设计？
3. 你还可以给其用人之道做哪些补充？

## 实践项目　认识企业员工使用管理

**活动目的：**组织企业座谈会，了解其员工使用管理，认识其工作过程。

**活动安排：**

1. 教师与校外基地接洽，进入企业。
2. 学生分组，分赴人力资源管理岗位，实地了解企业人员使用管理工作并写出报告。

**教师注意事项：**

1. 讲解工作要点。
2. 检查学生分组是否合理。
3. 组织学习资源的调配。

**资源：**课后4课时、网页、参考书、基地企业。

**评价标准：**

| 表现要求 | 是否适用 | 已达要求 | 未达要求 |
| --- | --- | --- | --- |
| 小组活动中的工作表现（参与度、讨论发言） | | | |
| 整个职业工作过程的表现（概括、发现） | | | |
| 对整体职业工作任务的认识与把握 | | | |
| 完成任务过程知识与经验的运用 | | | |

## 学生自我工作总结

通过完成“任务6　员工使用与调配”，我能够作如下总结：

**一、主要知识**

完成本任务需了解的主要知识点为：

1. ------------------------------------------------
2. ------------------------------------------------

**二、主要技能**

完成本任务需掌握的主要技能有：

1. ------------------------------------------------
2. ------------------------------------------------

**三、主要原理**

完成本任务涉及的管理原理有：

1.

2.

## 四、相关知识与技能

本任务的完成过程:

1. 员工使用的原则是:
2. 员工调配工作包括:
3. 员工流动管理的要求是:

## 五、成果检验

本任务的成果:

1. 完成本任务的意义有:
2. 学到的经验有:
3. 自悟的经验有:
4. 你认为员工使用与调配对人力资源管理工作的意义是:

# 任务 7 >>>

# 员工绩效管理

## 任务描述

员工绩效管理就是对员工在工作过程中表现出的工作业绩、工作能力和工作态度进行沟通、考核、评价，以此作为人力资源管理工作其他环节的依据。这项工作的内容有：根据岗位要求，制定员工绩效计划，组成绩效考核人员，组织实施员工绩效考核工作。将考核结果汇总分析，形成结论后，与被考核人员进行沟通，以促进员工绩效问题的改进。

## 学习目标

### 知识目标

- 能认识员工绩效的含义。
- 能认识员工绩效计划。
- 能认识员工绩效评价的程序。

### 能力目标

- 能认识员工绩效管理的意义。
- 能认识员工绩效管理与其他职能的关系。
- 能够对员工绩效管理工作有整体认识。

## 任务导入

在企业经营活动中，人力资源管理部门将经职业资格认定的员工分配到工作岗位上去后，为了确保员工的工作活动以及工作产出能够与企业目标相一致，人力资源管理部门需要对员工在工作过程中表现出来的工作业绩、工作能力、工作态度及个人品德等进行随时的沟通和定期的评价。以此来判断员工表现与岗位的要求是否相符，起到激励员工的作用。

## 任务解析

根据人力资源管理职业工作活动顺序和职业教育学习规律，“员工绩效管理”任务可以分解为以下子任务：

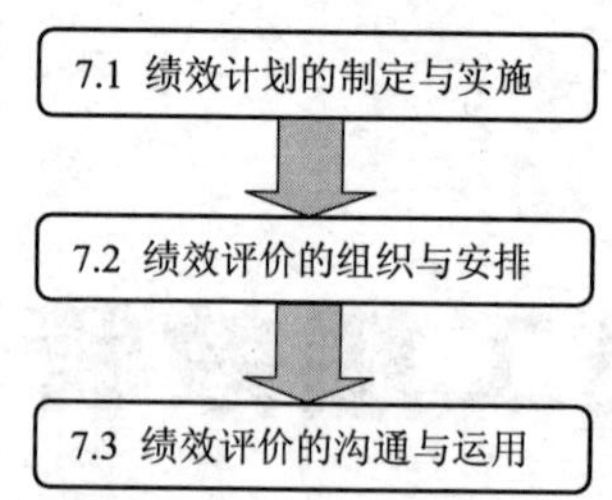


**管理故事**

我们的第七个故事还是回到四大名著之一的《水浒传》。话说宋江在指挥了几场胜仗之后，认为时机已经成熟，有必要总结一下工作，按照自己的想法进行组织建设。于是，就有了著名的“梁山泊英雄排座次”的故事。

可是，如何根据好汉们的绩效贡献来排座次呢？虽然前几位的次序大致可以确定，但后面的排序要想弄清楚，考试、总结功过恐怕就会惹来诸多纷争。如果操作失当，就会造成组织的动荡。这个典型的绩效评价问题，想必是让宋江非常棘手。于是，才有了书中“忠义堂石碣受天文，梁山泊英雄排座次”的一幕。有了这“天书”撑腰，宋江才为这次绩效排序定了调，“众头领各守其位，休再争执，不可逆了天言！”各路英雄也连忙表态，“天地之意，物理数定，谁敢违拗？”但我们更相信，宋江是这场戏的幕后策划者，他一定是认识到绩效评价是如此之难，所以才巧妙地回避了它。既然说不清楚，就让老天爷去定吧，大家也就不好再说什么，这个棘手问题也就算是解决了。

**【管理感悟】**绩效考核是现代组织不可或缺的管理工具。《水浒传》毕竟是戏说历史，可以凭借作者丰富想象力来低成本、低风险的解决绩效评价难题。但在史书记载的历史事件中，我们都看到组织管理者在绩效评价方面付出了巨大的努力。其中，既有充满智慧的光芒闪烁，又有力不从心的局促和危机。

## 7.1 绩效计划的制定与实施

**任务提示**

绩效管理工作主要包括确定绩效评价要素、制定绩效评价标准、选择绩效评价方法、组建绩效评价组织和确定绩效评价时间。制定绩效计划是绩效管理活动的开始。

绩效管理是指有效管理员工，以确保员工的工作行为与产出能够和企业目标保持一致，进而促进员工和企业共同发展的过程。绩效管理一般包括以下工作步骤：绩效计划的制定、绩效的实施、绩效的考核、绩效的反馈。可以看出，绩效评价只是绩效管理工作中的一个环节。

绩效计划的制定与实施需要做好以下工作：

### 7.1.1 确定绩效评价要素

**重点名词 7-1 员工绩效**

员工绩效是指员工在工作过程中所表现出来的与企业目标相关并且能够被评价的工作业绩、工作能力和工作态度。其中，工作业绩是指工作的成果，工作能力和工作态度是指工作的行为。

绩效评价计划要素一般包括以下内容：

**1. 设定评价目的**

评价目的一般为全面了解每个员工的素质水平、在实际工作中的行为表现、真实绩效以及工作潜力，保证人力资源管理的基本决策正确。

**2. 选定考核主体**

考核主体一般为企业组织、股东、董事、监事、CEO、人力资源管理部门、人力资源经理及各有关主管经理、一般员工及外部利益相关者。

**3. 确定考核对象**

考核主体为企业的全部在岗员工，包括 CEO、各级经理、一般员工。严格说来，董事、董事长、监事等也应该接受相应考核。

**4. 确定考核内容**

考核内容包括工作行为、工作态度、工作结果等方面。工作行为考核主要对具体职务所需要的基本能力以及经验性能力进行的测评；工作态度考核是指对工作热情和工作积极性方面所进行的考评；工作成果考核是对每个职工在担当本职工作、完成任务中所取得的成果进行的测评。

根据考核目的和考核对象的不同，考核内容会有所不同。

**5. 考虑其他因素**

其他要素包括考核时间、地点、考核方法与工具、考核活动过程组织、考核结果与考核结论使用等。

**重要信息 7-1 员工绩效的特点**

员工的工作绩效是由多种因素决定的，其中主要有技能、机会、激励、环境等因素。分析表明，绩效考评具有多因性、多维性和动态性的特点。

多因性特点是指形成工作绩效的原因是多方面的，如本人的技能和激励状态、外在的环境因素和机遇等。这就要求进行绩效考评时必须综合考虑取得工作绩效的多方面因素，全面分析评价绩效的效果与效率。

多维性特点是指考评要从多方面切入，不能只从某个角度、某个标准、某一方面来评价。正是由于这个显著的特点，设计考评标准和指标体系时就要全面、客观、准确，并具有针对性和代表性。

动态性特点是指考评不能只看一时一事，而是要全面把握，要历史地、发展地分析与评价。比如，有的人去年考评一般，今年考评成绩却可能比较突出，说明进步快；有的人始终如一，保持了高绩效；有的人去年绩效非常优异，今年绩效有可能降低了。所以，绩效考评应当是动态性的考评。

重点名词 7-2 绩效评价

绩效评价是指对员工的工作行为和工作成果作出的考核和评价。评价的要素包括工作态度、工作表现、工作数量、工作质量、工作效率和工作能力等方面。从动态和静态角度看，绩效考评分为结果考评和过程考评（过程监控）；从定性和定量角度看，绩效考评分为定性考评和定量考评。

### 7.1.2 制定绩效评价标准

绩效标准就是按照各个岗位的工作性质和要求而制定的标准。绩效标准应具有完整性、协调性、比例性等特征。制定绩效考核标准一般应进行以下工作：

**1. 工作再分析**

通过先前的工作分析，岗位工作内容及要求已经确定下来。但是，在进行员工绩效评价的时候，往往会发现有些工作要求太粗放，不具有可操作性，难以直接用于评价员工的工作表现。这时，就需要对岗位工作进行再分析。根据考核的目的，对被考核对象所在岗位的工作内容、性质、完成这些工作所应履行的工作职责和应具备的能力素质、工作条件等进行研究，确定出一些实际的、可测量的、容易理解的绩效考核指标。当然，为了减少管理成本，企业根据经营目标，只选择那些对企业至关重要的岗位职责作为绩效考核指标。

**2. 理论验证**



评价人员根据绩效考核的基本原理和整体设计，对所制定的绩效考核指标进行论证，使其具有一定的科学依据。

**3. 组织绩效沟通**

绩效管理中的沟通是非常重要的，不管是目标建立过程的绩效沟通，还是绩效实施过程中的沟通，甚至还是绩效评价时候的绩效沟通，都非常重要。

这里的沟通指的是目标建立过程中的沟通。根据工作分析结果，运用绩效考核指标体系设计方法，进行指标分析，最后确定绩效考核指标体系。在进行指标分析和指标体系确定时，通过运用问卷调查、文案研究法、访谈法等多种方法，管理人员应该与员工进行广泛的绩效沟通，使指标体系更加准确、完善和可靠。有时，为了使指标体系更趋合理，还应对其进行多次修订。

**4. 确定评价标准**

评价指标体系确定之后，就可以设定评价标准。一般来说，指标指的是从哪些方面评价工作，解决“评价什么”的问题；而标准指的是在各个指标上分别应该达到什么样的水平，解决“被评者怎么做、做多少”的问题。另外，评价标准一般分为绝对标准和相对标准。

**例 7-1 绝对标准**

企业中员工的文化程度、出勤率和生产中的废品率等。这些标准是以客观事实作为依据的，不以考核者或被考核者的个人意志为转移。

**例 7-2 相对标准**

企业绩效考评中，规定每个车间 5%的员工可以被评为先进。在这一标准下进行评价，就只能采取员工之间相互比较的方法，每个员工既是被比较对象，也是被比较尺度。

**重要信息 7-2 绩效评价标准的类型**

（1）数量标准与质量标准。例如，年产量（100 万件）、产值（1 亿元人民币元）、销售量（80 万件）等指标都是数量标准，用来衡量工作量的大小；产品合格率（98%）、安全事故率（0.1%以下）等是质量标准，用来衡量工作优劣程度。

（2）财务性标准与非财务性标准。例如，利润额（1 000 万元）、利润率（1%）、资金周转速度（4 次）等属于财务性标准，是指用来衡量企业财务状况的有关指标；客户满意度（95%）、员工出勤率等是非财务性标准。

（3）实时性标准与阶段性标准。用来衡量每天工作成果的指标称为实时标准，如车间每天平均生产商品 300 件、每天耗电不超过 10 000kW·h 等属于实时标准；用来衡量一定阶段工作成果的指标称为阶段性标准，如年产量（100 万件）、月接洽客户（50 家）等都是阶段性标准。

（4）投入性标准、产出性标准与投入产出标准。例如，购买原料投资不超过 80 万元、更新加工设备投资不超过 30 万元、新招聘工人不超过 20 人等，属于投入性标准，是用来衡量资源投入的指标；年产量不低于 100 万件、产值不低于 1 亿元和产销率不低于 80%等属于产出性标准，是用来衡量产出效率的指标；如投资收益率（30%）、资产报酬率（5%）等属于投入产出标准，是用来衡量投入产出效果的指标。

（5）单位标准与个人标准。例如，车间的日产量（300 件）是单位标准，车间工人的产量定额（2 件）就是个人标准。



### 7.1.3 组建绩效评价组织

#### 1. 成立考评管理委员会

考评管理委员会由企业一级的领导和人力资源部负责人组成，领导本企业的考评工作。例如，由总经理、各副总经理、总工程师、总会计师、总经济师、总管理师、人力资源部部长组成公司考评管理委员会。该委员会的主要职责是：最终考评结果的审批；中层管理人员考评等级的综合评定；员工考评申诉的最终处理。

#### 2. 人力资源部门负责考评日常工作

人力资源管理部门是负责考评工作的具体组织执行机构，其主要职责包括：对各部门各项考评工作的培训与指导；对各部门考评过程进行监督与检查；汇总统计考评结果；协调、处理各级人员关于考评申诉的具体工作；对各部门季度、年度考评工作情况进行通报；对考评过程中不规范行为进行纠正、指导与处罚；为每位员工建立考评档案，作为奖金发放、工资调整、职务升降、岗位调动等的依据。

#### 3. 各部门配合搞好考评工作

被考评的员工总是在某个职能部门工作，该部门在考评中应承担相应职责，包括：负责本部门考评工作的整体组织及监督管理；负责处理本部门关于考评工作的投诉；负责对本部门考评工作中不规范行为进行纠正和处罚；负责帮助本部门员工制定工作计划和考评标准；负责所属员工的考评评分；负责所属员工的绩效面谈，并帮助员工制定改进计划。

#### 4. 明确不同考评对象的考评关系

考评关系分为直接上级考评、直接下级考评、同级人员考评，不同的考评对象对应不同的考评关系。

### 7.1.4 确定绩效评价周期

设定的考评间隔时间将因工作性质而异，应充分讲求科学性，若间隔时间太短，会投入大量的人力、物力、财力而得出毫无意义的考评结果；若考评的间隔时间太长，失去了绩效考评对员工工作应有的监督作用和威慑力，也不能使员工及时获得自己工作的反馈信息。

**1．根据岗位性质确定评价周期**

就考评的科学性而言，不同的岗位工作应设定不同的考评间隔周期。一般的考评间隔周期为6个月至1年，对大多数工作，如熟练的流水线操作工或组织中常规工作的管理人员，这一考评间隔周期是比较合理的。

**2．根据标准性质确定评价周期**

对于项目制工作而言，应在一个项目结束后进行绩效考评或在期中、期末进行两次考评。对于培训期的员工而言，绩效考评的间隔时间应较短，以使员工及时获得反馈和指导。

**3．根据评价目的确定评价周期**

绩效考评的间隔周期因考评目的不同而不同。若考评目的是为了上下级更好地沟通，提高工作效率，则间隔周期应适当短一些；若考评目的是为了人事调动或晋升，则应观察一个相对长时期，以免被某些员工投机取巧所蒙蔽。若员工的工作绩效一贯良好，则应考虑给以加薪或升职；若员工工作绩效一贯低下，则应考虑给以降职或者解雇处理。



**重要信息 7-3 绩效评价的分类**

**1．按时间划分**

（1）定期考核。企业考核的时间可以是一个月、一个季度、半年、一年。考核时间的选择要根据企业文化和岗位特点绩效选择。

（2）不定期考核。不定期考核有两方面的含义：一方面是指组织中对人员的提升所进行的考评；另一方面是指主管对下属的日常行为表现进行记录，发现问题及时解决，同时也为定期考核提供依据。

**2．按考核内容划分**

（1）特征导向型。考核的重点是员工的个人特质，如诚实度、合作性、沟通能力等，即考量员工是一个怎样的人。

（2）行为导向型。考核的重点是员工的工作方式和工作行为，如服务员的微笑和态度、待人接物的方法等，即对工作过程的考量。

（3）结果导向型。考核的重点是工作内容和工作质量，如产品的产量和质量、劳动效率等，侧重点是员工完成的工作任务和生产的产品。

**3．按主观和客观划分**

（1）客观考核。客观考核是对可以直接量化的指标体系所进行的考核，如生产指标和个人工作指标。

（2）主观考核。主观考核是由考核者根据一定的标准设计的考核指标体系对被考核者进行主观评价，如工作行为和工作结果。

### 7.1.5 绩效计划的实施

制定了绩效计划之后，员工就开始按照计划开展工作，这就是绩效的实施。绩效实施包括两个方面的工作：①管理人员与员工持续的绩效计划沟通、指导；②对员工绩效数据、资料和信息的收集。绩效实施是绩效管理活动中耗时最长、最关键的环节，过程好坏直接关系到绩效管理的成败。

1. 绩效计划沟通

这里所指的沟通是绩效实施过程中的沟通。在这一过程中，管理者就绩效问题不断与员工进行交流与沟通，给予员工必要的指导和建议，使员工更加清晰地知道自己的绩效目标，并帮助员工逐步实现确定的绩效目标。沟通方式可以采用书面沟通、面谈、咨询、进展回顾和其他一些非正式沟通方式。

2. 收集绩效信息

管理者对员工数据、资料、信息进行收集主要是收集与绩效有关的信息，目的是为了解决问题或证明问题。解决问题首先需要知道存在什么问题及什么原因导致了这一问题；证明问题需要有充足的事实、可靠的资料数据，这也要由收集到的信息来提供。因此，收集绩效信息可以为管理者提供绩效管理的事实依据，也可以为员工提供改进绩效的事实依据，发现绩效问题和优秀业绩的原因。

收集绩效信息的方法有观察法、工作记录法和他人反馈法。

绩效信息的内容包括目标和标准达到或未达到的情况、员工因工作或其他行为受到的表扬和批评情况、证明工作绩效突出或低下所需要的具体证据、对管理者和员工找到问题或取得成绩的原因有帮助的其他数据、同员工就绩效问题进行谈话的记录等。

**重要信息 7-4 绩效管理的意义**

（1）绩效管理有助于提高企业的绩效。企业绩效是以员工个人绩效为基础而形成的，有效的绩效管理系统可以改善员工的工作绩效，从而有助于提高企业的整体绩效。

（2）绩效管理有助于提升员工的绩效。绩效管理从这两个方面满足了员工的需要，从而提高了员工的满意度。首先，通过绩效管理可以提高员工的工作绩效，满足他们自我实现的需要；其次，通过完善的绩效管理，员工可以参与到企业的管理过程，从而满足他们得到尊重的需要。

（3）绩效管理可以为人力资源管理提供决策信息。绩效管理可以为组织管理、人力资源管理提供重要的信息和依据。如可以为员工的薪酬调整、职位晋升、培训、解雇等管理决策提供信息，从而提高企业的管理效率。

**同步实训 7-1 员工绩效计划认知**

**实训目的**：加深学生对员工绩效计划的认识。

**实训安排**：

1. 学生可以上网查找企业员工绩效计划实例进行讨论，或分析班主任工作绩效计划该如何制定。

2. 分析并体会员工绩效计划的意义，尝试编写一份班主任绩效计划。

**教师注意事项：**

1. 由生活事例导入对员工绩效计划的认识。
2. 提供一些员工绩效计划的简单案例，供学生讨论。
3. 参观企业或提供其他相应学习资源。

**资源（时间）：**1课时、参考书籍、案例、网页。

**评价标准：**

| 表现要求 | 是否适用 | 已达要求 | 未达要求 |
|---|---|---|---|
| 小组活动中，外在表现（参与度、讨论发言积极程度） | | | |
| 小组活动中，对概念的认识与把握的准确程度 | | | |
| 小组活动中，角色扮演的精准度 | | | |
| 小组活动中，文案制作的完整与适用程度 | | | |

## 7.2 绩效评价的组织与安排

**任务提示**

在和员工进行沟通之后，绩效评价活动才可以进行。绩效评价操作程序包括：组成绩效评价人员并培训相关人员，运用适当的方法收集到充足的绩效信息资料，通过汇总分析得出评价结论。

### 7.2.1 组成绩效评价人员

无论使用哪种绩效管理方法，都必须选择员工的绩效考评信息的来源或确定绩效考评者。选拔考评人员是关系到考核成败的大事，一般应考虑两方面的因素：①能够全方位地对员工的工作进行观察；②有助于消除和减少个人偏见。一般来说，员工的直接主管、同级同事、被考评者本人、直接下属和客户就是绩效考评信息来源。同时，这些人也可以组成绩效评价人员。

**1．直接主管**

在日常考核中，一般是由其直接主管进行考核，他们有充分的机会对下属进行全面了解，有能力对下属的绩效作出精确的评价。由于握有奖惩权利，有助于发挥管理控制的威力。需要注意的是，在某些情况下，直接主管的评价信息在公正性上不太可靠，易掺入个人的感情因素，所以直接主管对下属员工考核不一定公正。

**2．同级同事**

同事对考核的职责最熟悉、最内行，对被评同事的情况往往也很了解，但前提是同事之间关系必须融合、相互信任、团结一致，相互间有一定的交往与协作，而不是各自为政的独立作业。这种办法多用于专业性组织，如大学、医院、科研单位等，企业的专业性很强的部门也可使用。

**3．被考评者本人**

这就是常说的自我鉴定。虽然自我评价并不是经常作为绩效评价信息的唯一来源，但也非常有价值。员工是最了解自己所作所为的人，自我考评能令被考评者感到满意，有利于工作改进。但是，这种评价方法的缺点是导致个人夸大对自己的绩效，主要是因为：①如果考评结果被用在管理决策方面，员工必然有充分的理由夸大自己的成绩；②社会心理学中有大量事实证明，人们总有一种把个人的不良绩效归咎于外部环境的倾向。因此，不能将自我评价的绩效用于管理性目的。

**4．直接下属**

在考核中，可以组织被考核者的下属员工来评价他们的上级。需要注意的是，一定要使考评者消除遭报复的心理，严肃认真地做好评价工作；相反，可能也会使上级在日常工作中出现充当老好人、缩手缩脚的情形。

**5．客户**

许多公司把客户也纳入员工绩效考评体系中。客户是唯一经常能够在现场进行观察员工工作行为的人，在这种情况下，客户就成了最好的绩效信息来源。纳入了客户作为考评者的员工绩效考评体系最适合下列两种情况：①所从事的工作是直接为客户服务的；②当公司希望了解客户对公司产品或服务的期望时，利用客户进行评价也是很合适的。

### 7.2.2 培训绩效评价人员



在正式的绩效考评实施之前，要对所有考评人进行一次业务培训。培训的目的是为了使考评人了解绩效考评的目的、作用和原则，了解各岗位的绩效考评的内容，掌握进行考评的操作方法和考评沟通技巧，识别和预防考评中的误差。培训的具体内容包括以下几个方面：

**1．规定性培训**

绩效评价的规定性培训主要是指通过培训使评价人员了解绩效评价的含义、原则、用途和目的，掌握企业各岗位绩效考评的内容、企业的绩效考评制度。

**2．方法类培训**

绩效评价的方法类培训包括考评的具体操作方法培训、考评评语撰写方法的培训、考评沟通的方法和技巧。

**3．考评误差预防的培训**

（1）考评信息失真现象。绩效考评过程涉及大量信息的浓缩和分析，工作量较大，可能会出现信息失真的情形。考评人员必须将有关数据记录下来，存入记忆库中。当需要作出判断时，把相关信息从记忆库中调出来，然后将它与绩效标准作比较。这样，我们就能弥补绩效考评过程的信息缺失。

（2）考评过程中的失误。主要包括①晕轮效应误差。考评人在对被考评人进行绩效考评时，把绩效中的某一方面甚至与工作绩效无关的某一方面看得过重，而影响了整体绩效的考评。晕轮效应会导致过高评价或过低评价。②近因误差。在绩效考评时往往会出现这样的情况，考评人对被考评人某一阶段的工绩效进行考评时，往往只注重近期的表现和成绩，以近期印象来代替被考评人在整个考评时期的绩效表现情况，因而造成考评误差。③感情效应误差。考评人可能随着他对被考评人的感情好坏程度自觉或不自觉地对被考评人进行偏高或偏低的绩效考评。④暗示效应误差。考评人在领导者或权威人士的暗示下，很容易接受他们的看法，而改变自己原来的看法，这样就可能造成绩效考评的暗示效应。⑤偏见误差。由于考评人员对被考评者的某种偏见而带来的绩效考评误差，称为偏见误差。

**重要信息 7-5　绩效评价的要求**

（1）全面准确性和可操作性。考评标准的全面准确是指考评标准要能够反映岗位或工种的基本要求，能与岗位或工种的规范相一致。可操作性是指考评标准要便于衡量和测评，可以应用到实际考评工作中去。

（2）一致性和可靠性。考评原则的一致性是指考评原则要适应各类层次的人员，一视同仁，不因人而异，不区别对待，不经常变动。可靠性是指原则本身要具有较高的信度和效度。

（3）考评者要具备良好素质。要对考评者加强培训，使其具有考评者应当具有的良好素养。经培训后的考评者必须认识到考核工作是自己的重要职责，特别应当做到：①不徇私情；②不轻信偏听；③对被考评者在考核期限之外所取得的结果、能力、干劲和态度不做评价；④以工作中的具体事实为依据；⑤对考核结果进行总体综合修正，以消除以偏概全倾向；⑥注意避免凭总体印象，夸大或缩小被考评者的成果、态度以及工作中表现出来的能力。

（4）民主性和透明度。民主性是指考评的标准、进度、方式方法要让大家明白，了解考评的目的和意义，使考评工作变成群众的自觉行动。透明度是要让大家了解考评的过程、结果、评价和意见，既知道自己的工作状态，也知道别人的工作状态。

### 7.2.3　选择绩效评价方法

#### 1. 简单排序法

简单排序法是根据绩效评价要素将员工们从绩效最优到绩效最差进行排序。这种方法的优点是简便易行、速度快，可以避免误差；其缺点是标准单一，考核结果偏差较大，不同部门或岗位难以进行比较。

#### 2. 配对比较法

配对比较法是将每一位员工按照所有的评价要素与其他所有的员工逐一配对比较，然后把在逐对比较中被评为优的次数相加，用得到的总数来确定等级名次。这种方法应用简便、准确性也较高，但该种方法只考核总体的情况，结果也只是相对的等级顺序，较为粗糙。它只适用于10人以下进行考核的情况，因为人数越多，配对比较的次数就越多，既麻烦，又失去了准确性。

**例 7-3　配对比较法**

配对比较法见表7-1。评价标准为：员工A如果比员工B优秀，给A记2分；员工A如果与员工B一样优秀，给A记1分；如果员工A不如员工B优秀，给A记0分。

表 7-1 配对比较法

| | 员工A | 员工B | 员工C | 员工D | 总分 | 排序 |
|---|---|---|---|---|---|---|
| 员工A | | 2 | 2 | 2 | 6 | 1 |
| 员工B | 0 | | 2 | 2 | 4 | 3 |
| 员工C | 1 | 2 | | 2 | 5 | 2 |
| 员工D | 0 | 0 | 1 | | 1 | 4 |

### 3. 尺度考核法

尺度考核法是按照员工的考核内容，选择不同的绩效构成因素，给每一个因素确定不同的层级尺度及相应的评分标准，然后据此考核员工。

**例 7-4 尺度考核法**

尺度考核法见表 7-2。在进行工作绩效考核时，首先针对每一位员工从每一项考核要素中找出最能符合取得绩效状况的分数，然后将每一位员工所得到的所有分值进行加总，即得到最终的工作绩效考核结果。

表 7-2 尺度考核法

| 绩效维度 | 评价尺度 | | | | | |
|---|---|---|---|---|---|---|
| | 优秀 | 良好 | 一般 | 合格 | 较差 | 得分 |
| 工作质量 | 5 | 4 | 3 | 2 | 1 | |
| 工作数量 | 5 | 4 | 3 | 2 | 1 | |
| …… | | | | | | |

### 4. 强制分布法

强制分布法主要适用于整体考核，是按照“两头小、中间大”的正态分布规律，提前确定一种比例，以将各个被评价者分别分布到每个工作绩效等级中去。

**例 7-5 强制分布法**

强制分布法见表 7-3。预先规定一定的绩效等级比例，将被考核者分布到相应的绩效等级上去。

表 7-3 强制分布法

| 等级 | 分布比例（%） | 人数/人 |
|---|---|---|
| 优秀 | 5 | 2 |
| 良好 | 15 | 6 |
| 一般 | 60 | 24 |
| 合格 | 15 | 6 |
| 不及格 | 5 | 2 |

强制分布法可以有效减少偏松或偏紧的误差，在员工之间形成更大的绩效评价等级差别，容易发掘工作业绩优秀的员工。这种方法的缺点是将员工的绩效假设为按照概率分布并不合理，当一个部门的员工都较为优秀或普遍较差时，考评者要想挑选优秀或较差员工就会感到很为难。

### 5. 关键事件法

关键事件法是指负责评价的主管把员工在完成工作任务时所表现出来的、特别有效的行为和特别无效的行为（关键事件）记录下来，形成一份书面报告。在一定时间间隔，由主管与被考核者座谈，共同探讨其绩效。显然，如果评价者能够长期观察员工的工作行为，对员工的工作情况十分了解，这种评价方法是很有效的。但是，由于书面报告是对不同员工的不同工作之间进行描述，无法在员工之间、团队之间和部门之间进行工作情况比较。评价者用自己制定的标准来衡量员工，员工没有参与的机会，因此不适合用于人事决策，可以与其他绝大多数绩效考核方法结合使用。

### 6. 行为锚定法

行为锚定法是将每一职务的各评价维度都设计出一个评分量表，并有一些典型的行为描述性说明词与量表上的一些刻度或评分标准相对应和联系，即所谓锚定，作为被考核者实际表现评分时的参考依据。行为锚定法为评价者提供了明确而客观的评价标准。其主要缺点是设计和实施成本比较高，经常需要聘请人力资源管理专家帮助设计，而且在实施以前要进行多次测试和修改。

**例 7-6　行为锚定法**

行为锚定等级划分见表 7-4。

表 7-4　行为锚定等级

| 表　现 | 等　级 |
|---|---|
| 消极怠工，故意拖延工作完成时间 | 1 |
| 躲避过重的工作负担，总找借口请假 | 2 |
| 主管不在场，依然可以自觉完成本职工作和额外工作 | 3 |
| 以较高热情对待工作，自觉参与组织的各项活动 | 4 |



设计行为锚定评价法的步骤如下：①主管人员的工作所包含的活动类别或者绩效指标；②主管人员为各种绩效指标撰写一组关键事件；③由一组处于中间立场的管理人员为每一个评价指标选择关键事件，并确定每一个绩效等级与关键事件的对应关系；④将每个评价指标中包含的关键事件从好到差进行排列，建立行为锚定法考核体系。

### 7. 360 度反馈评价

360 度反馈评价也称全视角评价，是指由被考核者的上级、下级、同事、客户及被考核者本人从多个角度对被考核者进行全方位的评价，再通过反馈环节，达到改善绩效的目的。360 度反馈评价示意图如图 7-1 所示。

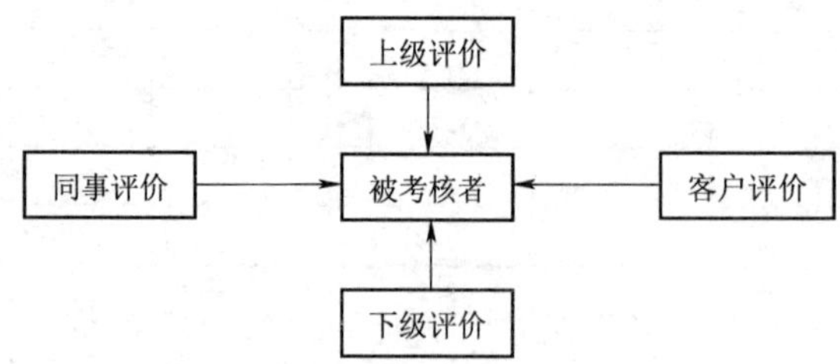


图 7-1　360 度反馈评价示意图

### 8. 目标管理绩效考核法

目标管理考核法是指根据企业总目标，由企业内部各部门和各员工分解并设立自己的目标，通过管理手段促成目标实现的一种方法。在考评时每一项都按员工达到目标的程度独立考评，最后再加权平均。具体实施步骤如图 7-2 所示。

设定员工工作目标 → 宣布业绩测评方法 → 组织业绩评价

图 7-2 目标管理绩效考核操作程序

目标考评法的最大优点在于为员工的工作成果树立了明确的目标，能激励员工尽量向目标靠拢。绩效标准越细致，员工绩效考评的偏见和误差越少。这种方法的缺点在于需要较多的时间和精力去制定一套完整的绩效考评标准。此外，绩效目标尽管可能成为激励员工努力工作的强大动力，但也可能导致员工之间不必要的激烈竞争，使内耗增加，整体绩效下降。

### 7.2.4 分配绩效评价责任

绩效评价人员经过培训之后，开始分解并承担考评任务。与此同时，企业层面的绩效评价机构也开始工作。绩效评价工作中，各相关人员承担的职责见表 7-5。

**表 7-5 考核参与者在绩效考核中的主要职责**

| 评价参与者 | 主要职责 |
|---|---|
| 考核者 | 分别承担具体考核任务<br>调整、安排整个考核过程时间，按时完成考核任务<br>组织考核过程中技能、方法的讨论<br>相互之间进行工作协调<br>学习考核体系和考核技能 |
| 被考核者 | 为自己的职业行为承担责任<br>自我考核<br>为考核者提供有效信息<br>学习考核体系和考核技能 |
| 最高管理者 | 统一协调考核工作<br>为考核者提供报酬<br>提高对考核意义的认识<br>塑造良好的形象 |
| 人力资源部门 | 收集考核过程先进的经验、方法，并作推广<br>宣讲考核的意义、目的、方法和要求<br>督促、帮助各考核组完成考核任务<br>检查考核纪律<br>收集反馈考核中发现的问题，并提出改进措施<br>在本部门实施既定考核制度<br>根据考核结果，制定相应的人力资源规划与决策 |

### 7.2.5 收集绩效信息资料

确认绩效数据来源和收集方法是绩效考核一项长期、复杂的工作，对于作为考核基础的数据收集工作要求很高。在这方面企业应该注重长期的跟踪、随时收集相关数据，使数据收集工作形成一种制度。

绩效考核的资料主要有 3 种：①客观数据，即客观的生产与工作数据。这类数据可以通过查阅生产记录等资料来获取。②人力资源管理资料，采用得比较多的是缺勤率、离职率、事故率和迟到情况等。这类数据可以通过查阅考勤记录、生产记录等资料来获取。③评判数据。评判数据以管理人员（上级）的评定为主，还包括员工本人的评判、同事的评判以及下属人员的评定等。这类信息资料可以通过选定的绩效评价方式获取。

### 7.2.6 绩效评价信息汇总

绩效评价信息汇总是对员工个人的各个方面做出综合性的评价。这一过程一般是由定性到定量，再到定性。主要工作包括以下内容：

**1. 确定单项等级和分值**

确定等级是对单一评价项目的量化。一般来说，根据前面绩效标准，员工的某一评价项目可以评定为不同等级，如 5 等级可以对应优、良、合格、稍差和不合格。在等级划分基础上，有时还需赋予等级不同的数值，作为绩效评价的数量依据。赋值的方法有不同种类，常见的 5 等级赋值分别为：优等为 8～10 分，良好为 6～8 分，合格为 6 分，稍差为 4～6 分，不合格为 4 分以下。

**2. 对同一项目各考核结果汇总**

对同一项目可能有若干人共同进行评价，所得出的结果是不相同的。为了综合这些意见，可采用算术平均法或加权平均法计算出其平均数。在汇总时，如果考虑各评价人员对被考核人员了解程度差异较大，则应尽量采用加权平均法。



**3. 对不同项目考核结果汇总**

评价一个员工时，可能要将其知识、学习、判断能力和人际交往能力等综合起来考虑。这时，需要根据考核的主要目的，确定各考核项目的权数值。

**4. 考核结果汇总的表示**

在获得大量考核数据后，可以利用数理统计方法计算考核结果，并将考核结果表示出来。

（1）数字表示，即直接用考核结果的分值描述被考评者的绩效情况，具有可比性，规格统一，但数字描述不够直观，需要与文字相结合。

（2）文字表示，即用文字描述考评结果，具有较强的直观性，内容集中，有适当分析，体现了定性与定量的结合。

（3）图线表示法，即通过建立直角坐标系，利用已知数据，用图线来表示考核结果的方式，具有简便、直观、形象、对比性强的特点。

**5. 提出评价结论**

绩效评价工作组应该及时对绩效考评结果进行统计和分析，以便得出评价结论。需要进行的统计和分析主要有以下方面内容：①各项结果占总人数的比例是多少？其中优秀人数的比例和不合格人数的比例各为多少？②不合格人员不合格的主要原因是什么？是工作态度问题，还是工作能力问题？③是否出现员工自评和企业考评差距过大的现象？如果出现，主要原因是什么？④是否有明显的考评误差出现？如果出现，是哪种误差？如何才能预防？⑤能胜任工作岗位的员工比率是多少？

企业人力资源部门也可以根据不同的需要，进行不同的统计和分析。它有助于人力资源部门更科学地制定和实施各项人力资源管理政策，如招聘政策、选拔政策、培训政策等。

**管理借鉴 7-1 IBM 员工的绩效计划**

IBM 员工的绩效计划建立在员工自己按下列 3 个领域设定的年度目标上：

（1）必胜（Win），这里表达的是成员要抓住任何可成功的机会，以坚强的意志来励志，并且竭力完成，如市场占有率是最重要的绩效评等考量。

（2）执行（Execute），这里强调 3 个字，即行动、行动、行动，不要光是坐而言，必须起而行。

（3）团队（Team），即各不同单位间不许有冲突，绝不在顾客面前让顾客产生疑惑。

**【讨论】**这种绩效考核对一般 IBM 成员和管理人员各有什么意义。

**同步实训 7-2 员工绩效评价认知**

**实训目的：**加深学生对员工绩效评价过程的认识。

**实训安排：**

1. 学生了解员工绩效评价操作程序。
2. 分组选择一种评价方法，讨论分析其适用性与侧重点。

**教师注意事项：**

1. 由生活事例导入对员工绩效评价的认识。
2. 提供一些员工绩效评价的简单案例，供学生讨论。
3. 参观企业或提供其他相应学习资源。

**资源（时间）：**1 课时、参考书籍、案例、网页。

**评价标准：**

| 表现要求 | 是否适用 | 已达要求 | 未达要求 |
|---|---|---|---|
| 小组活动中，外在表现（参与度、讨论发言积极程度） | | | |
| 小组活动中，对概念的认识与把握的准确程度 | | | |
| 小组活动中，角色扮演的精准度 | | | |
| 小组活动中，文案制作的完整与适用程度 | | | |

## 7.3 绩效评价的沟通与运用

**任务提示**

在绩效目标确定和持续的绩效考核基础上，一个考核周期末，直接管理者与下属应进行面对面的沟通，找出不足与改进方向。同时，在绩效沟通中，管理者还要科学运用绩效评价结果，避免绩效评级体系及工作出现问题。

### 7.3.1 绩效评价结果的反馈

通过绩效考核，得出了评价结论，这只是绩效管理过程的一个环节。作为绩效管理的后续工作，还需要与被考核者进行绩效沟通，使绩效评价结果真正发挥出应有作用。这里的绩效沟通是本任务提及的第三个绩效沟通。

1．组织绩效面谈

绩效面谈是绩效反馈的重要形式。通过管理者和员工之间进行绩效考核面谈，使员工充分了解和接受绩效考核的结果，并由管理者指导员工如何改进绩效。面谈工作应预先做好相应准备，见表7-6。

表7-6　绩效面谈准备工作

| 面谈人 | 准备项目 |
| --- | --- |
| 管理者 | 熟悉被评价者的评价资料<br>给员工以较充分的准备时间，应至少提前一周通知员工，使其有时间对自己的工作进行思考<br>选择一个对双方来说都相对合适、安静、氛围融洽的时间和场所<br>准备面谈提纲 |
| 员工 | 回顾自己在本绩效周期的行为态度和业绩，准备好相关的证明自己绩效的依据<br>正视自己的优缺点和有待提高的能力，做好自己初步的职业发展规划<br>准备好向管理者提问，解决自己工作过程中的困难和疑惑，探讨今后的工作 |

面谈的主要内容及面谈效果评价要素见表7-7。

表7-7　面谈内容及面谈效果评价要素

| 面谈内容 | 面谈效果评价要素 |
| --- | --- |
| ① 正在做和应该做的工作之间的区别是什么？<br>② 什么原因使得工作进展不顺利？<br>③ 是技能不足吗？技能使用的频率多大？<br>④ 是否有对业绩的持续反馈？<br>⑤ 有妨碍取得业绩的障碍吗？<br>⑥ 个人是否知道工作预期是什么？<br>⑦ 是否可采用一些办法来减少干扰？哪种方法最好？<br>⑧ 是否找出所有的办法？是否每种办法着重解决分析中发现的一个或者几个问题（如技能不足、缺乏潜力、激励不正确或者精神不佳等）？ | ① 此次面谈是否达到了预期目的？<br>② 下次面谈应该如何改进？<br>③ 有哪些遗漏必须补充？<br>④ 此次面谈对被评价者有什么帮助？<br>⑤ 面谈中被考核者充分发言了吗？<br>⑥ 此次面谈自己学到了哪些辅助技巧？<br>⑦ 此次面谈的总体评价如何？ |

面谈中，值得肯定的优秀业绩，要不吝惜表扬和鼓励，鼓励员工今后继续保持和自我突破。但面谈的重点应该放在不良业绩的诊断上，因为这可能是阻碍员工发展、影响业绩提高，以及员工能力欠缺或态度不端正的原因。

2．制定员工绩效改进计划

员工绩效改进计划是绩效反馈的结果，是根据员工绩效评价结果，通过面谈找出员工有待于发展和提高的方面，然后制定出的一定时期内有关员工工作绩效和工作能力改进和提高的系统计划。通常，在绩效反馈面谈后，管理者和员工之间就确定了下一个绩效周期的改进重点和改进计划。

员工绩效改进计划的主要内容包括：①需要改进的方面。通常是指在工作能力、方法和习惯等方面，这些有待于改进的地方可能是员工现在水平不足，也可能是未来工作需要。②改进和发展的原因。选择某些项目作为绩效改进的对象，是有一定原因的。一般是员工在这些方面的水平较低而又需要在这些方面表现出较高水平。③目前状况和期望达到的水平。④确定改进措施和责任人。⑤确定改进的期限。即预期时间进度和所需的时间，一般为 30、60 或者 90 天。

### 7.3.2 绩效评价结果的运用

绩效评价结果除了可以用于员工制定绩效改进计划外，还被用作实施报酬计划、工作流动、培训开发等方面的管理。

**1. 实施报酬计划**

实施报酬计划就是把对员工的绩效评价结果和其所获得的经济报酬紧密联系在一起，这类计划的核心在于以员工个人的绩效评价结果为依据，来确定其在企业的报酬收入，这是企业在运用绩效评价结果时广泛采取的手段。与绩效相联系的报酬有绩效加薪、绩效奖金、特殊绩效奖金等常见方式。

**2. 调整工作配置**

除了把绩效评价结果和员工的薪酬待遇结合起来之外，企业利用绩效评价结果也可以促使员工的工作流动，如晋升、淘汰、工作轮换等。工作流动的核心在于使员工本人的素质和能力能够更好地与相应的工作相匹配。

**3. 开发员工潜能**

绩效评价结果还有一个很重要的用途是通过分析绩效评价的结果来提升员工的技能和能力。培训的一个主要出发点就是员工绩效不良或者绩效低于标准要求，也就是说当员工的现有绩效评价结果和企业对他们的期望绩效之间存在差距时，管理者就要考虑是否可以通过培训来改善员工的绩效水平。

### 7.3.3 绩效评价问题的处理

绩效评价过程中容易出现 3 类问题：①与考核标准、内容和形式有关的问题；②考核人员的问题；③考核申诉问题。这些问题影响绩效考核效果，必须对其加以控制和妥善处理，以保证评价的有效性。

**1. 考核标准、内容和形式方面的问题**

（1）考核标准不明确。当考核项目设置不严谨、考核标准说明含糊不清时，人们打分时必然有一定的任意度，这会导致考核评价的不正确。措施必须用一些描述性的语言对绩效考核要素加以界定。

（2）考核内容不完整。在考核体系中，如果考核内容不够完整，尤其是关键绩效指标有缺失，不能涵盖主要内容。同时，考核内容、项目设定以及权重设置等方面表现出无相关性，随意性突出。必须经多方协商，完善考核内容。

（3）考核目的不明确。考核目的不明确，有时甚至是为了考核而考核，企业考核方和被考核方都未能充分清楚地了解绩效考核只是一种管理手段。措施必须端正思想，更新观念，正确认识考核的目的与意义。

（4）考核方式单一。在人力资源绩效考核的实践中，限于认识或成本方面的考虑，往往是上级对下属进行审查式考核。措施：要想科学、全面地评价一位员工，往往需要以多视角来观察和判断，如实施360度综合考核，从而得出相对客观、全面、准确的考核意见。

（5）员工对绩效考核体系缺乏理解。员工对绩效考核体系的管理思想和行为导向不明晰，常常产生各种曲解和敌意，并对所实施的绩效体系的科学性、实用性、有效性和客观公平性表现出强烈的质疑，对体系的认识产生心理上和操作上的扭曲。必须采用多种形式，大力进行绩效考核体系的宣传，使广大员工了解考核指标的内涵和评定的方法。

（6）考核过程形式化。很多企业已经制定和实施了完备的绩效考核工作，但每位员工内心都认为绩效考核只是一种形式。措施：必须进行绩效管理教育，从思想上重视这项工作。

**管理借鉴 7-2　摩托罗拉的360度与270度**

在摩托罗拉，360度评估，说得更准确一点是270度评估—他们对此做了调整，拿掉了同事的评估这一维度。人力资源经理解释说，这是因为觉得同事之间都挺客气的，这一维的评估没有特别实际的作用。所以最后形成了上司（由于实行矩阵式管理还包括非直接上司）、下属、自己的评估。摩托罗拉不是不让同事来参与评估个人的绩效，而是单独就此设立了一个叫做“相对绩效评估”的方法，请来和某个员工相关联的，主要是平常工作有交叉、合作比较多的同事来评估，给这位员工打分。这样就摆脱了把员工局限于窄小的纵向范围内，而是放到了更广的横向范围内进行评估，客观反映其相对绩效。

【讨论】这样做的好处。

### 2．考核人员的问题



严把绩效考核人员的选拔关，力争使一些具有现代管理理念、办事公道、责任心强的人员组成绩效考核小组；抓好绩效考核培训工作，重点是一些评价的技术、方法和要领的讲解和示范。

### 3．考核申诉问题及处理

被考核员工对考核结果不满，或者员工认为对考核结果的运用不当，会提出申述。人力资源管理部门应该对员工的考核申诉进行认真的了解分析并进行正确、合理的处理。

（1）尊重员工的申诉。首先要尊重员工的个人意见，要求考核申诉处理机构认真分析员工所提出的问题，找出问题发生的原因。在处理考核申诉的过程中，应当对员工表现出耐心，如果是员工方面的问题，应当以事实为依据，以考核标准为准绳，对员工进行说服和帮助；如果是组织方面的问题，则必须对员工所提出的问题加以改正，并将处理结果告知员工，对其有所交代。

（2）把处理考核申诉作为互动互进过程。绩效考核是为了用好人力资源，是为了实现组织目标、完善人力资源政策和促进员工的发展，而不是组织用来管制员工的工具，即绩效考核应当是一个互动互进的过程。因此，当员工提出考核申诉时，组织应当把它当做一个完善绩效管理体系，促进员工提高绩效的机会，而不要简单地认为员工申诉是“一些小问题”，甚至认为是员工在“闹意见”。

（3）注重处理结果。在处理考核申诉的问题上，应当把令申诉者信服的处理结果告诉员工。如果所申诉的问题属于考核体系的问题，则应当完善考核体系；如果是考核者方面的问题，则应当将有关问题反馈给考核者，以使其改进；如果确实是员工个人的问题，就应该拿出使员工信服的证据，并要注意处理结果的合理性。

### 7.3.4 绩效评价体系的完善

为了减少绩效评价中的偏差，提供考核过程和结果的正确性，需要采取以下措施：

1. 采用客观性考核标准

在绩效考核中，要尽量采用客观性的考核标准。用于绩效考核的标准必须是与工作密切相关的。以职务说明书为依据制定考核项目和标准是一个简便有效的方法。如没有现成的职务说明书，必要时可以进行专门的职务分析来确定工作信息，制定考核标准。需要注意的是，一些主观性较强的品质因素（如主动性、热情、忠诚和合作精神等）虽然很重要，但它们难于界定和计量，容易产生歧义，在评价时应当尽量少采用。

2. 选择合适的考核方法

每种考核方法都有优缺点，正确选择考核方法的原则是：根据考核的内容和对象选择不同的考核方法，使该方法在该次考核中具有较高的信度和效度，能公平地区分工作表现不同的员工。

3. 由了解情况者进行考核

绩效考核工作应当由能够直接观察到员工工作的人承担，甚至由最了解员工工作表现的人承担。一般情况下，绩效考核的主要责任人应该是员工的直线经理。直线经理在观察员工的工作绩效方面处在最有利的位置，而且这也是他应该承担的管理责任。但是，直线经理不可能全部了解下属的所有工作，同时还可能存在“领导者人为操纵考核”的问题。因此，考核者还应当包括考核对象的同事、下属和被考核者本人。

4. 培训合格的考核工作人员

对考核者进行培训是提高考核科学性的重要手段。通过培训有助于减少考核者方面引起的误差问题，特别是晕轮效应、宽严倾向和集中倾向等误差。进行考核培训，首先要让考核评价者认识到，绩效考核是每一个管理者工作的组成部分，要确保考核对象了解对他们的期望是什么，因为这是与管理目标相联系的；同时，要让考核者正确理解考核项目的意义和评价标准，掌握常用的考核方法，并能够选择合适的考核方法。此外，还要让考核者了解在绩效考核过程中容易出现的问题及可能带来的后果，以避免这些问题的发生。

5. 以事实材料为依据

在考核工作中，每一项考核的结果都必须以充分的事实材料为依据，如要用具体事例作为评分的理由。这可以避免凭主观印象、晕轮效应和成见效应等所产生的问题。

6. 公开考核过程和考核结果

绩效考核必须公开，这不仅仅是考核工作民主化的反映，也是组织管理科学化的客观要求。考核评价做出以后，要及时进行考核面谈，由上级对下级逐一进行，以反馈考核评价的结果，让员工了解自己的考核得分和各方面的意见，也使管理者了解下级工作中的问题及意见。将考核结果反馈给员工有利于使员工更客观地认识自己，扬长避短，搞好工作。对绩效考核结果的保密只会起到导致员工不信任与不合作的后果。

7. 进行考核面谈

向员工反馈绩效信息的面谈既是一种机会也可能是一种风险。在这样的谈话中，管理者主要关注的是如何既强调员工工作表现中的积极性方面，同时也对员工应如何进行改进深入讨论。

8. 设置考核申诉程序

设立一定的程序，处理员工认为对其评价结果不正确和不公平所提出的申诉，从制度上促进绩效考核工作的合理化。

**重要信息 7-6 绩效管理与人力资源管理其他职能的关系**

绩效管理与人力资源管理其他职能的关系如下：

（1）绩效管理与工作分析。工作分析是绩效管理的前提和基础，通过工作分析，确定职位的工作职责和绩效目标，并以此为依据制定对该职位的员工进行评价的绩效标准。

（2）绩效管理与人力资源规划。通过绩效管理，组织能够准确了解员工目前的知识和技能水平，并以此为基础进行人力资源供给和需求预测。

（3）绩效管理与招聘选拔。组织通过对员工的绩效进行评价，可以对不同招聘渠道的效果进行比较，从而可以优化招聘渠道，也可以对选拔的有效性进行评估；另外，如果招聘选拔的质量比较高，员工在工作中的绩效表现良好，还可以减轻绩效管理的工作量。

（4）绩效管理与人员调配。人员调配的目的是要达到人员与职位的最佳匹配，通过科学的绩效评价能够确定员工是否适合现任职位，也可以发现其所适合的职位。

（5）绩效管理与培训开发。通过绩效评价，能够发现工作不足，因而产生培训需求；相反，培训开发可以改进员工绩效，对绩效管理目标的实现可以起到很好的推动作用。

（6）绩效管理与薪酬管理。绩效管理与薪酬管理的关系最为直接，绩效管理是决定薪酬的一个重要因素。

**同步实训 7-3 绩效评价沟通认知**

**实训目的：**加深学生对员工绩效评价沟通的认识。

**实训安排：**

1. 学生了解员工绩效评价沟通的意义。
2. 分组选择某一学生干部岗位，讨论分析其绩效评价沟通的侧重点。

**教师注意事项：**

1. 由生活事例导入对员工绩效评价沟通的认识。
2. 提供一些员工绩效评价沟通的简单案例，供学生讨论。
3. 参观企业或提供其他相应学习资源。

**资源（时间）：**1 课时、参考书籍、案例、网页。

**评价标准：**

| 表现要求 | 是否适用 | 已达要求 | 未达要求 |
| --- | --- | --- | --- |
| 小组活动中，外在表现（参与度、讨论发言积极程度） | | | |
| 小组活动中，对概念的认识与把握的准确程度 | | | |
| 小组活动中，角色扮演的精准度 | | | |
| 小组活动中，文案制作的完整与适用程度 | | | |

## 小结

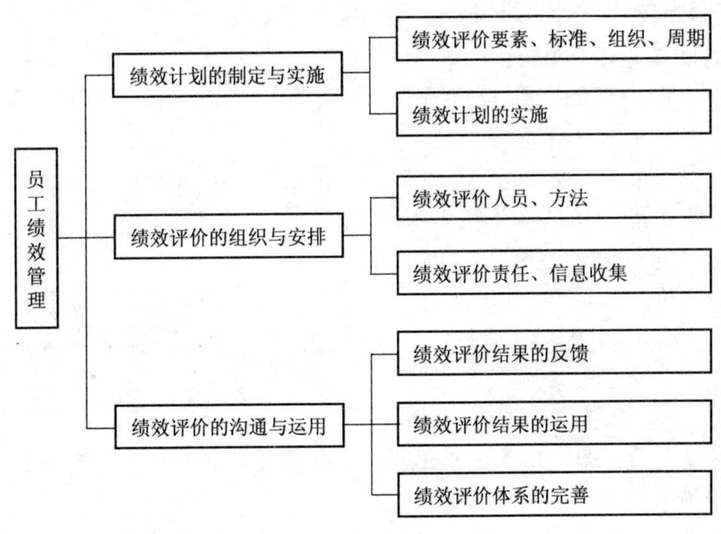


## 教学做一体化训练

**一、重点名词**

绩效　　绩效评价　　绩效标准　　绩效沟通　　360度评价

**二、课堂讨论**

1. 绩效管理与绩效评价的区别。
2. 绩效的多维性。
3. 态度的考核评价。
4. “绩效评价往往花费高而没有实际效果。”
5. 被考评人是否应该参加绩效考评培训？

**三、课后自测**

**（一）选择**

1. 绩效的多因性是指绩效的优劣不是取决于单一的因素，而要受到主、客观多种因素的影响，即（　　）。

A. 激励　　B. 技能
C. 环境　　D. 机会
E. 过程

2. 绩效管理的考评类型一般有品质主导型、行为主导型和（　　）。

A. 业绩主导型　　B. 效果主导型
C. 创新主导型　　D. 效益主导型

3．绩效实施过程中的沟通工作有（　　）。

A．管理者就绩效问题不断与员工进行交流与沟通

B．给予员工必要的指导和建议

C．使员工更加清晰地知道自己的绩效目标

D．采用书面沟通、面谈、咨询、进展回顾和其他一些非正式沟通方式进行沟通

4．关于绩效面谈正确的说法有（　　）。

A．通过管理者和员工之间进行绩效考核面谈，使员工充分了解和接受绩效考核的结果

B．由管理者指导员工如何改进绩效

C．面谈中，值得肯定的优秀业绩，要不吝惜表扬和鼓励

D．面谈的重点应该放在不良业绩的诊断上。

5．员工绩效改进计划的主要内容包括（　　）。

A．需要改进的方面　　B．改进和发展的原因

C．目前状况和期望达到的水平　　D．确定改进措施和责任人

E．确定改进的期限

（二）判断

1．绩效管理是人力资源管理的重要环节，也是各项人力资源管理活动的依据。（　　）

2．员工的绩效会随着时间的推移发生变化，原来较好的绩效可能会变差。（　　）

3．绩效管理工作主要是填一套表格、写一个年度考核及奖励计划，不会影响员工的日常工作行为。（　　）

4．绩效管理与绩效评价实际上是一回事，都只是人力资源管理部门的工作。（　　）

5．有的企业为了激励所有员工，制定了只有少数员工才能达到的绩效标准，极大地推进了绩效评价工作。（　　）

6．在确定评价周期时，应当考虑时间长短能够保证员工经过努力之后能够实现这些标准。（　　）

7．绩效实施是绩效管理活动中耗时最长、最关键的环节。（　　）

（三）简答

1．员工绩效的特点有哪些？

2．员工绩效评价的标准有哪些？

3．员工绩效评价的分类有哪些？

4．员工绩效评价的要求有哪些？

5．绩效管理的意义有哪些？

6．绩效管理与人力资源管理其他职能有什么样的关系？

（四）案例分析

**摩托罗拉的绩效管理**

摩托罗拉公司有一个观点，就是企业=产品+服务，企业管理=人力资源管理，人力资源管理=绩效管理，可见，绩效管理在摩托罗拉公司的地位是多么重要。

摩托罗拉认为绩效管理有如下5个组成部分：

**1．绩效计划**

在这个部分里，主管与员工就下列问题达成一致：员工应该做什么？工作应该做多好？

为什么要做该项工作？什么时候要做该项工作？其他相关问题还有环境、能力、职业前途、培训等。在这个过程中，主管和员工就上述问题进行充分的沟通，最终形成签字的记录，即是员工的绩效目标。摩托罗拉的绩效目标由两部分组成：一部分是业务目标；一部分是行为标准。这两部分就组成了员工全年的绩效目标，两部分相辅相成，互为补充，共同为员工的绩效提高和组织的绩效目标的实现服务。

**2．持续不断的绩效沟通**

沟通应该贯穿在绩效管理的整个过程，不是仅仅年终的考核沟通，仅仅一次两次的沟通是远远不够的，也是违背绩效管理原则的，因此摩托罗拉强调全年的沟通和全通道的沟通，这一点在摩托罗拉手机的广告词上也有体现：沟通无极限。

它主要包括如下几个方面：沟通是一个双向的过程，目的是追踪绩效的进展，确定障碍，为双方提供所需信息；防止问题的出现或及时解决问题（前瞻性）；定期或非定期，正式或非正式，就某一问题专门对话。在这个过程中也要形成必要的文字记录，必要时经主管和员工双方签字认可。

**3．事实的收集、观察和记录**

为年终的考核做准备，主管需要在平时注意收集事实，注意观察和记录必要的信息。包括以下两点：收集与绩效有关的信息；记录好的以及不好的行为。

收集信息应该全面，好的不好的都要记录，而且要形成书面文件，必要的要经主管与员工签字认可。以上两个过程一般在二、三季度完成。进入四季度，也就进入了绩效管理的收关阶段，到了检验一年绩效的时候了。

**4．绩效评估会议**

摩托罗拉的绩效评估会议是非常讲究效率的，一般集中一个时间，所有的主管集中在一起进行全年的绩效评估。它主要包括以下 4 个方面：①做好准备工作（员工自我评估）。②对员工的绩效达成共识，根据事实而不是印象。③评出绩效的级别。④不仅是评估员工，而且是解决问题的机会；最终形成书面的讨论结果，并以面谈沟通的形式将结果告知员工。考核结束，不是说绩效管理就到此为止，还有一个非常重要的诊断过程。

**5．绩效诊断和提高**

这个过程是用来诊断绩效管理系统的有效性，用来改进和提高员工绩效，主要包括以下 4 个方面：①确定绩效缺陷及原因；②通过指导解决问题；③绩效不只是员工的责任；④应该不断进行。

每一项有 5 个评分标准，这样通过打分可以得知一年以来的绩效管理的水平如何，差距在哪里，从而做到拾遗补缺，改进和提高绩效管理的水平。

此外，摩托罗拉的绩效考核表里没有分数，而是运用等级法，实行强制分布，这样既能分出员工绩效的差别，又尽可能地避免了在几分之差上的无休止的争论。

在与薪酬管理挂钩方面，摩托罗拉也采取了简单的强制分布，而不是绞尽脑汁地去精确地联系，因为这样既耗费时间，也偏离了绩效管理的方向，绩效管理致力的是员工绩效的提高，而不仅仅是为了薪酬管理服务。

阅读以上材料，回答问题：

1．概括摩托罗拉的员工绩效管理策略。

2．摩托罗拉绩效管理有哪些借鉴意义？

3．你还可以做哪些补充？

## 实践项目　认识企业员工绩效管理

**活动目的：**组织企业座谈会，了解其员工绩效管理，认识其工作过程。

**活动安排：**

1. 教师与校外基地接洽，进入企业。
2. 学生分组，分赴人力资源管理岗位，实地了解企业人员绩效管理工作并写出报告。

**教师注意事项：**

1. 讲解工作要点。
2. 检查学生分组是否合理。
3. 组织学习资源的调配。

**资源：**课后4课时、网页、参考书、基地企业。

**评价标准：**

| 表现要求 | 是否适用 | 已达要求 | 未达要求 |
| --- | --- | --- | --- |
| 小组活动中的工作表现（参与度、讨论发言） | | | |
| 整个职业工作过程的表现（概括、发现） | | | |
| 对整体职业工作任务的认识与把握 | | | |
| 完成任务过程知识与经验的运用 | | | |



## 学生自我工作总结

通过完成“任务7　员工绩效管理”，我能够作如下总结：

**一、主要知识**

完成本任务需了解的主要知识点为：

1. ……………………

2. ……………………

**二、主要技能**

完成本任务需掌握的主要技能有：

1. ……………………

2. ……………………

**三、主要原理**

完成本任务涉及的管理原理有：

1. ……………………

2. ……………………

**四、相关知识与技能**

本任务的完成过程：

1. 员工绩效计划的主要框架是: ______

2. 员工绩效评估的操作程序包括: ______

3. 员工绩效沟通的意义是: ______

## 五、成果检验

本任务的成果:

1. 完成本任务的意义有: ______

2. 学到的经验有: ______

3. 自悟的经验有: ______

4. 你认为员工绩效管理对人力资源管理工作的意义是: ______

# 任务 8 >>>

# 员工薪酬管理

## 任务描述

员工薪酬管理就是科学确定合理的员工劳动报酬标准和薪酬分配机制，与劳动成果相联系，切实做到多劳多得，优劳优酬，充分调动员工的积极性。这项工作的内容有：根据企业的总体发展目标和人力资源规划目标，依据国家相关法律、政策的规定，制定企业薪酬制度、设计薪酬方案、计算员工薪酬、组织薪酬发放，并根据企业经营情况的变化，对薪酬关系作出调整。

## 学习目标

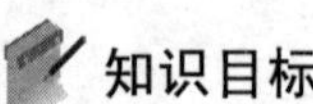

### 知识目标

- 能认识薪酬的含义。
- 能认识薪酬制度的内容。
- 能认识薪酬设计的程序。

### 能力目标

- 能认识员工薪酬管理的意义。
- 能认识员工薪酬管理与其他职能的关系。
- 能够对员工薪酬管理工作有整体认识。

## 任务导入

在企业，薪酬管理不是“分蛋糕”或者是论功行赏。薪酬制度本身所规定的分配方式、分配标准、分配规则以及最终的分配结果等，会反过来对人力资源的来源及其工作绩效产生影响。薪酬分配的过程及其结果所传递的信息有可能会导致员工有更高的工作热情、更强烈的学习与创新的愿望，也有可能导致员工工作懒散、缺乏学习与进取的动力。

## 任务解析

根据人力资源管理职业工作活动顺序和职业教育学习规律，“员工薪酬管理”任务可以分解为以下子任务：

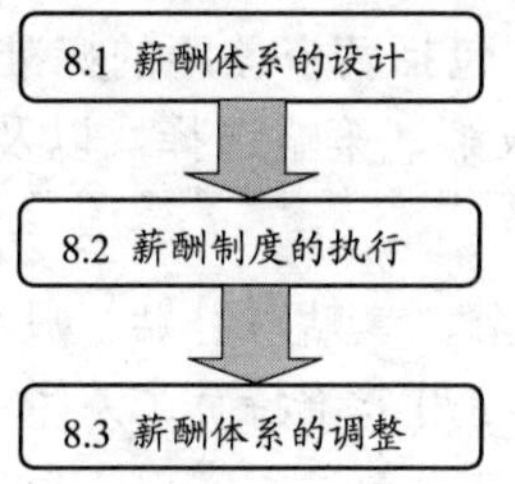


**管理故事**

我们的第八个故事还是从一个渔夫讲起。一次，渔夫出海，偶然发现他的船边游动着一条蛇，嘴里还叼着一只青蛙。渔夫可怜那只青蛙，就俯下身来从蛇口救走了青蛙。但他又很可怜这条饥饿的蛇，于是找了点食物喂蛇，蛇快乐地游走了。渔夫为自己的善行感到非常欣慰。时过不久，他突然觉得有东西在撞击他的船，原来，蛇回来了，而且嘴里还叼着两只青蛙。

**【管理感悟】**种瓜得瓜，种豆得豆。薪酬得当，种瓜得瓜，薪酬不当，种瓜得豆。在企业管理中，实施激励最犯忌的莫过于奖励的初衷与奖励的结果存在很大差距，甚至背道而驰。为什么一些员工冒下岗的风险磨洋工而不去提高劳动生产率？其中一个不可忽视的原因，就是我们的奖励制度不够完善。就像那位渔夫，奖励了不该奖励的角色，挫伤了一些积极的人。

## 8.1 薪酬体系的设计



**任务提示**

薪酬体系的设计工作主要是在分析薪酬背景基础上，通过对精细化的工作分析，将企业岗位分类并进行评价。通过了解社会同行、竞争者的薪酬情况，考虑各种影响因素，确定自己的薪酬水平和薪酬结构。

在企业管理中，科学有效的激励机制能够让员工发挥出最大的潜能，为企业创造更大的价值。激励的方法很多，但是薪酬无疑是一种最重要的、最直接的动力。薪酬管理也是企业人力资源管理工作的重要任务之一。

**重点名词 8-1　薪酬**

薪酬是员工因向所在的组织提供劳务而获得的各种形式的酬劳。狭义的薪酬指货币和可以转化为货币的报酬。广义的薪酬除了包括狭义的薪酬（经济性报酬）以外，还包括获得的各种非货币形式的满足（非经济性报酬）。

企业薪酬体系设计应完成以下工作，并在此基础上，形成企业具体的薪酬制度：

### 8.1.1 分析薪酬设计的背景

企业的薪酬体系也是企业文化的重要组成部分。人力资源管理人员进行薪酬体系设计时，必须首先进行一定的背景分析工作。分析内容包括：企业的发展阶段、企业员工总体价值观、管理骨干及高级专业人才的核心价值观；企业的基本工资制度、水平、分配原则；

企业关于薪酬分配的政策和策略，包括薪资差距的标准、薪金、奖金、福利费用的分配等。通过分析，明确薪酬制度设计的政策、策略选择，以及设计原则等。

**重要信息 8-1 薪酬的构成**

薪酬主要包括基本工资、资金、津贴与补贴、股权、福利等具体形式。

（1）基本工资。基本工资是指用来维持员工基本生活的工资。基本工资分为岗位工资、职务工资、技能工资、工龄工资等，常常以小时工资、月薪、年薪等形式出现。

（2）奖金。奖金是单位对员工超额劳动部分或劳动绩效突出部分所支付的奖励性报酬。

（3）津贴与补贴。津贴是指对工资或薪水等难以全面、准确反映的劳动条件、劳动环境等对员工身心造成某种不利影响或者为了保证员工工资水平不受物价影响而支付给员工的一种补偿。常与员工生活相联系的补偿称为补贴，如交通补贴、物价补贴、高温补贴等。

（4）股权。股权是将企业的一部分股份作为薪酬授予员工，使员工成为企业的股东。股权薪酬与以上3种薪酬的区别主要表现在支付形式上，既不是货币，也不是一种简单的实物或服务，而是一种权利的授予。当然，也能享受企业经营效益的分享。

（5）福利。员工福利是一种强调组织文化的补充性报酬，即不以劳动情况作为发放依据，而是以员工组织成员身份作为支付依据。根据不同发放对象，分别有全员福利、特种福利和特困福利；根据是否具有强制性，分别有法定福利和自主福利，法定福利包括基本养老保险、医疗保险、失业保险、工伤保险、生育保险和住房福利等，有的企业也称“五险一金”。自主福利则是企业自行发放的多种形式的福利。

构成总薪酬的除了以上5种形式之外，非货币的收益也影响人们的行为，包括赞扬与地位、雇佣安全、挑战性的工作和学习的机会等。



**重要信息 8-2 薪酬管理**

薪酬管理是指在经营战略和发展规划指导下，综合考虑各种影响因素，确定企业自身薪酬支付原则、薪酬策略、薪酬结构、薪酬水平和薪酬形式，并进行薪酬调整和薪酬控制的动态管理过程。有效的薪酬管理可以吸引留住优秀员工、实现对员工的激励、塑造良好的企业文化、改善企业绩效。

### 8.1.2 进行工作再分析

通过前述“任务 2”和“任务 7”的工作分析，企业的岗位工作内容及要求，以及绩效考核标准已经确定下来。但是，在进行员工薪酬体系设计的时候，往往会发现有些工作分析成果比较粗放，难以直接用于工作岗位评价。这时，就需要对岗位工作进行再分析。

薪酬体系设计时的工作设计和工作分析建立在“任务 2”和“任务 7”的工作分析基础之上，所以可以称作再分析。通过这项工作，人力资源管理人员可以对企业内部的工作进行明确的分类、定岗定编，为进一步做岗位评价，比较不同工作的相对价值做准备。

### 8.1.3 工作岗位评价

工作岗位评价又称为职位评价，是指对企业现有的岗位划分等级，以便为不同等级的岗位确定相应等级的工资打下基础。工作岗位评价是一种职位价值的评价方法。它是在职位描述（岗位说明书）的基础上，对职位本身所具有的特性（如职位对企业的影响、职责范围、任职条件、环境条件等）进行评价，以确定职位相对价值的过程。它的评价对象是职位，而非任职者，这就是人们通常所说的“对岗不对人”原则。工作岗位评价的方法有排列法、分类法、因素比较法等。

**例 8-1　排列法举例**

表 8-1 为直接排列法举例。

表 8-1　直接排列法举例

| 重要程度排序 | 岗　位 |
|---|---|
| 重要性高<br>↑<br>重要性低 | 营销总监 |
| | 高级营销经理 |
| | 大区经理 |
| | 产品经理 |
| | 销售人员 |

**说明：**排列法是一种最简单的岗位评价方法，一般根据各种岗位的相对价值或它们各自对企业的相对贡献由高到低进行排序。

**例 8-2　分类法举例**

北京 ABC 公司在进行薪酬体系设计时，在确定岗位类别数目，对各岗位类别各个级别（职级）明确定义的基础上，将公司所有职位进行了划分，大致归类为管理类、技术类、营销类、行政类、厂线类等。

**说明：**岗位分类法比较简单，适合在大公司的管理人员和专业技术人员中应用。需要注意的是，等级说明应该详细一些。

**例 8-3　因素比较法举例**

北京 ABC 公司在进行岗位评价时，将评价因素设定为脑力劳动强弱（20%）、体力劳动强弱（25%）、技能水平高低（30%）和责任大小（25%）等 4 个因素，对材料搬运工、卡车司机和油漆工的工作岗位进行了评价，见表 8-2。

表 8-2　不同工作岗位等级因素评价表

| 因素等级<br>（低到高） | 脑力 20% | 体力 25% | 技能 30% | 责任 25% |
|---|---|---|---|---|
| 1 | 材料搬运工 | 油漆工 | 材料搬运工 | 材料搬运工 |
| 2 | 油漆工 | 卡车司机 | 油漆工 | 油漆工 |
| 3 | 卡车司机 | 材料搬运工 | 卡车司机 | 卡车司机 |

计算不同工作岗位因素值如下：

材料搬运工因素值=1×20%+3×25%+1×30%+1×25%=1.5

油漆工因素值=2×20%+1×25%+2×30%+2×25%=1.75

卡车司机因素值=3×20%+2×25%+3×30%+3×25%=2.75

**说明：**各岗位由低到高排序为材料搬运工、油漆工和卡车司机。

### 8.1.4 组织薪酬市场调查

薪酬市场调查是薪酬体系设计的重要工作。通过社会上本行业、本地区主要竞争对手的调查，既可以解决薪酬的对外竞争力和对内公平性问题，也能够帮助企业达到个性化和有针对性地设计薪酬的目的。薪酬市场调查工作一般包括以下步骤：

#### 1. 组建调查工作小组

人力资源调查工作小组由公司总裁和各部门主管、人力资源规划专职人员组成，总裁担任组长，人力资源部经理任执行副组长。

#### 2. 制订调查计划

人力资源部门应该首先明确调查的目的和调查结果用途，再开始制订调查计划。一般而言，调查的结果可以为以下工作提供参考和依据：整体薪酬水平的调整，薪酬结果的调整，薪酬晋升政策的调整，某具体岗位薪酬水平的调整等。

#### 3. 确定调查范围

根据调查的目的，可以确定调查的范围。调查的范围主要确定以下问题：①需要对哪些企业进行调查；②需要对哪些岗位进行调查；③需要调查该岗位的哪些内容；④调查的起止时间。

#### 4. 收集薪酬信息



薪酬调查一般采用问卷调查法，由企业直接发放问卷，或者委托有关部门进行调查。通过问卷调查，收集到所需的薪酬信息资料。

#### 5. 编写薪酬调查报告

人力资源管理人员对收集到的薪酬信息资料进行整理分析后，编写出薪酬调查报告，为本企业薪酬体系设计做准备。

**重要信息 8-2 薪酬调查的内容和方式**

薪酬调查的内容一般包括：①了解企业所在同行业的工资水平；②了解本地区的工资水平；③调查同行业企业的工资结构；④调查同行业企业的福利情况及劳动政策。

可以采取的调查方式有：①企业之间的相互调查；②委托专业机构进行调查；③从公开的信息中了解；④从流动人员中了解。

### 8.1.5 确定薪酬水平

在岗位评价和薪酬市场调查的基础上，人力资源管理人员可以将众多类型的岗位薪酬归并为若干等级，形成一个薪酬等级系列，从而确定出企业内每一个岗位具体的薪酬范围，以保证员工个体的公平性。结合员工个人实际情况，进一步确定薪酬幅度，即同一等级内不同人员薪酬水平的差异，最终将薪酬明确对应到每一位员工，形成企业内部各类职位和人员不同的薪酬水平。

### 8.1.6 确定薪酬结构

薪酬结构是指各组成部分之间的比例关系。依据薪酬各组成部分的相对比例的不同，薪酬结构可以分为以绩效为导向的薪酬结构（绩效薪酬制）、以工作为导向的薪酬结构（岗位薪酬制）、以技能为导向的薪酬结构（技能薪酬制）、组合薪酬结构（组合薪酬制）等。

绩效薪酬是指员工薪酬主要根据其近期劳动绩效来决定，绩效所得报酬占总薪酬的比例较大，如计件工资、销售提成工资、效益工资等；岗位薪酬是指员工薪酬主要根据其所担任的职务（岗位）的重要程度、任职要求的高低以及劳动环境对员工的影响等来决定；技能薪酬是指员工薪酬主要根据员工所具备的工作能力与潜力来决定，能力高薪酬高，能力低薪酬低；组合薪酬是指将薪酬分解成几个组成部分，分别依据绩效、技术和培训水平、岗位、年龄和工龄等因素确定薪酬额，使员工在各个方面的劳动付出都有与之对应的薪酬。

**重要信息 8-3　薪酬体系设计的原则**

现代企业的薪酬体系设计应遵循以下原则：

（1）战略导向原则。一个好的薪酬体系必须符合企业的发展战略目标，服务于企业未来长远的规划和发展。人力资源管理部门在制定公司薪酬体系时，必须紧扣企业发展战略，无论是薪酬政策导向，还是薪酬制度建设，都应该能够促进企业发展目标的实现。

（2）公平原则。公平性是薪酬设计的基本要求。公平分为内部公平和外部公平。首先，公平是依据企业内不同的工作岗位对企业整体目标实现的相对价值来支付薪酬，它可通过岗位评估衡量岗位价值来解决。其次，公平是要求同种工作岗位上员工的薪酬应公平，即同工同酬。第三，由于不同员工的资历、技能、绩效等存在个体差异，即使同种工作岗位上的不同员工，所获得的公平的报酬在数量上也是有差异的，即按劳分配。它可通过绩效考评来核算。这些统称为内部公平。外部公平是指社会上不同企业或组织之间的薪酬应公平。

（3）竞争力原则和经济性原则。人力资源管理人员在设计薪酬体系时，应该通过调查了解同行业薪酬市场的薪酬水平和竞争对手的薪酬水平，设计出具有市场竞争力的薪酬，才能充分地吸引和留住组织发展所需的优秀人才。经济性是指薪酬水平不能超越企业的财力。

（4）激励原则。企业中，不同员工往往对企业的贡献也不同，薪酬也应该根据贡献大小适当拉开差距，如薪酬与工作绩效挂钩，奖励优秀的工作业绩，激励员工的工作动机。

（5）合法原则。企业制定薪酬制度必须遵守国家法律和政策、地方法规，如国家关于最低工资、社会强制性的福利、保险等的规定。

**同步实训 8-1　员工薪酬体系认知**

**实训目的：**加深学生对员工薪酬体系的认识。

**实训安排：**

1. 学生可以查找家人或某一行业薪酬（工资）单据。
2. 分析并对比不同行业的薪酬体系。

**教师注意事项：**

1. 由生活事例导入对员工薪酬体系的认识。
2. 提供一些不同社会行业薪酬水平资料，供学生讨论。
3. 参观企业或提供其他相应学习资源。

**资源（时间）：**1课时、参考书籍、案例、网页。

评价标准：

| 表现要求 | 是否适用 | 已达要求 | 未达要求 |
| --- | --- | --- | --- |
| 小组活动中，外在表现（参与度、讨论发言积极程度） | | | |
| 小组活动中，对概念的认识与把握的准确程度 | | | |
| 小组活动中，角色扮演的精准度 | | | |
| 小组活动中，文案制作的完整与适用程度 | | | |

## 8.2 薪酬制度的执行

**任务提示**

薪酬制度的执行工作是企业人力资源管理部门的日常工作之一，主要包括：在薪酬策略分析的基础上，作出薪酬预算、向员工发放薪酬、向特殊群体发放薪酬，以及设计员工福利并发放福利。

### 8.2.1 薪酬策略的分析



**重点名词 8-2 薪酬策略**

薪酬策略是指在综合考虑企业战略和目标、文化、外部环境基础上，制定的对薪酬管理的指导原则。薪酬策略对薪酬制度的设计与实施具有指导意义，它强调与同规模的竞争性企业薪酬支付标准的对比与差异。

人力资源部门在执行薪酬制度时，应注意分析企业的薪酬策略。企业的薪酬策略既要反映组织的战略需求，又必须满足员工期望。薪酬与组织及其外部环境之间存在着一种依存关系，与企业的发展战略是相辅相成的。企业薪酬策略决定着企业的薪酬水平和激励导向。像指挥棒一样，薪酬策略对企业经营发展的支持作用主要表现在通过薪酬策略向员工发出企业期望的信息，并对那些与企业期望一致的行为进行奖励。

人力资源管理人员应该在切实领会企业薪酬策略的基础上，认真执行薪酬制度，充分发挥薪酬管理的作用。

**重要信息 8-4 薪酬策略的种类**

一般来讲，根据企业经营发展战略、目标、发展的不同阶段、企业文化和外部环境的影响，企业薪酬策略可能采取以下几种：①市场领先策略。采用这种薪酬策略的企业，薪酬水平在同行业的竞争对手中处于领先地位。②市场跟随策略. 采用这种策略的企业，一般都建立或找准了自己的标杆企业，企业的经营与管理模式都向自己的标杆企业看齐，同样薪酬水平跟标杆企业看齐。③滞后策略，也称成本导向策略，即企业在制定薪酬水平策略时不考虑市场和竞争对手的薪酬水平，只考虑尽可能地节约企业生产、经营和管理的成本，这种企业的薪酬水平一般比较低。④混合薪酬策略，顾名思义就是在企业中针对不同的部门、不同的岗位、不同的人才，采用不同的薪酬策略。

### 8.2.2 薪酬总额预算

在明确企业薪酬策略的基础上，人力资源管理部门接下来应该作出薪酬预算。薪酬预算是薪酬管理的重要环节，准确的预算可以保证企业在未来一段时间内的薪酬支付受到一定程度的协调和控制。薪酬预算要求人力资源管理者在进行薪酬决策时，综合考虑企业的财务状况、薪酬结构及企业所处的市场环境因素的影响，确保企业的薪酬成本不超出企业的承受能力。

确定薪酬调整总额首先需要确定薪酬总额调整的依据，即是依据利润、销售额、盈亏平衡点，还是依据“自下而上”或“自上而下”法推算薪酬总额。

**1．根据薪酬费用率确定薪酬总额**

人力资源管理人员可以根据过去的经营业绩计算出薪酬费用率（也可以参考当地本行业的一般水平），再根据这个比率和明年预期销售额，求出合理的薪酬总额。

薪酬费用率也称薪酬比率，用公式表示为：薪酬费用率=薪酬总额/销售额。由公式可以看出，如果企业销售额较大，则薪酬总额也应当相对地增加，因为公司的支付能力比较强。反之，如果销售业绩不好，则应相应地减少薪酬总额。

**2．根据薪酬利润率确定薪酬总额**

人力资源管理人员可以根据过去的经营业绩计算出薪酬利润率（也可以参考当地本行业的一般水平），再根据这个比率和明年预期利润总额，求出合理的薪酬总额。

$$薪酬利润率=（利润总额/薪酬总额）\times 100\%$$

该指标表明，公司每支付一单位的薪酬将会创造多少利润。在同行业中，薪酬利润率越高，表明单位薪酬取得的经济效益越好，人工成本的相对水平越低，公司薪酬提升的空间也越大。

**3．根据盈亏平衡点推算薪酬总额**

人力资源管理人员可以通过与企业财务人员合作，找到企业盈亏平衡点，即企业的销售额正好与企业的总成本相当，企业既不盈利也不亏损。通过分析总成本，推算出薪酬总额。

**4．根据“自下而上”或“自上而下”法推算薪酬总额**

人力资源管理人员可以从企业的每一位员工薪酬的预算估计数字，计算出整个部门所需要的薪酬支出，然后汇总所有部门的预算数字，编制为企业整体的薪酬预算，即“自下而上”。

人力资源管理人员还可以把企业高层决定企业整体的薪酬总额分解到每一个部门，确定各部门的薪酬总额，各部门根据部门薪酬总额与员工的特点再分解到每一个员工，即“自上而下”。

### 8.2.3 薪酬的发放

薪酬的发放应该依据企业薪酬管理制度、薪酬标准及发放办法进行，包括两项工作：薪酬的计算与薪酬的发放。

**1．计算薪酬**

人力资源管理人员在遵循企业薪酬制度的基础上，根据企业实际情况，计算出不同形式的薪酬。企业中由行政人员、生产人员、营销人员、技术人员、后勤人员等，不同的工种可能需要选取不同的薪酬计取形式。

**例 8-4　计时工资**

某员工月工资标准为 5 700 元，因故加班一天，加班工资按照日工资标准的 150%支付，应支付该员工多少加班费？

计时工资计算公式为

日工资标准=月工资标准/21.75

应支付的加班费=（5 700/21.75）×150%=393.10（元）

说明：劳动法规定，职工全月平均工作天数和工作时间分别为 21.75 天和 174 小时。

**例 8-5　计件工资**

某企业车工岗位日工资标准为 180 元，日工作量定额为 4 件，计算该岗位的计件工资单价。

计件工资计算公式为

计件工资=计件单位×实际完成的工作量

计件单价=单位时间的工资标准/单位时间内的工作量定额

该岗位的计件工资单价=180/4=45（元）

**例 8-6　提成工资**

A 为企业销售部门员工，根据规定，其工资同销售收入挂钩，超过规定任务，超额部分按照 10%记入本人工资。2013 年，A 的年基本工资为 78 000 元，规定任务为 150 万元，实际完成 180 万元。则 A 的年收入=7.8+（180 –150）×10%=10.8（万元）。

**例 8-7　结构工资**



管理类员工结构工资=月固定工资（基本工资+岗位工资）+月绩效工资+工龄工资+各类补贴或补助。

工资计算完成后，人力资源管理人员（核算专员）将各员工按照部门登记，制作工资表。表中项目除了应发放部分外，还应包括扣款，如住房公积金、医疗保险、个人所得税、请假扣款等项目。

**2．发放薪酬**

工资表制作完成后，人力资源管理人员按照相关规定，交由企业领导层审核。核准后，按照企业规定的发放时间、途径、形式，将工资发给每一位员工。发放时应处理好公开性与保密性的问题。一般来讲，工资标准应该公开透明，实际发放的数额可以不公开。人力资源管理部门应该注意员工对薪酬发放的理解和态度，以便有针对性地调整发放策略。

### 8.2.4　特殊员工的薪酬管理

**1．试用期员工薪酬管理**

（1）确定薪酬标准。试用期员工起薪标准的确定要考虑以下几个因素：①员工的生活费用。如果薪酬不能够维持其基本的生活需要，员工就会另谋出路。②本地区同行业的薪酬行情。如果企业的起薪与其他公司相差不大，也难以留住员工。③新员工的工作能力。参照企业同等能力的老员工薪酬，考虑到工作年限，应该比老员工低。④企业的支付能力。

（2）根据企业薪酬制度确定薪酬水平。试用期员工如果是普通职能部门员工，如行政文员、人事助理，或非急需的专业技术人员和应届毕业生，则可以根据企业的薪酬政策确定其起薪。

(3) 灵活确定特殊人才起薪。对于社会招聘的有工作经验的新员工，或企业急需的人才，人力资源管理部门应该灵活确定其起薪标准，同时处理好与老员工薪酬冲突带来的问题。

**2. 销售人员薪酬管理**

销售人员的薪酬形式一般是基本工资加销售提成。具体采用高工资低提成，还是低工资高提成，要视情况而定。客户群稳定的企业，其销售提升很大程度上来自企业的整体规划和投入，可以采用高工资低提成；企业处于起步阶段，市场亟须开发，则可以考虑低工资高提成的薪酬形式。

**3. 专业技术人员薪酬管理**

专业技术人员的薪酬一般采用“基本工资+技能工资”结构。同等条件的员工基本工资应该是相同的，差别体现在技能工资中。基本工资的确定以员工基本情况为基础，技能工资则应根据其技术等级和不同岗位，采用不同的技能等级工资标准。

**4. 管理人员薪酬管理**

管理人员的薪酬一般由基本工资、短期奖励或奖金、长期激励和资本增值计划、行政福利、津贴等构成。企业往往把其薪酬与企业的整体发展、业绩紧紧联系在一起。

**管理借鉴 8-1　沃尔玛的薪酬制度**

沃尔玛公司不把员工视为雇员，而是合伙人。公司的一切人力资源制度都体现这一理念，除了让员工参与决策之外，还推行一套独特的薪酬制度。沃尔玛的薪酬制度是：固定工资+利润分享计划+员工购股计划+损耗奖励计划+其他福利计划。

(1) 固定工资。沃尔玛的固定工资基本上是行业较低的水平，但是其利润分享计划、员工购股计划、损耗奖励计划在整个报酬制度中起着举足轻重的作用。

(2) 利润分享计划。凡是加入公司一年以上，每年工作时数不低于 1 000 小时的所有员工，都有权分享公司的一部分利润。一位 1972 年加入沃尔玛的货车司机，20 年后的 1992 年离开时得到了 70.7 万元的利润分享金。

(3) 员工购股计划。本着自愿的原则，员工可以购买公司的股票，并享有比市价低 15%的折扣，可以交现金，也可以用工资抵扣。

(4) 损耗奖励计划：店铺因减少损耗而获得的盈利，公司与员工一同分享。

(5) 其他福利计划：建立员工疾病信托基金，设立员工子女奖学金。从 1988 年开始，每年资助 100 名沃尔玛员工的孩子上大学，每人每年 6 000 美元，连续资助 4 年。

【讨论】沃尔玛低成本高效率运行与其实施的员工薪酬制度的关系。

### 8.2.5 员工福利的管理

员工福利是企业为员工提供的除工资之外的各种待遇。福利管理工作关系到增强员工凝聚力和企业向心力的作用，人力资源管理部门一定要做好这项工作。

**1. 员工福利的设计**

员工福利一般分为法定福利和企业福利。法定福利包括社会保险福利（养老保险、医疗保险、生育保险、工伤保险和失业保险）、住房公积金、带薪休假和法定假期（元旦、春节、清明、五一、端午、中秋、国庆）。企业福利包括免费工作餐、交通补贴、住房福利、购车福利、医疗保健、意外险、文娱设施、教育福利、休闲旅游等。

**2．员工福利的发放**

员工福利的发放应建立在福利总额预算与控制的基础上。在发放时应充分考虑企业的发展战略、企业的支付能力以及与薪酬政策相配套的原则。

社会保险费用由国家、企业和员工共同承担，日常业务的办理中，因员工身份的不同，各地政府对其参与社会保险的种类规定也不同。人力资源管理部门应有专人负责，及时按照各地社会保险管理部门相关社会保险管理条例缴纳或缴存各种福利费用。

企业福利在发放时应注意员工的偏好和需求，使其发挥出最大效益。

**重要信息 8-5　薪酬制度**

薪酬制度是指组织的工资制度，是关于组织标准报酬的制度，它是以员工劳动的熟练程度、复杂程度、责任及劳动强度为基准，按照员工实际完成的劳动定额、工作时间或劳动消耗而计付的劳动薪酬。基本工资制度包括以下类型：

（1）计时工资制。计时工资是指按照劳动者的工作时间来计算工资的一种方式。计时工资可分为月工资制、日工资制和小时工资制。

（2）计件工资制。计件工资是按照劳动者生产合格产品的数量和预先规定的计件单价计量和支付劳动报酬的一种工资形式。

（3）岗位工资制。岗位工资是指以岗位劳动责任、劳动强度、劳动条件等评价要素确定的岗位系数为支付工资报酬的一种工资支付制度。

（4）绩效工资制。绩效工资是根据员工工作业绩来确定工资水平的一种工资制度。

（5）年薪制。年薪制是以年度为单位，依据企业的生产经营规模和经营业绩，确定并支付经营者年薪的分配方式。主要对象是企业的经营管理人员。

**同步实训 8-1　员工薪酬制度认知**

**实训目的：**加深学生对员工薪酬制度的认识。

**实训安排：**

1. 学生可以查找家人或不同行业薪酬（工资）单据，讨论并分析其构成要素。
2. 分析并体会员工薪酬制度的意义。

**教师注意事项：**

1. 由生活事例导入对员工薪酬制度的认识。
2. 提供一些员工薪酬发放单据，供学生讨论。
3. 参观企业或提供其他相应学习资源。

**资源（时间）：**1课时、参考书籍、案例、网页。

**评价标准：**

| 表现要求 | 是否适用 | 已达要求 | 未达要求 |
| --- | --- | --- | --- |
| 小组活动中，外在表现（参与度、讨论发言积极程度） | | | |
| 小组活动中，对概念的认识与把握的准确程度 | | | |
| 小组活动中，角色扮演的精准度 | | | |
| 小组活动中，文案制作的完整与适用程度 | | | |

## 8.3 薪酬体系的调整

**任务描述**

为了与绩效管理、市场变化、物价指数变化和企业赢利能力变化相适应，保持薪酬对员工的吸引、保留和激励作用。企业应该对员工薪酬作出调整。

薪酬调整是指公司薪酬体系运行一段时间后，随着企业发展战略以及人力资源战略的变化，现行的薪酬体系可能不适应企业发展的需要，这时要对企业薪酬管理做出系统的诊断，确定最新的薪酬策略，同时对薪酬体系做出调整。薪酬调整是保持薪酬动态平衡、实现组织薪酬目标的重要手段，也是薪酬管理的日常工作。

薪酬调整包括薪酬水平调整、薪酬结构调整和薪酬构成调整3个方面的工作。

**重要信息 8-6 薪酬调整的原因**

企业管理中，如果薪酬体系一成不变，必然导致薪酬管理静态化，使薪酬的管理与绩效管理、市场变化、物价指数变化和企业赢利能力变化脱节，最终导致企业薪酬对员工缺乏吸引和激励作用。

首先，一个员工的绩效表现是好是差，对企业的贡献是多是少，应该直接反映到他的薪酬上面。不能“干多干少一个样”，那样会严重影响了员工的工作积极性。

其次，随着市场竞争的深化，人才的市场竞争也日益激烈。企业的薪酬只有在市场上具有足够的竞争力，才能留住既有的人才，并有足够的吸引力吸引外面的人才加盟。

第三，物价指数上升时，原定的薪酬水平的购买力降低，如不进行调整，实际上相当于降低员工的收入水平，长此以往，员工必会另谋出路。

第四，当企业赢利表现良好时，通过薪酬调整，将企业的经营成果与大家分享，员工才能保持高昂的士气。当企业赢利欠佳时，也可以通过薪酬调整将企业的赢利欠佳的现状传达至每一位员工，由此激发员工的斗志，同心同德，共同奋斗，这样企业才可能有所转机。

也就是说，让薪酬“动”起来并不是让薪酬“升”起来，而是以一种动态的管理使之与企业管理的方方面面相适应，实现投入与产出的最佳匹配。通过调整薪酬，让薪酬“动”起来，不仅能充分打造企业薪酬的外部竞争力，有效地吸引和保留人才，还能充分实现企业薪酬的内部公平和个体公平，有效激励员工。在当今这个时代，企业的薪酬管理“动态”应成为一种常态。

### 8.3.1 薪酬水平调整

薪酬水平调整是指在薪酬结构、薪酬构成等不变的情况下，将薪酬水平调整的过程。薪酬水平调整包括薪酬整体调整、薪酬部分调整、薪酬个人调整3个方面的工作。

**1．薪酬整体调整**

薪酬整体调整是指企业根据国家政策和物价水平等宏观因素的变化、行业及地区竞争状况、企业发展战略变化、企业整体效益情况以及员工工龄和司龄变化，而对企业所有岗位人员进行的调整。

薪酬整体调整就是整体调高或调低所有岗位和任职者薪酬水平，调整的做法一般有以下几种：

（1）等比调整。等比调整是所有员工都在原工资基础上增长或降低同一百分比。等比调整使工资高的员工调整幅度大于工资低的员工，从激励效果来看，这种调整方法能对所有人产生相同的激励效用。

（2）等额调整。等额调整是不管员工原有工资高低，一律给予等幅调整。

（3）综合调整。综合调整考虑了等比调整和等额调整的优点，同一职等岗位调整幅度相同，不同职等岗位调整幅度不同，一般情况下，高职等岗位调整幅度大，低职等岗位调整幅度小。

在薪酬管理实践中，薪酬的整体调整是通过调整工资或津贴补贴项目来实现的。

如果是因为物价上涨等因素增加薪酬，应该采用等额调整，一般采取增加津贴补贴项目数额的方法；如果是因为外部竞争性以及公司效益进行调整，应该采用等比调整或综合调整，一般都是通过调整岗位工资来实现；如果是因为工龄（司龄）因素进行调整，一般采取等额调整，对工龄（司龄）工资或津贴进行调整。

对于岗位工资的调整，一般都是对每个员工岗位工资调整固定的等级，调整形式是由工资等级表的形式决定的。一般情况下，不同等级员工岗位工资调整大致符合等比原则，同等级员工岗位工资调整大致符合等比原则或者等额原则。



**2．薪酬部分调整**

薪酬部分调整是指定期或不定期根据企业发展战略、经营效益、部门及个人业绩、人力资源市场价格变化、年终绩效考核情况，而对某一类岗位任职员工进行的调整，可以是某一部门员工，也可以是某一岗位序列员工，也可以是符合一定条件的员工。

薪酬部分调整的具体做法是：人力资源管理部门根据企业效益、物价指数，以及部门、个人绩效考核情况，提出岗位工资调整方案，经企业讨论后实施。一般情况下，个人绩效考核结果成为员工岗位工资调整的主要影响因素。对年终绩效考核结果优秀的员工，进行岗位工资晋级激励；对年终绩效考核结果不合格的员工，可以进行岗位工资降级处理。

（1）调整部分岗位工资。根据人力资源市场价格变化，可以调整某岗位序列员工薪酬水平。薪酬调整可以通过调整岗位工资，也可以通过增加奖金、津贴补贴项目等形式来实现。

（2）调整部分部门工资。根据公司发展战略以及公司效益情况，可以调整某部门员工薪酬水平。薪酬调整一般不通过调整岗位工资实现，因为那样容易引起其他部门内部不公平感，一般情况下是通过增加奖金、津贴补贴项目等形式来实现。

**3．薪酬个人调整**

薪酬个人调整是由于个人岗位变动、绩效考核或者为公司做出突出贡献，而给予岗位工资等级的调整。

员工岗位变动或者试用期满正式任用后，要根据新岗位进行工资等级确定；根据绩效管理制度，绩效考核优秀者可以晋升工资等级，绩效考核不合格者可以降低工资等级；对公司做出突出贡献者，可以给予晋级奖励。

### 8.3.2 薪酬结构调整

在薪酬体系运行过程中，随着企业发展战略的变化，组织结构应随着战略变化而调整，尤其是在组织结构扁平化趋势下，企业的职务等级数量会大大减少；另一方面，由于受到劳动力市场供求变化的影响，企业不同层级、不同岗位薪酬差距可能发生变化，这些都会对薪酬结构的调整提出要求。

一般情况下，通过调整各岗位工资基准等级，就能实现不同岗位、不同层级薪酬差距调整要求；但当变化较大，现有薪酬结构不能适应变化后的发展要求时，就需要对公司的薪酬结构进行重新调整设计。薪酬结构的调整设计包括薪酬职等数量设计、职等薪酬增长率设计、薪级数量设计以及薪级级差设计等各方面。

需要注意的是，在进行薪酬体系设计时，要充分考虑薪酬结构变化的趋势和要求，使通过调整各岗位工资基准等级，就能实现薪酬的结构调整，这样操作简单、方便。不到万不得已，不要轻易进行薪酬结构的重新设计。

**管理借鉴 8-2　诺德斯特龙的单一销售佣金制度**

诺德斯特龙是世界著名的百货商店，主要经营服装和鞋类商品，以优质的服务而闻名于世，被称为世界上服务最好的商店。是什么制度使员工向顾客提供最满意的服务呢？其核心就是销售额提成或是佣金制度。

诺德斯特龙的基本理念是：总裁为部门经理服务，部门经理为导购员服务，这样才能保证导购员为顾客服务。顾客被员工视为最尊贵的客人，一切行为的出发点就是保证他们满意。

诺德斯特龙的薪酬制度是最为简单的，就是对全员实行销售额的比例提成制度，这是员工薪酬的全部，员工没有固定工资。员工不属于商品部，属于顾客，它可以引导顾客买鞋后去买服装，买服装后去买化妆品。对于不同商品，员工销售的提成比例不同，服装 6.75%，男鞋 8.25%，女鞋 9%～10%，童鞋 13%。

诺德斯特龙公司成功地运用了销售额提成制度，使员工的经营业绩直接与自己的收益挂起钩来。同时，使员工更加关注忠诚性顾客的培养，而非过分在意一次交易的成败。诺德斯特龙还实施无条件退货。一天，一位顾客推着固特异轮胎来退货，诺德斯特龙不卖轮胎，但是也给她退了。因为在 1975 年，诺德斯特龙从北方商业公司收购了三家商场，这三家商场曾经卖过固特异轮胎，这位顾客的轮胎是从那儿买的。无条件退货，短期看会减少员工的销售额提成，但是由于培养了忠诚性顾客，反而会增加员工的长期收益。另外，员工常常主动为顾客免费送货，这虽然不会增加员工此次交易的提成数额，但会使员工长期收入增加。

【讨论】诺德斯特龙的薪酬制度的优点。

### 8.3.3 薪酬构成调整

薪酬构成调整就是调整固定工资、绩效工资、奖金以及津贴补贴的比例关系。

一般情况下，固定工资和绩效工资是通过占有岗位工资比例来调整的。在企业刚开始进行绩效考核时，往往绩效工资占有较小的比例，随着绩效考核工作落到实处，绩效工资可以逐步加大比例。

津贴补贴项目也应根据企业的实际情况进行调整。在一些津贴补贴理由已经不存在的情况下，应该取消相应的津贴补贴项目。

奖金应根据企业效益情况以及人力资源市场价格，进行增加或降低的调整。

**重要信息 8-7　薪酬管理与人力资源管理其他工作的关系**

薪酬管理与其他人力资源管理环节同样具有密切联系。

（1）薪酬管理与工作分析。工作分析是薪酬设计的基础，工作分析所形成的岗位说明书是进行工作评价、确定薪酬等级的依据，工作评价信息大都来自岗位说明书的内容。

（2）薪酬管理与人力资源规划。薪酬政策的变动是改变内部人力资源供给的重要手段。例如，提高加班工资的额度，可以促使员工增加加班时间，从而增加人力资源供给量。

（3）薪酬管理与员工招聘。较高的薪酬水平有利于吸引大量应聘者，从而提高招聘的效果。此外，招聘录用也会对薪酬管理产生影响，录用人员的数量和结构是决定组织薪酬总额增加的主要因素。

（4）薪酬管理与绩效管理。一方面，绩效管理是薪酬管理的基础之一，激励薪酬的实施需要对员工的绩效做出准确的评价；另一方面，针对员工的绩效表现及时地给予不同的激励薪酬，也有助于增强激励的效果，确保绩效管理的约束性。

（5）薪酬管理与员工劳动关系管理。在企业的劳动关系中，许多劳动争议由薪酬问题引起，有效的薪酬管理能够减少劳动纠纷，留住优秀员工，实现对员工的不断激励。此外，薪酬管理也有助于塑造良好的组织文化，维护稳定的劳动关系，改善企业绩效。



**同步实训 8-3　员工薪酬体系调整讨论**

**实训目的：**加深学生对员工薪酬体系调整的认识。

**实训安排：**

1. 学生可以查找家人或不同行业薪酬体系调整资料，讨论并分析其影响因素。
2. 分析并体会员工薪酬体系调整的意义。

**教师注意事项：**

1. 由生活事例导入对员工薪酬体系调整的认识。
2. 提供一些员工薪酬体系调整资料，供学生讨论。
3. 参观企业或提供其他相应学习资源。

**资源（时间）：**1 课时、参考书籍、案例、网页。

**评价标准：**

| 表现要求 | 是否适用 | 已达要求 | 未达要求 |
| --- | --- | --- | --- |
| 小组活动中，外在表现（参与度、讨论发言积极程度） | | | |
| 小组活动中，对概念的认识与把握的准确程度 | | | |
| 小组活动中，角色扮演的精准度 | | | |
| 小组活动中，文案制作的完整与适用程度 | | | |

## 小结

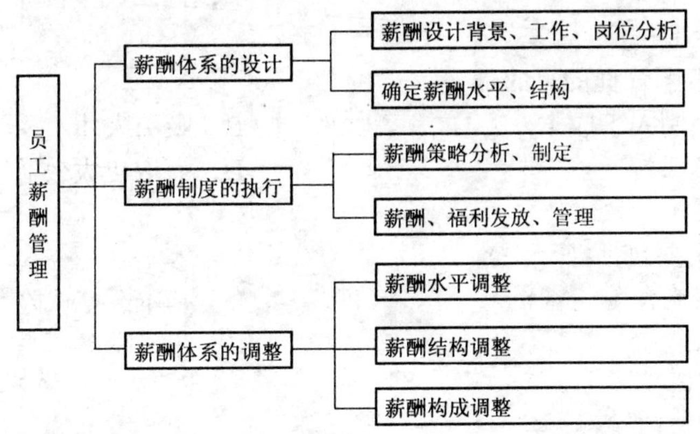


## 教学做一体化训练

### 一、重点名词

薪酬　　薪酬管理　　薪酬调查　　薪酬水平　　薪酬结构　　薪酬策略

### 二、课堂讨论

1. 企业发展阶段与员工薪酬策略的关系。
2. “薪酬构成不用详细划分，只要看一个总数多少就行”。
3. 工作分析与薪酬管理的关系。
4. 薪酬发放的保密性。
5. 薪酬管理关系到社会和谐稳定。

### 三、课后自测

#### （一）选择

1. 工作岗位评价的方法有（　　）。

   A．排列法　　B．分类法　　C．因素比较法　　D．观察法

2. 薪酬结构可以分为（　　）。

   A．以绩效为导向的薪酬结构（绩效薪酬制）

   B．以工作为导向的薪酬结构（岗位薪酬制）

   C．以技能为导向的薪酬结构（技能薪酬制）

   D．组合薪酬结构（组合薪酬制）

3. 内部公平主要是指（　　）。

   A．员工薪酬与市场水平大体相当

   B．员工薪酬在分配程序上的公正合理

   C．员工的薪酬与自己所在部门的绩效相当

   D．与其他岗位相比，员工的薪酬与其所在岗位工作价值大体相当

4. 薪酬制度设计的基础是（　　）。

A. 岗位分析与评价　　B. 薪酬调查

C. 福利政策　　D. 人工成本核算

E. 工资标准

5. 企业进行薪酬管理的目的是（　　）。

A. 合理控制人工成本　　B. 吸引人才

C. 激励员工　　D. 获取更大效益

E. 留住人才

6. 社会保险主要包括（　　）。

A. 基本养老保险　　B. 基本医疗保险

C. 失业保险　　D. 工伤保险

E. 生育保险

（二）判断

1. 工作岗位评价的对象是职位，而非任职者，这就是人们通常所说的“对岗不对人”原则。（　　）

2. 计件工资、销售提成工资、效益工资等属于绩效薪酬。（　　）

3. 薪酬与组织及其外部环境之间存在着一种依存关系，与企业的发展战略无关。（　　）

4. 非货币性的收益一般不会影响员工的行为。（　　）

5. 发给参加实习的学生的报酬和员工差旅费应该计入企业薪酬总预算。（　　）

6. 员工个人生活期望提高会对企业薪酬标准形成一种无形的压力。（　　）

（三）简答

1. 薪酬的构成要素有哪些？各要素的意义？

2. 薪酬体系设计的原则有哪些？

3. 薪酬策略有哪些种类？

4. 什么是薪酬制度？

5. 薪酬调整的原因有哪些？

6. 薪酬管理与其他人力资源管理工作的关系？

（四）案例分析

### 摩托罗拉的薪酬管理

摩托罗拉卓越的业绩的背后是其先进的管理水平，特别是适应变革的薪酬管理成为了吸引、保留和激励员工的重要手段。

**一、适应变革的薪酬**

在摩托罗拉，薪水的标准从职位入手，同一个职位可能会有差距，因为要看工作业绩。有些特殊能力的人，可能要从国外招聘，薪水跟国际市场挂钩。摩托罗拉的工资水平在市场中处于中间档次。摩托罗拉的薪水一大部分是基本工资，占的百分比很大，还有年终奖金。摩托罗拉意识到固定工资也有好有坏，2000 年以后，摩托罗拉的工资结构有所变化，增加了工资中的可变动部分，并将以前每年一次的奖金改为每季度发放。

**二、科学调节薪酬**

如果员工对自己的薪酬不满，可以向人力资源部提出来，摩托罗拉会对其进行市场调查，如果真的比市场平均水平低，摩托罗拉会普调工资。摩托罗拉成都分公司的员工曾经反映说工资水平太低，人力资源部就通过调查市场，发现情况的确如此，于是成都分公司的员工就获得了工资的普遍增长。

在摩托罗拉刚刚开始工作时，学历上的差别会在工资中体现出来，如研究生和本科生会有差别。但在工作一段时间之后，本科生比研究生工资水平更高也是常见的现象。随着时间的推移，老员工可能经过几年涨工资，基数变得很大，那么应届毕业生的涨幅就会比老员工高。除此之外，对有创造性的员工，摩托罗拉会破格调级。

摩托罗拉年终评估在1月份进行，个人评估是每季度一次，部门评估是一年一次，年底对业务进行总结。根据平衡记分卡的情况，公司年底决定员工个人薪水的涨幅，也根据业绩晋升员工。摩托罗拉常年都在选拔干部，一般比较集中的时间是每年2～3月份，公司挑选管理精英，到总部去考核学习，到5～6月份会定下管理人才来。

**三、员工都有奔头**

摩托罗拉将其经理的级别划分为初级经理、部门经理、区域经理（总监）、副总裁（兼总监或总经理）、资深副总裁。在摩托罗拉，员工的男女比例相当。摩托罗拉的经理数量达到664人，女经理人数占到经理总数的23%，而且计划要发展到40%。在摩托罗拉，中专毕业的工人也有达到部门经理的。摩托罗拉强有力的培训给许多人提供了成长空间。在摩托罗拉，技术人员可以搞管理，管理人员也有做技术的，做管理的和做技术的在工资上有可比性。在许多企业大家都看着职业经理人的位置，因为拿钱多，在摩托罗拉做技术的和做经理的完全可以拿一样多的工资。摩托罗拉对许多职能部门都有专业职称评定，如在法律部、人力资源部可以评经济师、副教授、教授等，这样的职称与其薪酬相挂钩。摩托罗拉现在共有1377具有内部职称的专业人员，分布在8不同的事业部。

（资料来源：李洋．中国高新技术产业导报．2005.3.23.）

问题：

1．摩托罗拉的薪酬管理的特色在哪里？它能够如何支持公司提升其竞争力？

2．摩托罗拉的薪酬管理与绩效管理和培训体系是如何进行衔接的？这样的衔接具有什么样的好处？

## 实践项目　认识企业员工薪酬管理

**活动目的：**深入企业，组织座谈，实地了解其员工薪酬管理，认识其工作过程。

**活动安排：**

1. 教师与校外基地接洽，进入企业。
2. 学生分组，分赴人力资源管理岗位，实地了解企业人员薪酬管理工作并写出报告。

**教师注意事项：**

1. 讲解工作要点。
2. 检查学生分组是否合理。
3. 组织学习资源的调配。

**资源：**课后4课时、网页、参考书、基地企业。

**评价标准：**

| 表现要求 | 是否适用 | 已达要求 | 未达要求 |
| --- | --- | --- | --- |
| 小组活动中的工作表现（参与度、讨论发言） | | | |
| 整个职业工作过程的表现（概括、发现） | | | |
| 对整体职业工作任务的认识与把握 | | | |
| 完成任务过程知识与经验的运用 | | | |

## 学生自我工作总结

通过完成“任务8　员工薪酬管理”，我能够作如下总结：

**一、主要知识**

完成本任务需了解的主要知识点为：

1. ……………………………………

2. ……………………………………

**二、主要技能**

完成本任务需掌握的主要技能有：

1. ……………………………………

2. ……………………………………

**三、主要原理**

完成本任务涉及的管理原理有：

1. ……………………………………

2. ……………………………………

**四、相关知识与技能**

本任务的完成过程：

1. 员工薪酬体系的主要框架是：……………………

2. 员工薪酬构成要素包括：……………………

3. 员工薪酬调整的意义是：……………………

**五、成果检验**

本任务的成果：

1. 完成本任务的意义有：……………………

2. 学到的经验有：……………………

3. 自悟的经验有：……………………

4. 你认为员工薪酬管理对人力资源管理工作的意义是：……………………

# 任务 9 >>>

# 员工劳动关系管理

## 任务描述

员工劳动关系管理是指通过规范化、制度化的管理，使劳动关系双方（企业与员工）的行为得到规范，权益得到保障。这项工作的内容有：劳动合同的订立、续订、变更和解除的管理；员工日常档案管理、员工劳动安全的教育与管理；员工劳动争议的处理。显然，劳动关系管理是对人的管理，是一个思想交流的过程。

## 学习目标

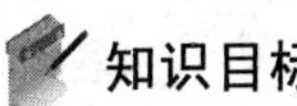

### 知识目标

- 能认识员工劳动关系的含义。
- 能认识劳动合同的类型与内容。
- 能认识员工日常事务管理的内容。

### 能力目标

- 能认识劳动合同订立的程序及意义。
- 能举例说明员工日常事务管理的作用。
- 能够对员工劳动关系管理有整体认识。

## 任务导入

在今天我们生活的周边，劳动关系纠纷时有发生。为了避免这种情形的发生，企业在日常经营活动中，都会安排专人（劳动关系管理员）负责劳动关系管理的事务性工作，如起草订立劳动合同、员工档案管理、劳动争议信息收集与调处、员工沟通管理等。如果劳动争议频频发生，不但会影响企业生产任务的完成和绩效目标的实现，也会影响企业在社会上的用工形象。

## 任务解析

根据人力资源管理职业工作活动顺序和职业教育学习规律，“员工劳动关系管理”任务可以分解为以下子任务：

9.1 员工劳动合同管理

9.2 员工日常事务管理

9.3 员工劳动争议管理

**管理故事**

我们的第九个故事从一群鸬鹚讲起。一群鸬鹚辛辛苦苦跟着一位渔夫十几年，立下了汗马功劳。但随着年龄的增长，它们腿脚不灵便，眼睛也不好使了，捕鱼的数量越来越少。后来，渔夫又买了几只小鸬鹚，经过简单训练，便让新老鸬鹚一起出海捕鱼，由于渔夫的精心调教，加之老鸬鹚的“传帮带”，新买的鸬鹚很快学会了捕鱼的本领，渔夫很高兴。

新来的鸬鹚很知足，下定了知恩必报的决心，一个个拼命地为主人工作。而那几只老鸬鹚因为老得不能出海了，主人便对它们冷淡起来，吃的住的都比新来的鸬鹚差远了。日子一久，几只老鸬鹚瘦得皮包骨头，奄奄一息，另几只老鸬鹚干脆被主人杀掉炖了汤。

一日，几只年轻的鸬鹚突然集体罢工，任凭渔夫如何驱赶，再也不肯下海捕鱼。渔夫抱怨说：“我待你们不薄呀，每天让你们吃着鲜嫩的小鱼，住着舒适的窝棚，时不时还让你们休息一天半天，你们不思回报，却闹起了情绪。怎么这么没良心呀!”这时，一只年轻的鸬鹚发话了：“主人呀，你对我们越好，我们越害怕。你想想，现在我们身强力壮，有吃有喝，但老了，还不落个老鸬鹚一样的下场？！”



**【管理感悟】**从这个故事中应该看到，鸬鹚从最初希望“有吃有喝”，到企盼“年迈体弱时也有小鱼吃”，这些要求都是合情合理的。倘若企业人力资源管理忽视了这些需求，最终只能导致“鸬鹚”罢工，从而使企业蒙受更大损失。其实，看一个企业，不只是看其对年轻员工的态度，更要看其对待老年员工的态度。世界名企里面，还真没有“亏待”老年员工的。

## 9.1 员工劳动合同管理

**任务提示**

人力资源管理部门进行员工劳动合同管理的事务性工作主要包括：依法代表企业与应聘测试合格者签订劳动合同以及对到期劳动合同进行续订；劳动合同的变更与劳动合同的解除。这些工作成果直接反映了劳动关系的确立与否。

在经济管理类专业学习中，无论是分享世界著名企业的成功案例，还是观察身边的实习基地——企业，我们都可以得出一个基本的结论：企业需要足够数量的员工，并且需要许多量质兼备的人力资源，才能更好地实现组织目标。

这么多的员工受雇于企业，两者之间就形成了一种社会关系，就是人们常说的劳动关系。

**重点名词 9-1 劳动关系**

劳动关系是劳动者与用人单位在实现劳动过程中建立的社会经济关系。广义讲，人们与用人单位之间因从事劳动而结成的社会关系都属于劳动关系。狭义讲，双方当事人是被一定的劳动法律所规定和确认的权利和义务联系在一起的，劳动者须加入某一个用人单位，并参加单位的劳动，遵守单位劳动规则；而用人单位须按照劳动者的劳动数量或质量支付报酬，提供工作条件，并不断改进劳动者的物质文化生活。

我们从"管理故事"中的"身份到契约"说法可知，劳动关系经历了多年的发展，已经成为现代产业活动中的重要组织关系之一。特别是在经济全球化下，各个国家的政府在劳动关系中扮演着不同的角色，如劳动者权利的保护者、劳资谈判的促进者、劳动争议的调停者等。随着我国社会主义市场经济的日臻成熟，现代企业制度的逐步建立，我国企业的劳动关系也发生了重大变化，如劳动关系双方利益主体明确化、劳动关系多样化、劳动关系契约化等。从企业的角度来讲，这给劳动关系管理带来了巨大的挑战。

**重点名词 9-2 劳动关系管理**

劳动关系管理是指为了促进组织经营活动的正常开展，缓解和调整组织劳动关系的冲突，以实现组织劳动关系的和谐，提高组织劳动效率，而进行的各种管理活动和采取的措施。

企业与员工确立劳动关系的重要标志就是签署劳动合同。员工劳动合同管理涉及的工作有合同的签订、变更、续签、解除与终止、集体合同和事实劳动关系管理等。



### 9.1.1 员工劳动合同的签订

按照《劳动法》及《劳动合同法》有关规定，用人单位自用工之日起即与劳动者建立劳动关系，建立劳动关系应当签订劳动合同。企业人力资源管理部门劳动关系管理专员（分工较细的人力资源部门还有专门的合同专员）负责完成事务性工作。

**1. 确定劳动合同内容**

劳动关系管理专员在草拟劳动合同之前，应先根据企业自身特点确定劳动合同内容。一般来讲，确定劳动合同内容可参考各地政府劳动管理部门推荐使用劳动合同的范本。

**重要信息 9-1 劳动合同的内容**

劳动合同内容主要包括法定条款和约定条款。

（1）法定条款：①劳动合同期限，具体包括3种：一是有固定期限的劳动合同；二是无固定期限的劳动合同；三是以完成一定工作为期限的劳动合同。②工作内容，包括工种及岗位名称、工作地点及场所。③劳动保护和劳动条件，包括加班加点、工作班制、劳动工作条件、劳动工具、生产工作流程、安全操作规程、安全卫生制度、健康检查、女工及未成年工特殊保护和伤亡事故处理制度。④劳动报酬，包括工资制度、工资给付标准、工资给付时间、给付周期、工资计算办法、奖金津贴获得条件及标准、工资不得低于当地最低工资给付标准。⑤社会保险，包括劳动者的生育、养老、疾病、死亡、伤残、失业及劳资双方对保险费的项目、缴费标准、缴费方式等办法。⑥劳动纪律，包括遵守国家法律、行政法规及用人单位依法制定的劳动规则。⑦劳动合同终止的条件，包括法定终止条件及双方约定终止条件生效。⑧违反劳动合同的责任，包括须承担的法律责任及赔偿要求。

（2）约定条款：①试用期限。最长不得超过6个月；两年期以下的短期劳动合同，试用期限基本按照合同期限的1/12；半年期以下的短期劳动合同，试用期限不超过15天；一年期以下的短期劳动合同，试用期限不超过一个月；试用期包含在劳动合同期限中。②培训。双方约定培训条件、培训期间的工资待遇、培训费用的支付方法、服务期限。③保密事项。凡是用人企业的商业机密，劳动者有保守机密的责任以及范畴要加以明确规范。④补充保险和福利待遇。补充养老及医疗等保险和适应企业特点的福利待遇。⑤当事人协商约定的其他事项。如住房、公务车或子女教育费补贴等。

**2．起草劳动合同**

确定了合同内容之后，劳动关系管理专员开始草拟合同。需要注意的是，劳动合同的法定条款不可或缺，为避免内容过于冗长，可通过附件的形式使劳动合同内容具体化。劳动合同的各项条款及专项协议内容均应有一致性，不应出现各款项间的相互矛盾。除了劳动合同外，还应与劳动者签订专项协议，如服务期限协议、培训协议、保守企业商业秘密协议、竞业禁止协议、补充保险协议、岗位协议书、聘任协议书等。

**3．签订劳动合同**

经过员工招聘环节的测试，合格者被企业录用。在签订劳动合同之前，企业劳动关系管理专员应向新招收录用的员工详细、如实地讲解拟订立的劳动合同的条款内容，以及相关情况和签订劳动合同的要求，耐心细致地回答新招用职工的咨询、意见和要求。



新招用职工详细了解劳动合同的相关内容，认同合同内容的规定，即与企业达成一致。双方在合同上签字盖章，劳动合同即告成立。

根据法律规定，签署劳动合同时，企业不得以任何名义向劳动者收取抵押物，企业劳动关系管理专员可以邀请企业工会代表出席劳动合同签字仪式，并将劳动合同签署情况报当地劳动管理部门备案。

### 9.1.2 员工劳动合同的变更

劳动合同的变更是指劳动合同内容的变化，即原有的劳动合同内容已经不能全部适应客观情况的需要，有必要对双方当事人的权利与义务加以改变，具体包括工作内容、地点、工资福利的变更等。

**1．变更情势的确认**

进行劳动合同变更，企业劳动关系管理专员首先要进行变更情势的确认，如发生不可抗力或出现致使劳动合同全部或部分条款无法履行的其他情况，诸如企业迁移、被兼并、企业资产重组等。但不包括用人单位濒临破产进行法定整顿期间或者生产经营状况发生严重困难，确需裁减人员的情况。

**2．合同变更的协商**

劳动合同变更应该遵循合法、资源、平等原则，由企业人力资源部门统一组织。在协商一致的基础上，用书面形式记载变更的内容，注明变更的日期，由当事人双方签字、盖章后成立。需要注意的是，变更合同是对部分合同条款进行修改，增加或取消。劳动合同变更后，未变更的部分仍然有效，应当继续履行。

### 9.1.3 员工劳动合同的续订

劳动合同续订是指合同期限届满，双方当事人均有继续保持劳动关系的意愿，经协商一致，延续签订劳动合同的法律行为。续订劳动合同应完成以下工作：

**1．征求劳动者意向**

企业劳动关系管理专员一般应在合同到期前一个月左右，可以通过调查问卷的形式，书面了解劳动者的意向。对有续订合同意向的员工，应及时向人力资源经理和员工部门经理汇报，以尽快协商确定是否与其进行续约谈判。

**2．签署劳动合同**

企业劳动关系管理专员与合同到期的员工协商劳动合同条款事宜，实际是对原合同条款审核后确定继续执行，还是变更部分内容（如员工要求调换岗位、增加报酬等）。双方协商一致后，签字或盖章。双方可以重新签一份新的合同，也可以填写续签合同单（该续签单一般附在原劳动合同后面）。

**例 9-1**

续签合同单，见表9-1。

**表 9-1 续签合同单**

编号：

| |
|---|
| 经甲乙双方平等协商，决定对　　年　月　日签订的编号为　　　的劳动合同作如下变更：<br>劳动合同变更的内容为：<br>1.<br>2.<br>……<br>甲方（签字盖章）　　　　　　　　乙方（签字盖章）<br>法人代表或委托代理人　　　　　　　年　月　日 |

《劳动法》第20条第2款规定："劳动者在同一用人单位连续工作满10年以上，当事人双方同意续延劳动合同的，如果劳动者提出订立无固定期限的劳动合同，应当订立无固定期限的劳动合同"。

### 9.1.4 员工劳动合同的解除与终止

**1．劳动合同的解除**

（1）劳动合同解除情势的确认。企业劳动关系管理专员应随时关注员工劳动合同履行情况，并积极依据劳动法、企业规章制度，收集需解除劳动合同的情势信息，逐级汇报，协商决定是否解除劳动合同。

**重要信息 9-2　劳动合同解除的情形**

（1）合意解除。经劳动合同当事人协商一致，劳动合同可以解除。

（2）提前通知解除。劳动者解除劳动合同，应当提前30日以书面形式通知用人单位。

（3）劳动者随时通知解除。有下列情形之一的，劳动者可以随时通知用人单位解除劳动合同：①在试用期内；②用人单位以暴力、威胁或者非法限制人身自由的手段强迫劳动；③用人单位未按照劳动合同约定支付劳动报酬或者提供劳动条件。

（4）用人单位“无过失性解除”。有下列情形之一的，用人单位可以解除劳动合同，但应当提前30日以书面形式通知劳动者本人：①劳动者患病或者非因工负伤，医疗期满后，不能从事原工作，也不能从事由用人单位另行安排的工作；②劳动者不能胜任工作，经过培训或者调整工作岗位仍不能胜任工作；③劳动合同订立时所依据的客观情况发生重大变化，致使原劳动合同无法履行，经当事人协商不能就变更劳动合同达成协议；④用人单位解除合同未按规定提前30日通知劳动者的，用人单位应当对劳动者承担劳动合同约定的义务。

（5）用人单位“过失性解除”。劳动者有下列情形之一的，用人单位可以解除劳动合同：①在试用期间被证明不符合录用条件，自通知之日30日内，用人单位可以随时解除劳动合同；②严重违反劳动纪律或者用人单位规章制度；③严重失职，营私舞弊，对用人单位利益造成重大损害；④被依法追究刑事责任；⑤法律、法规规定的其他情形。

（6）劳动者有下列情形之一的，用人单位不得解除劳动合同：①患职业病或者因工负伤并被确认丧失或者部分丧失劳动能力；②患病或者负伤，在规定的医疗期内；③女职工在孕期、产期、哺乳期内；④法律、法规规定的其他情形。

（2）作出合同解除决定。人力资源部与员工所在部门协商后，报企业相关领导层，作出合同解除决定。人力资源管理部门劳动关系管理专员应根据相关规定，及时通知被解除合同的员工，并依据相关规定，计算、给付劳动者的相应经济补偿。出具解除劳动合同书、解除合同证明，向员工户口所在地社会保险经办机构转移员工档案并备案。



**例 9-2**

解除合同通知书，见表9-2。

**表 9-2　解除合同通知书**

编号

| ________（女士、先生）：<br>您于____年__月__日与我公司签订的__年限的劳动合同，现因________于____年__月__日解除。<br>根据有关法律及与您签订的劳动合同中关于经济补偿金的规定，发给您相当于本人解除合同前12个月平均工资(____元/月)（或企业上一年度职工月平均工资）__个月工资的经济补偿金，共计人民币________元整。<br>特此通知。<br>公司盖章<br>____年__月__日 |
| --- |

**2. 劳动合同的终止**

劳动合同的终止是指劳动合同期限届满，双方当事人权利、义务履行完毕，结束劳动合同法律关系的行为。

（1）劳动合同终止的情势的认定。企业劳动关系管理专员应随时关注员工劳动合同履行情况，并积极依据劳动法、企业规章制度，收集需终止劳动合同的情势信息，逐级汇报，协商决定是否终止劳动合同。

**重要信息 9-3　劳动合同终止的情势**

（1）劳动合同期满；

（2）当事人约定的劳动合同终止条件出现；

（3）用人单位破产、解散或者被撤销；

(4)劳动者退休、退职、死亡;

(5)劳动合同当事人实际已不履行劳动合同满3个月，劳动合同可以终止;

(6)劳动者患职业病、因工负伤，被确认为部分丧失劳动能力，用人单位按照规定支付伤残就业补助金，劳动合同可以终止;

(7)劳动者患职业病或者因工负伤，被确认为完全或者大部分丧失劳动能力，用人单位不得终止劳动合同，但经劳动合同当事人协商一致，并且用人单位按照规定支付伤残就业补助金，劳动合同也可以终止。

(8)劳动合同不得终止的情形：劳动合同期满或者当事人约定的劳动合同终止条件出现，劳动者有下列情形之一的，同时又未严重违反劳动纪律或者用人单位规章制度；也无严重失职，营私舞弊，对用人单位利益造成重大损害；也未被依法追究刑事责任，劳动合同期限顺延至下列情形消失：患病或者负伤，在规定的医疗期内；女职工在孕期、产期、哺乳期内；法律、法规、规章规定的其他情形。

(2)作出合同终止决定。人力资源部与员工所在部门协商后，报企业相关领导层，作出合同终止决定。人力资源管理部门劳动关系管理专员应根据相关规定，及时将被终止的合同通知员工。并依据相关规定，计算、给付劳动者相应的经济补偿。出具终止劳动合同的证明，向员工户口所在地社会保险经办机构转移员工档案并备案。

**例 9-3**

终止合同证明书，见表9-3。

表9-3 终止合同证明书 编号

________:

本公司与________(女士/先生)签订的劳动合同于____年__月__日终止，双方已经办妥一切与劳动关系有关的手续，其档案及社会保险关系于____年__月__日转移。

特此证明。

公司盖章

____年__月__日

说明：本证明一式三份，一份用人单位留存，一份存入本人档案交户口所在地劳动管理部门，一份本人收执。

**管理借鉴 9-1 “没有许诺的终生合同”**

丰田公司团队成员手册中写道：“终身雇佣是我们的目标—— 你和公司共同努力以确保丰田成功的结果。我们相信工作保障是激励员工积极工作的关键。”事实上，双方并没有签订什么保证书。团队成员手册还写道：“所有员工同丰田的劳动关系是基于就业自愿原则的。这意味着无论是丰田，还是公司雇员，在任何时候，因为任何理由都可以炒对方的鱿鱼。”有位雇员在接受香港记者采访时说：“公司是永远不会将我们解雇的。即使在不景气的时候，我们也将被留在这里，和公司一起渡过难关。”这种自信并非是盲目的。公司总裁多次公开表示：在公司困难的时候，公司决不会裁员，而是将劳动力“重新配置”。

“我们将利用这个机会来进一步培训我们的团队成员——我们这样称呼我们的员工。团队成员将利用这个机会来继续提高，而这是他们在繁忙的工作岗位上做不到的。”

渡边次郎是丰田公司的一个部门主管，他已经在这个岗位上工作了20多年。他说：“我在这里待这么长时间的主要原因并不是因为丰厚的奖酬，更为重要的是在这些年的工作时间里，我已经建立了自己的威信，确实不想再到别的公司去从头做起了。我感觉我已经在很多情况下对公司做出了影响并且我也得到了认可。对我来说，这些是比金钱更重要的事情。”

【讨论】丰田公司劳动关系管理的特点。

**重要信息 9-4　集体合同与事实劳动关系**

集体合同是指企业职工一方与用人单位就劳动报酬、工作时间、休息休假、劳动安全卫生、保险福利等事项，通过平等协商达成的书面协议。集体合同实际上是一种特殊的劳动合同，又称团体协约、集体协议等，通常由工会或者职工推举的职工代表代表职工与用人单位签订。一般要经历谈判、审议、签字、报批登记和公布 5 个步骤。

事实劳动关系是指用人单位与劳动者之间没有签订劳动合同，但劳动者在事实上为用人单位提供有偿劳动的一种劳动关系。劳动法明确要求建立劳动关系应订立劳动合同，因此，事实劳动关系是不规范的，也是不合法的，极易引发劳动争议。这些情况下，容易出现事实劳动关系：部门私自用工；不向人力资源部汇报，不经人力资源部同意，私自外聘助手进行工作；在人力资源部与员工正式办理入职手续之前，同意员工入职；劳动合同到期之后，不及时续签，导致与员工没有书面合同却仍然存在劳动关系；将部门劳务外包。

**同步实训 9-1　员工劳动合同认知**

**实训目的：**加深学生对员工劳动合同的认识。

**实训安排：**

1. 学生可以查找一些企业劳动合同，分析其关于签订、变更的规定。
2. 总结签署劳动合同的注意事项。

**教师注意事项：**

1. 由生活事例导入对员工劳动合同的认识。
2. 提供一些不同社会行业劳动合同资料，供学生讨论。
3. 参观企业或提供其他相应学习资源。

**资源（时间）：**1 课时、参考书籍、案例、网页。

**评价标准：**

| 表现要求 | 是否适用 | 已达要求 | 未达要求 |
| --- | --- | --- | --- |
| 小组活动中，外在表现（参与度、讨论发言积极程度） | | | |
| 小组活动中，对概念的认识与把握的准确程度 | | | |
| 小组活动中，角色扮演的精准度 | | | |
| 小组活动中，文案制作的完整与适用程度 | | | |

## 9.2　员工日常事务管理

**任务提示**

人力资源管理部门进行员工日常事务管理的工作主要包括：员工档案管理；员工“五险一金”的办理；规章制度制定、员工劳动安全教育与管理等。这些工作反映了在劳动关系存续期间，企业对员工一方事务的服务与管理。

## 9.2.1 员工档案管理

企业劳动关系专员负责员工档案的整理与管理工作，主要工作内容如下：

1. 分类归档

企业在进行人事档案管理中，都有一套相对规范的格式，为方便资料的收集、整理、加工，必须按照一定的格式来收集与整理。劳动关系专员对人事档案的有效管理，首先是必须对相关的资料进行核查，核查其完备性。其次是对资料进行分类，按照不同的类别进行归档。资料在归档之后，每一类的材料应按一定的顺序进行排列。在排序时，应注意保持材料本身的系统性、连贯性，以便日后查找、利用和补充新的材料。编号之后，应编制卷内目录，以供查阅之用。目录应置于文件的首页。编制目录时，应注意文件标题的简洁与准确性。

2. 检查核对

人事档案材料必须齐全、完整、真实，所涉及的材料一定要明确、明白。为此，要进行经常性的检查核对。对那些存在破损情况的档案进行修复，以使档案实体恢复正常的状态；同时还要对规格不符合要求的档案材料进行剪裁、折叠或装裱等，以使档案外观规范、便于保管。归档验收时，应对档案卷皮的书写、目录登记情况、分类排序的准确程度、技术加工的质量以及外观等逐项进行检查，不符合要求的要重新整理，以保证归档的质量。

3. 档案调转

人事档案的调转是指人事档案管理部门之间、人事档案管理部门与人事档案的形成部门及利用部门之间转出和接收人事档案的活动。实际中，随着员工职业的调整与变动，人事档案经常会发生转递的情况。人事档案调转时，必须办理相应手续，以保证其可追溯性。

**重要信息 9-5 员工档案的主要内容**

企业员工档案是企业的劳动、组织、人事等部门在招用、调配、培训、奖惩、选拔和任用工作中形成的有关员工个人经历、工作态度、职业素质、业务技术水平、工作业绩以及工作异动情况下的文件资料，是对员工进行全面考查的依据。

（1）履历材料。履历材料主要是以反映员工个人的自然情况、经历、家庭和社会关系等基本情况为主要内容的表格材料。

（2）自传材料。自传材料主要是叙述员工学习成长、从业所涉及的生平经历材料，集中体现了员工人格素质、技能水平的形成过程。

（3）员工技能鉴定、奖惩考核、考查材料。技能鉴定涉及员工职称评定、个人发展的材料。奖惩考核、考查是对员工的基本情况、工作业绩、不足等方面所进行的评价性材料。

（4）人事管理材料。人力资源管理材料是指有关职工录用、任免、聘用、劳动合同、人事异动、转业、工资福利、出国、退休、继续教育等的材料。

## 9.2.2 员工“五险一金”的办理

1. “五险一金”的预算

企业员工“五险一金”的办理一般由人力资源部门薪酬专员和劳动关系专员合作完成，

其工作依据是国家有关法律和企业的相关规定。劳动关系专员负责核实员工的劳动关系存续情况和员工参保情况；薪酬专员负责编制员工福利预算方案，经人力资源部经理审核、人力资源总监批准后实施。

**2．“五险一金”的办理**

根据国家有关“五险一金”缴存基数和缴纳比例，企业应该及时足额地为员工缴纳各种保险。同时，根据企业经济效益情况，可以考虑增设不同的福利项目，或对福利项目作出调整，以适应员工需求。目前，北京“五险一金”为：养老保险（单位 20%，其中 17%划入统筹基金，3%划入个人账户；个人 8%，全部划入个人账户）；医疗保险（单位 10%，个人 2%+3 元）；失业保险（单位 1.5%，个人 0.5%）；工伤保险（根据单位被划分的行业范围来确定它的工伤费率）；生育保险（单位 0.8%，个人不交钱）；公积金（根据企业的实际情况，选择住房公积金缴费比例。但原则上最高缴费额不得超过北京市职工平均工资 300%的 10%。2009 年下半年起，北京市统一规定所有用人单位按工资的 12%办理缴纳住房公积金）。

### 9.2.3 员工劳动规章制度的制定

为了维护公司正常的工作秩序，人力资源管理部门还应该根据劳动法和企业的有关规定，制定公司劳动管理制度。

**1．日常用工出勤管理**

人力资源管理部门在员工考勤管理中，一般运用到员工考勤签到表、月度考勤统计表和员工年度出勤统计表等。为了实施有效的考勤监督，人力资源管理部门应该不定期地去员工所在部门进行考勤抽查。



**2．加班、请假和休假管理**

人力资源部门应该积极核实员工加班情况，并根据劳动法有关规定，计发加班费；工作期间确需请假的，须履行请假手续；尊重员工的休假权利，根据实际情况，统筹安排员工休假。

### 9.2.4 员工劳动安全教育与管理

企业劳动保护管理主要内容有安全教育制度、安全责任制度、安全检查制度、安全技术组织措施、伤亡事故报告制度、劳保用品发放制度、劳动保险制度等。劳动保护管理采取专业管理和群众参与相结合的办法，实行人力资源管理等职能部门和企业、车间（专业商店）、班组及员工个人分级负责。

人力资源管理部门主要负责的工作如下：

**1．完善提高劳保福利待遇**

我国《劳动法》第 54 条规定：用人单位必须为劳动者提供符合国家规定的劳动保护用品。人力资源管理部门应根据员工工作环境的变化，及时完善提高劳保福利待遇，体现企业对员工的关怀。

**2．建立轮岗制度和职工体检制度**

在企业中实行岗位轮换制度（技术性强的除外）。这样可以在一定程度上避免员工在单一的岗位上身体长期受到损害。建立定期对员工身体进行检查制度，尤其对企业中易得职业病和特殊岗位人员，建立健康档案，进行重点检查，以免贻误诊治。

### 3. 制定和完善劳动保护法规和规章制度

《劳动法》规定，劳动者应当执行劳动安全卫生规程，遵守劳动纪律。人力资源部门应认真制定具体岗位劳动保护工作规程，促使员工在工作中养成良好工作习惯。

### 4. 开展劳动保护宣传教育

人力资源部门积极组织员工参加劳动保护教育，培训生产管理人员和劳动保护专职人员；对特殊工种工人实行专业训练和考试发证制度；利用电影、电视、广播、报刊、展览等形式普及劳动保护理论和技术知识。

#### 管理借鉴 9-2　京北公司的劳动保护

京北公司根据《北京市职工个人劳动保护用品发放、使用、管理办法》，在《员工手册》中对劳动保护发放、使用、管理做了专门规定，要求发放劳动保护人员严格按照标准审批发放劳动保护用品，不能擅自扩大发放范围和提高发放标准；建立劳动保护用品实物收发账册，劳动保护用品按照规定的工种、岗位配备，每月 25 日前由单位提出申请，专业领导审查；人力资源部建立单位劳动保护用品台账，负责审批料单、登记、注明使用时间，按出勤人数审查发放范围后报物质供应部列采购和资金计划。采购部门必须保证劳动保护用品符合标准规定，必须有“产品合格证书”和“产品检验证”，不经检验部门验收，不得采购和使用。并在井口有专人对员工穿戴工作服、胶鞋、灯带、胶壳帽等情况进行检查，不符合安全管理规定的，一律不让下井，杜绝不安全因素。同时对接触有毒有害工种工作的员工，公司除每年发放劳动保护用品以外，每年还定期对员工进行健康查体，并建立健康查体档案，保证了矿井安全和员工身体健康。

**【讨论】**人力资源管理部门应怎样配合企业其他部门做好劳动保护管理？

#### 同步实训 9-2　员工日常事务管理认知

**实训目的：**加深学生对员工日常事务管理的认识。

**实训安排：**

1. 学生可以关注本地区关于企业“五险一金”的规定。
2. 分析并对比不同行业“五险一金”的缴纳情况及水平。

**教师注意事项：**

1. 由生活事例导入对员工日常事务管理的认识。
2. 提供一些不同社会行业“五险一金”资料，供学生讨论。
3. 参观企业或提供其他相应学习资源。

**资源（时间）：**1 课时、参考书籍、案例、网页。

**评价标准：**

| 表现要求 | 是否适用 | 已达要求 | 未达要求 |
|---|---|---|---|
| 小组活动中，外在表现（参与度、讨论发言积极程度） | | | |
| 小组活动中，对概念的认识与把握的准确程度 | | | |
| 小组活动中，角色扮演的精准度 | | | |
| 小组活动中，文案制作的完整与适用程度 | | | |

## 9.3 员工劳动争议管理

**任务提示**

人力资源管理部门进行员工劳动争议管理的工作主要包括：员工劳动争议的预防；员工劳动争议的调解、仲裁与诉讼；员工沟通管理等。这些工作反映了在劳动关系存续期间，企业与员工双方因权利和义务出现的冲突。

### 9.3.1 员工劳动争议预防

面对日益增加的员工劳动争议，企业应建立以事前预防为主，以事中控制及事后补救为辅，建立有效的劳动争议内部应对机制。一方面可以及时防范、化解因企业劳动争议可能导致的劳动关系、劳资矛盾等问题的激化或群体性事件，保障生产经营活动的正常顺利开展；另一方面在仲裁诉讼程序中可以最大限度地维护企业的利益。

**重点名词 9-3 劳动争议**

劳动争议，又称劳动纠纷或劳资纠纷，是指劳动关系双方当事人之间因劳动权利和义务而发生的争议。劳动争议当事人中，一方为劳动者，另一方为用人单位；劳动争议的内容是关于劳动权利和义务方面的内容。



**1．加强劳动法的宣传教育**

在企业内部，学习宣传劳动法，增强人们的法律意识。事实证明，许多劳动争议都是由于双方劳动法律意识淡薄造成的。增强法律意识可以提高员工和管理者遵纪守法的自觉性，从而减少劳动争议的发生。

**2．加强合同管理，规范劳动关系**

人力资源部门应加强合同管理，认真落实劳动合同的全面签订。逐一核查劳动合同的合法有效性和完备性。合同变更、解除及续订时，应及时履行必要手续，并保存文字档案。

**3．加强民主管理，创造良好工作环境**

加强民主管理，建立职工参与或影响决策的管理机制，在企业内部创造有利的群体环境和交往气氛，创造良好的工作条件。通过推行企业内部的调解制度，尽最大可能地将劳动争议苗头扼杀在企业内部。

**4．做好员工关系管理**

人力资源管理人员应清楚地了解员工的需求与愿望，进行良好的沟通非常必要。这种沟通应更多采用柔性的、激励性的、非强制的手段，从而提高员工满意度，支持组织其他管理目标的实现。

### 9.3.2 员工劳动争议处理

劳动争议处理一般会经历调解、仲裁和诉讼程序，如图 9-1 所示。

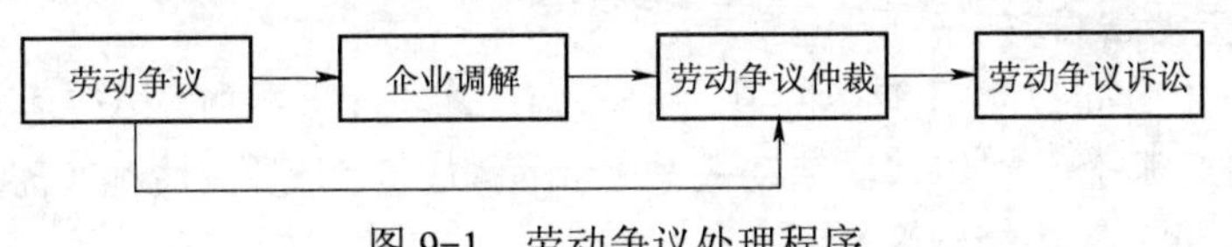

图 9-1 劳动争议处理程序

1．企业调解

企业调解是指用人单位劳动争议调解委员会对申请调解的劳动争议案件，依法通过调解的方式进行处理。在查明事实、分清是非的情况下，通过说服、劝导和教育，促使当事人双方在平等协商、互谅互让的基础上自愿达成解决劳动争议的协议。企业调解的一般程序如图 9-2 所示。

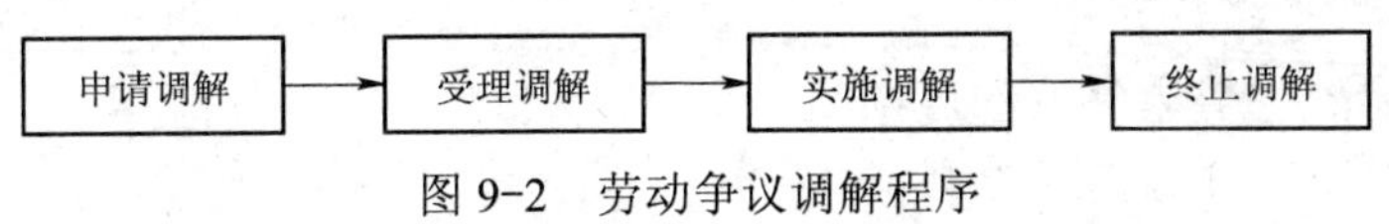

图 9-2 劳动争议调解程序

2．劳动争议仲裁

劳动争议仲裁是指劳动争议仲裁委员会对申请仲裁的劳动争议案件依法进行裁决的活动。劳动争议仲裁委员会是国家授权组成的专门机构，组成人员包括劳动行政部门代表、同级工会代表和用人单位代表。劳动争议仲裁的一般程序如图 9-3 所示。

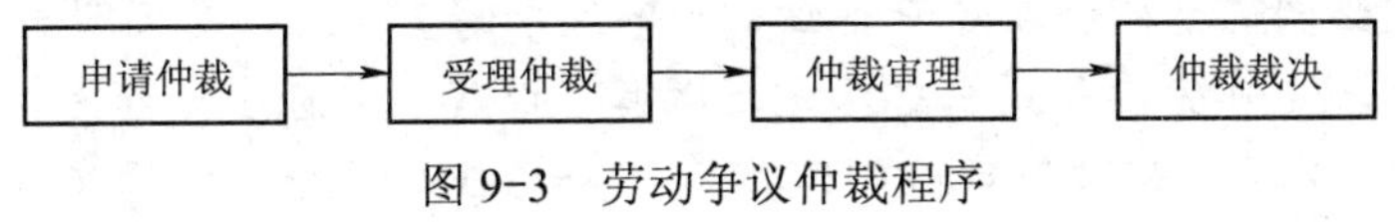

图 9-3 劳动争议仲裁程序

3．劳动争议诉讼

劳动争议诉讼是指发生劳动争议的当事人对仲裁裁决不服而向人民法院提起诉讼的请求，由人民法院按照司法程序对案件进行审理。

**重要信息 9-6 劳动争议的类型**

劳动争议可以分为以下类型：

（1）根据劳动者一方当事人人数的多少，可以分为个人争议和集体争议。个人争议是指劳动者一方当事人人数在 3 人以下的劳动争议；集体争议是指劳动者一方当事人人数在 3 人以上且有共同理由的劳动争议。

（2）从劳动争议标的性质来划分，可以分为权利争议和利益争议。权利争议是指对现行法律、法规、集体合同、劳动合同所规定的权利，在实施或解释上所发生的争议；利益争议是指在集体协商时双方为订立、续订或变更集体合同条款而产生的争议。

（3）按争议事项划分，可以分为因开除、除名、辞退或辞职发生的争议，因工资分配发生的争议，因保险福利发生的争议，因劳动合同发生的争议等。

### 9.3.3 员工沟通管理

为确保公司与员工的有效沟通和传递，构建和谐劳动关系，企业应该建立多种多样的员工沟通渠道。

1. 设立员工接待日

企业应在一定时间设立员工接待日，所有员工均可自愿参加。接待人员由企业领导层、工会代表、人力资源部经理组成。劳动关系专员负责对员工接待情况（需求、意见和建议）进行记录，填写员工接待情况记录表。

2. 专题座谈会

企业可以就特定专题举行员工代表座谈会，广泛听取员工的意见。专题座谈会由企业领导主持，人力资源部负责记录，并撰写会议纪要。

3. 组织员工满意度调查

人力资源管理部门可以定期或不定期地组织员工满意度调查，以便发现问题，将劳动争议解决在萌芽状态。

**重要信息 9-7　处理劳动争议的原则**

劳动争议处理应遵循以下原则：

（1）合法原则。合法原则是指企业劳动争议的处理机构在处理争议案件时，要以法律为准绳，并遵循有关法定程序。

（2）公正和平等原则。公正和平等原则是指在企业劳动争议案件的处理过程中，应当公正、平等地对待双方当事人，处理程序和处理结果不得偏向任何一方。

（3）调解原则。调解原则是指调解这种手段贯穿于企业劳动争议第三方参与处理的全过程。不光企业调解委员会在处理企业劳动争议中的全部工作是调解工作，而且仲裁委员会和法院在处理企业劳动争议中也要先行调解，调解不成时才会行使裁决或判决。

（4）及时处理原则。及时处理原则是指企业劳动争议的处理机构在处理争议案件时，要在法律和有关规定要求的时间范围内对案件进行受理、审理和结案，无论是调解、仲裁还是诉讼，都不得违背在时限方面的要求。

**同步实训 9-3　员工劳动争议处理认知**

**实训目的**：加深学生对员工劳动争议处理的认识。

**实训安排**：

1. 学生可以查找一些劳动争议案例。
2. 讨论分析其解决过程。

**教师注意事项**：

1. 由生活事例导入对员工劳动争议处理的认识。
2. 提供一些不同社会行业劳动争议案例资料，供学生讨论。
3. 参观企业或提供其他相应学习资源。

**资源（时间）**：1 课时、参考书籍、案例、网页。

**评价标准**：

| 表现要求 | 是否适用 | 已达要求 | 未达要求 |
| --- | --- | --- | --- |
| 小组活动中，外在表现（参与度、讨论发言积极程度） | | | |
| 小组活动中，对概念的认识与把握的准确程度 | | | |
| 小组活动中，角色扮演的精准度 | | | |
| 小组活动中，文案制作的完整与适用程度 | | | |

## 小结

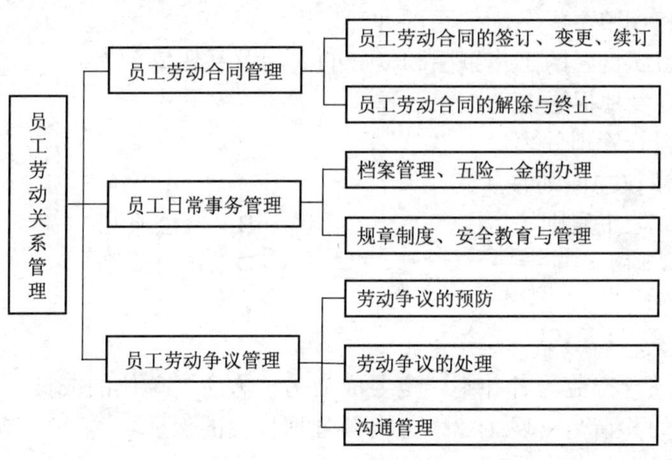


## 教学做一体化训练

**一、重点名词**

劳动关系　　劳动关系管理　　劳动争议

**二、课堂讨论**

1．和谐劳动关系对于国家的意义。
2．事实劳动关系的特征。
3．劳动法体现了对劳动者的保护。
4．劳动关系专员应该首先维护企业利益。
5．提高待遇就一定能够改善劳动关系。

**三、课后自测**

**(一) 选择**

1．员工劳动合同管理涉及的工作有（　　）。
A．合同的签订、变更、续签　　B．合同的解除与终止
C．集体合同管理　　D．事实劳动关系管理

2．企业与劳动者签订专项协议主要体现为劳动合同之外的一些约束，主要有（　　）。
A．服务期限协议　　B．保守企业商业秘密协议
C．竞业禁止协议　　D．补充保险协议
E．培训协议　　F．岗位协议书

3．劳动争议企业调解一般包括（　　）。
A．调解申请　　B．调解受理

C．实施调解　　　　　　　　　　　　D．终止调解

4．劳动争议仲裁一般包括以下程序：（　　）。

A．仲裁申请　　B．仲裁受理　　C．仲裁审理　　D．仲裁裁决

5．劳动关系管理的总体目标是（　　）。

A．缓解、调整组织劳动关系的冲突

B．创造组织良好的工作氛围和良好的人际关系环境

C．最大限度地促进劳动关系合作

D．提高组织管理效率

6．处理劳动争议的原则有（　　）。

A．公平、公正原则　　　　　　　　B．合法原则

C．及时原则　　　　　　　　　　　D．调解原则

E．仲裁原则

（二）判断

1．劳动关系的一方劳动者并不一定要成为另一方所在单位的成员。（　　）

2．劳动关系的和谐是实现企业人力资源管理目标的保证。（　　）

3．劳动关系是现代社会最基本的社会关系。（　　）

4．劳动合同的内容分为约定内容和法定内容，约定内容不得违反法定内容。（　　）

5．劳动合同的订立应该遵循平等、自愿、协商一致和合法原则。（　　）

6．劳动争议产生的原因有忽视合同管理、企业规章不合理、人力资源管理人员缺乏预防劳动争议的知识和技术。（　　）



（三）简答

1．什么是劳动关系？

2．为什么要重视劳动合同管理？

3．劳动合同解除的情形有哪些？

4．员工事务性管理工作有哪些？

5．怎样做好员工沟通管理？

（四）案例分析

**福特公司的劳动关系管理**

福特公司内部有一个“员工参与计划”。计划实施以来，员工投入感、合作性不断提高，公司上下能够相互沟通；领导者关心职工，也因此引发了职工对企业的“知遇之恩”，从而促进了企业发展。

**一、尊重每一位职工**

“尊重每一位职工”这个宗旨就像一条看不见的线，贯穿于福特公司管理企业的活动。“生产率的提高，不在于什么奥秘，而纯粹是在于人们的忠诚，他们经过成效卓著的训练而产生的献身精神，他们个人对公司成就的认同感，用最简单的话说，就在于职工及其领导人之间的那种充满人情味的关系。”

**1．要使职工真正地感到自己是重要的**

贝克经理在谈到自己对于职工的态度时说：“当我每次看到某个人的时候，我都要一丝不苟地对待他们，使他们认识到自己的重要性。心不在焉只会给他们带来伤害。”所以他在

与工人相处时，都以友好、平等的态度来倾听他们的谈话，帮助他们解决各种困难。这样一来，职工们会以更加高昂的士气去进行工作。

**2．要认真倾听职工意见**

工作在装配线上的工人们由于天生与生产线接触，因而，往往比领导更熟悉生产情况，他们完全可能想到经理们所想不到的意见来提高劳动生产率。此时，领导是否能够倾听工人意见便至关重要。

如果当职工找你来谈关于公司生产经营等方面的建议，或其他有关企业事宜，而被你拒绝的话，则会使他（她）的自尊心受到伤害，而对工作感到心灰意冷，最终影响企业劳动生产率。特别是青年人，往往会因为受到上级的责难怀恨在心而怠工，生产次品来进行报复。

**3．对每一位职工都要真诚相待，信而不疑**

这与上面谈及的对高层领导人员用人不疑、大胆放权是同出一辙，人与人之间最宝贵的是真诚。只有建立在彼此推心置腹、真诚相待、信而不疑基础上的友谊，才能经得起考验。福特公司曾经向职工公开账目，这一做法使职工大为感动。实际上这种做法对职工来说无疑产生了一种强大的凝聚力，它使职工从内心感到公司的盈亏与自身利益息息相关，公司繁荣昌盛就是自己的荣誉，分享成功使他们士气更旺盛，而且也会激起他们奋起直追的感情。这就是坦诚关系的妙用。

**二、全员参与生产与决策**

这一点是福特公司在职工管理方法中最突出的一点。公司赋予了职工参与决策的权力，缩小了职工与管理者的距离，职工的独立性和自主性得到了尊重和发挥，积极性也随之高涨。“全员参与制度”的实施激发了职工潜力，为企业带来巨大效益。“参与制”不仅在福特公司，而且在美国许多企业，以至世界各地使用和发展着，实践证明：一旦劳动力参与管理，生产效率将成倍提高，企业的发展将会获得强大的原动力。

“参与制”的最主要特征是将所有能够下放到基层的管理的权限全部下放。对职工报以信任的态度并不断征求他们的意见。这使管理者无论遇到什么困难，都可以得到职工的广泛支持。那种命令式的家长作风被完全排除。同时，这种职工参与管理制度，在某种程度上缓和了劳资间势不两立的矛盾冲突，改变了管理阶层与工人阶层泾渭分明的局面，大大减轻了企业的内耗。

问题：

1．总结福特公司的劳动关系管理策略。

2．你还可以做哪些补充建议？

## 实践项目　认识员工劳动关系管理

**活动目的：**使学生初步认识企业员工劳动关系管理工作。

**活动安排：**

1．教师与校外基地接洽，进入企业。

2．学生分组，分赴人力资源管理岗位，实地了解员工劳动关系管理工作并写出报告。

**教师注意事项：**

1. 讲解工作要点。
2. 检查学生分组是否合理。
3. 组织学习资源的调配。

**资源：**课后4课时、网页、参考书、基地企业。

**评价标准：**

| 表现要求 | 是否适用 | 已达要求 | 未达要求 |
| --- | --- | --- | --- |
| 小组活动中的工作表现（参与度、讨论发言） | | | |
| 整个职业工作过程的表现（概括、发现） | | | |
| 对整体职业工作任务的认识与把握 | | | |
| 完成任务过程知识与经验的运用 | | | |

## 学生自我工作总结

通过完成“任务9　员工劳动关系管理”，我能够作如下总结：

**一、主要知识**

完成本任务需了解的主要知识点为：

1. ……………………

2. ……………………

**二、主要技能**

完成本任务需掌握的主要技能有：

1. ……………………

2. ……………………

**三、主要原理**

完成本任务涉及的管理原理有：

1. ……………………

2. ……………………

**四、相关知识与技能**

本任务的完成过程：

1. 员工合同管理的主要工作是：……………………
2. 员工日常事务管理包括：……………………
3. 员工劳动争议解决的途径是：……………………

**五、成果检验**

本任务的成果：

1. 完成本任务的意义有：……………………
2. 学到的经验有：……………………
3. 自悟的经验有：……………………
4. 你认为员工劳动合同管理对人力资源管理工作的意义是：……………………

# 任务 10 >>>

# 员工职业生涯管理

## 任务描述

员工职业生涯管理是企业帮助员工制定职业生涯规划和帮助其职业生涯发展的一系列活动。这项工作的内容有：认识员工职业生涯规划与管理对于企业的重要意义，在此基础上引导员工进行自我职业规划，从企业角度帮员工找到个人目标和组织发展机会的结合点，为员工提供心理满足，优化配置企业的人力资源。

## 学习目标

### 知识目标

- 能认识员工职业生涯的含义。
- 能认识职业生涯管理的含义。
- 能认识员工职业生涯规划的含义。

### 能力目标

- 能认识职业生涯规划的意义。
- 能举例说明员工职业生涯管理的作用。
- 能够对员工职业生涯管理有整体认识。

## 任务导入

企业在日常经营活动中，职业生涯管理工作看似抽象，但在人力资源管理部门具体的工作中都会有点滴渗透。通过职业生涯管理，企业能更全面地了解员工，了解员工的价值观、个性、能力以及员工的职业发展目标和职业发展道路计划，这样企业就可以根据这些信息，把适合特定职位的人员匹配到位，做到人尽其才、才尽其用，最大限度地发挥人力资源的效能。

## 任务解析

根据人力资源管理职业工作活动顺序和职业教育学习规律，“员工职业生涯管理”任务可以分解为以下子任务:

10.1 职业生涯规划认知
↓
10.2 个人职业生涯管理
↓
10.3 组织职业生涯管理

**管理故事**

我们的第十个故事，也是本书最后一个故事。让我们带着轻松的心态说一个严肃的话题：新生活从选定方向开始。

比塞尔是西撒哈拉沙漠中的一个小村庄，它靠在一块 1.5 平方公里的绿洲旁，可是在肯·莱文 1926 年发现它之前，这儿的人没有一个走出过大沙漠。肯·莱文作为英国皇家学院的院士，当然不相信这种说法。他用手语向这儿的人问其原因，结果每个人的回答都是一样：从这儿无论向哪个方向走，最后都还是要转到这个地方来。为了证实这种说法的真伪，他做了一次实验，从比塞尔向北走，结果三天半就走了出来。

比塞尔人为什么走不出来呢？肯·莱文非常纳闷，最后他只得雇一个比塞尔人，让他带路，看看到底如何？他们带了半个月的水，牵上两匹骆驼，肯·莱文收起指南针等现代化设备，只拿一根木棍跟在后面。10 天过去了，他们走了数百英里的路程，第 11 天的早晨，一块绿洲出现在眼前。他们果然又回到了比塞尔。这一次肯·莱文终于明白了，比塞尔人之所以走不出沙漠，是因为他们根本没有认识北斗星。



**【管理感悟】**如果没有目标，人生将会怎样？目标，像分水岭一样，轻而易举地把资质相似的人们分成为少数的精英和多数的平庸之辈。前者主宰了自己的命运，后者随波逐流，默默一生。

## 10.1 职业生涯规划认知

**任务提示**

人力资源管理部门进行员工职业生涯管理的事务性工作比较抽象，作为一种职业学习，首先应该认知职业及职业生涯。在此基础上，理解职业生涯规划与管理的意义。

职业生涯管理是现代企业人力资源管理的重要工作内容，是企业帮助员工制定职业生涯规划和帮助其职业生涯发展的一系列活动。职业生涯管理应看作是竭力满足管理者、员工、企业三者需要的一个动态过程。

### 10.1.1 职业的认识

**1．认识职业**

在“任务 2”中，我们曾提及“职业”一词。职业是指人们从事的相对稳定的、有收入的、专门类别的工作，如在许多工商事业机构中的一群类似的工作。职业在社会历史上早已存在，与个人无关，如农、工、商、教育、法律、医护等。

2．认识职业的功用

对于我们个体的人来讲，职业是我们人生的主要活动，也是个人发挥才能的手段，并通过这种途径为社会作出贡献，以此获得经济利益和非经济利益。

### 10.1.2 职业生涯的认识

“生涯”一词，具有人生经历、生活道路和职业、专业、事业的含义。在人的一生中，从事职业活动的成年阶段应该算是最为重要的，这一阶段可以说是人生全部生活的主体。

**重点名词 10-1 职业生涯**

职业生涯，又称职业发展，是指一个人在其一生中遵循一定道路（途径）从事工作的经历和历程，也是指与工作相关的活动、行为、价值、愿望等方方面面的综合。

1．认识职业生涯

职业生涯有广义和狭义之分。广义的职业生涯，是指一个人一生中所有与工作相联系的行为与活动，相关的态度、价值观、愿望等连续性经历的过程。而这种过程的上限是从出生开始，其下限是到丧失劳动能力为止。狭义的职业生涯，是指直接从事职业工作的这段时间，也就是就职的这段时间。

2．认识职业生涯的功用

职业生涯是一个动态的过程，是指一个人一生在职业岗位上所度过的、与工作活动相关的连续经历，并不包含在职业上成功与失败或进步快与慢的含义，是人一生中最重要的历程，是追求自我、实现自我的重要人生阶段，对人生价值起着决定性作用。也就是说，不论职位高低，不论成功与否，每个工作着的人都有自己的职业生涯。

**重要信息 10-1 职业生涯阶段**

职业生涯发展一般要经历 4 个阶段：探索期、创业期、维持期、衰退期。在不同的阶段，人们关注的职业问题不同，对职业的了解和偏好也不相同。

（1）探索期（大约 16～24 岁），主要是职业学习。在这个阶段，个人关注的主要问题是：进行职业发展需要的知识、技能学习；对自己能力、职业兴趣的实际了解；寻找与自己性格和爱好相匹配的职业。

（2）创业期（大约 22～45 岁），个人经过不断打拼找到合适的职业，然后长期执著于本职工作，不断检验自己对职业选择的期望和本身的能力。

（3）维持期（大约 45～60 岁），个人通常已在工作领域中找到定位，并且尽力维持此定位；除担负更多的职责外，还要培养下属人员。

（4）衰退期（60 岁以后），这是个人职业生涯晚期，个人会面临权力和责任的缩减，直至退出职业生活。

### 10.1.3 职业生涯规划的认识

一个人参加工作之后，应该综合考虑自己的需求、能力、兴趣、性格、气质等因素，以确定什么样的职业比较适合自己和自己具备哪些能力，再结合企业的实际情况，为自己的成长作出长远的设计。

**重点名词 10-2　职业生涯规划**

职业生涯规划又叫职业生涯设计，是指个人与组织相结合，在对一个人职业生涯的主客观条件进行测定、分析、总结的基础上，对自己的兴趣、爱好、能力、特点进行综合分析，结合时代特点，根据自己的职业倾向，确定其最佳的职业奋斗目标，并为实现这一目标做出行之有效的安排。

职业生涯规划既包括个人对自己进行的个体生涯规划，也包括企业对员工进行的职业规划管理体系。职业生涯规划不仅可以使个人在职业起步阶段成功就业，在职业发展阶段走出困惑，到达成功彼岸；对于企业来说，良好的职业生涯管理体系还可以充分发挥员工的潜能，给优秀员工一个明确而具体的职业发展引导，从人力资本增值的角度达成企业价值最大化。

职业生涯规划按照期限可以划分为短期规划、中期规划和长期规划。短期规划，为 3 年以内的规划，主要是确定近期目标，规划近期完成的任务；中期规划，一般为 3～5 年，规划 3～5 年内的目标与任务；长期规划，其规划时间是 5～10 年，主要设定较长远的目标。

员工进入企业，通过实际与学习，逐渐积累了丰富的经验，能够较为清晰地确定自己的才干和长期贡献区，即选定了职业锚，为后期的工作奠定了坚实的基础。

**重点名词 10-3　职业锚**

职业锚是指新员工在早期工作中逐渐对自我加以认识，发展出的更加清晰全面的职业定位，是个人能力、动机和价值观 3 方面的相互作用与整合，是其职业活动中追求的价值观，大致可分为技术型、管理型、安全稳定型、自主独立型和创造型。



**重要信息 10-2　职业生涯规划对于企业的意义**

（1）职业生涯规划能够促进员工成长。企业通过对一个人职业生涯的主客观因素进行分析、总结和测定，可以发现所具有的潜质、优点和缺点，在此基础上，通过学习和实践，充分发挥个人的长处，努力克服弱项，挖掘潜在的能力，使之成为有用人才。

（2）职业生涯规划能够促进企业有效开发人才。随着知识经济时代的到来，知识已成为社会的主体，而掌握和创造这些知识的恰恰就是人。现代许多管理学家认为，早期的传统产品属“集成资源”，而未来的产品则属于“集成知识”，企业应更加注重人的智慧、技艺和能力的提高与全面开发。企业通过员工职业生涯开发与管理，使人尽其才，才尽其用，是资源合理配置的首要问题。

（3）职业生涯规划能够帮助企业留住人才。任何成功的企业，成功的根本原因是拥有高素质的企业家和高素质的员工。通过企业员工职业生涯开发与管理，努力提供人才施展才能的舞台，实现人才的自我价值，是留住人才、凝聚人才的根本保证，也是企业长盛不衰的组织保证。一旦人的才能和潜力得到充分发挥，人才资源不虚耗与浪费，企业的生存成长就有了取之不尽、用之不竭的源泉。

**管理借鉴 10-1　3M 公司的员工生涯促进**

3M 公司在职业生涯管理方面也作出了很好的典范。每年年末，3M 公司的员工都会收到一份员工工作单，员工需要在工作单上填入自己对现在工作内容的态度，指出明年的 4～5 个主要进取方向和期待值。同时，这份工作单还包括一个岗位改进计划和一个职业生涯开发计划。然后直接主管会与员工一起分析这份工作单，就工作内容、主要进取领域和期待值以及明年的发展过程达成一致意见。在第二年工作中，这份工作单可以根据具体需要进行修改。年底时，主管根据以前确定的业绩内容及进取方向进行业绩评估。绩效评估与发展过程促进了3M公司主管与员工之间的交流，比如定期召开业绩讨论会议，鼓励员工根据需要主动与主管进行非正式的面谈。通过绩效面谈，员工的业绩大大改善，员工满意度也大大提升。

【讨论】职业生涯促进对员工培养的意义。

### 10.1.4 职业生涯管理的认识

职业生涯管理，对企业来说，是帮助员工找到个人目标和组织发展机会的结合点，为员工提供心理上的满足，优化配置企业的人力资源；对个人来说，是围绕自己的工作制定发展目标，并通过有效的方法和手段去逐步实现目标。

**重点名词 10-4 职业生涯管理**

职业生涯管理是指企业帮助员工进行职业生涯设计、规划、开发、评估和修正等一系列综合性的活动。通常所说的职业生涯管理主要包括两种：组织职业生涯管理和自我职业生涯管理。

**1. 认识职业生涯管理**

职业生涯管理主要用于帮助和促进组织内正从事某类职业活动的员工实现其职业发展目标的一系列过程，是企业人力资源管理的重要工作之一。其目的是通过员工和组织的共同努力与合作，使每个员工的工作目标与组织发展目标相一致，达到员工的发展与组织的发展相协调。职业生涯管理包括以下两个方面的内容：①员工职业生涯的自我管理。有效的自我管理是其职业生涯成功的关键。②组织协助员工规划其生涯发展，并为员工提供必要的学习、培训、岗位轮换等发展机会，促使员工职业生涯目标的实现。

**2. 认识职业生涯管理的任务**

职业生涯管理的任务主要包括：①帮助员工开展职业生涯规划与开发工作。企业为员工提供工作分析资料、工作描述、经营理念、人力资源开发策略等，帮助员工设定自我发展目标与开发计划。②确定组织发展目标与组织职业需求规划。根据组织的现状、发展趋势与发展规划，明确组织的发展目标，来确定不同时期组织的职业发展规划与职位需求。③开展与职业生涯管理相结合的绩效评估工作。利用组织相关资料，通过绩效评估使组织发展目标与方向一致，为晋升优秀员工，提供职业生涯发展路径。④职业生涯发展评估。组织应当协调员工发展职业生涯目标，并对其进行科学评估，找出员工的优缺点及组织的优劣势，分析员工职业生涯发展的可行性。⑤工作与职业生涯的调适。根据绩效、生涯发展的评估结果，对员工的工作或职业生涯目标作出适当的调整，使员工的工作、生活与目标契合。

**重要信息 10-3 职业生涯管理的特征**

（1）职业生涯管理是组织与员工双方责任。在职业生涯管理中，组织和员工都必须承担一定的责任，只有双方共同合作才能完成职业生涯管理。从员工的角度来看，个人职业生涯规划必须由个人决定，必须结合自己的性格、兴趣和特长进行设计。而组织在进行职业生涯管理时所应考虑的因素则主要是组织的整体目标，以及所有组织成员的整体职业生涯发展。

（2）职业生涯管理是一种信息管理。在职业生涯管理中，员工个人需要了解和掌握有关组织各方面的信息，如组织的发展战略、经营理念、人力资源的供求情况、职位的空缺与晋升情况等；组织也需要全面掌握员工的情况，如员工个人的性格、兴趣、特长、潜能、情绪及价值观等。这就要求必须对管理信息进行不断的维护和更新，为此才能保证信息的时效性。

（3）职业生涯管理是一种动态管理。员工的职业生涯是一个动态发展的过程。在职业生涯的不同阶段及组织发展的不同阶段，每一个组织成员的发展特征、发展任务及应注意的问题都是不同的。由于每一阶段都有其各自的特点、各自的目标和各自的发展重点，所以对每一个发展阶段的管理也都应有所不同。而随着决定职业生涯的主客观条件的变化，组织成员的职业生涯规划和发展也会发生相应变化，因此职业生涯管理的侧重点也应有所不同，以适应情况的变化。



**管理借鉴 10-2　惠普公司的员工生涯管理**

美国惠普是世界知名的高科技大型企业，它的被称为“惠普之道”的独特而有效的管理模式为人所称道。在员工职业生涯管理中，帮每位员工制定令他们满足的、有针对性的职业发展计划。公司从哈佛 MBA 班的职业发展课里找到 6 种工具：①一份书面的自我访谈记录；②一套个人兴趣调查问卷；③一份价值观问卷；④一篇 24 小时活动日记；⑤对两位“重要人物”（指对自己有较重要意义的人）的访谈记录；⑥生活方式描述。让每位参加者收集有关自己的资料，分别得出初步结论。这些信息便可供高层领导用来制定每位学习的职业发展目标，部门经理就可据此帮助他的部下绘制出自己在本公司内发展升迁的路径图。

**【讨论】**通过这 6 种工具，企业能够得到什么信息？

**同步实训 10-1　职业生涯规划认知**

**实训目的：**加深学生对职业生涯规划的认识。

**实训安排：**

1. 学生讨论职业的含义，并展望自己未来的职业。
2. 讨论分析自己所期待的职业规划应该是怎样的。

**教师注意事项：**

1. 由生活事例导入对职业生涯规划的认识。
2. 提供一些不同社会行业职业生涯规划资料，供学生讨论。
3. 参观企业或提供其他相应学习资源。

**资源（时间）：**1 课时、参考书籍、案例、网页。

**评价标准：**

| 表现要求 | 是否适用 | 已达要求 | 未达要求 |
|---|---|---|---|
| 小组活动中，外在表现（参与度、讨论发言积极程度） | | | |
| 小组活动中，对概念的认识与把握的准确程度 | | | |
| 小组活动中，角色扮演的精准度 | | | |
| 小组活动中，文案制作的完整与适用程度 | | | |

# 10.2 个人职业生涯管理

**任务提示**

从员工的角度，员工做好个人职业生涯管理的具体工作包括自我分析、生涯机会评估、目标设定、路线选择、评估与调整等。系统地认识这一工作，并理解这一工作的影响因素是做好这一工作的前提。

个人职业生涯规划是以实现个人发展的成就最大化为目的的，通过对个人爱好、能力和个人发展目标的有效治理实现个人的发展愿望，即在组织环境下，由员工自己主动实施的、用于提升个人竞争力的一系列方法和措施，主要包括自我分析、生涯机会评估、目标设定、路线选择、评估与调整等。

## 10.2.1 自我分析

在设计职业生涯时，首先要确立志向，这是设计职业生涯的关键，也是设计职业生涯中最为重要的一步。在此基础上，员工应认真进行自我分析。自我分析是对自己的各方面进行分析评价，包括对人生观、价值观、受教育水平、职业锚、兴趣、特长、性格、技能、智商、情商、思维方式、思维方法等进行分析评价，达到全面认识自己、了解自己的目的。

**管理借鉴 10-3 兴趣与职业**

小李是应届毕业生，学的专业是市场营销。但是，他对电脑编程特别感兴趣，所以一直想找这方面的工作。可是因为专业不对口，而且也没有相关的工作经验，因此找工作频频碰壁。

其实小王在进行职业选择时，忽略了一点：兴趣并不是职业选择的唯一依据。职业选择应该综合考虑个人以及社会环境的因素。这里的个人因素包括个人的性格、兴趣以及能力等。社会环境是社会的就业状况、劳动力需求等。这些因素决定或者影响着个人的就业选择。例如，销售人员更强调外向的性格和与人沟通协调的技巧。而研发人员则要求有扎实的知识和严谨认真的工作态度。在进行职业选择时还必须从社会需要出发，原因不言而喻。因为如果社会不需要，则根本谈不上职业选择，更谈不上职业生涯规划。所以，个人能够选择一个能满足自己最大兴趣，发挥自己最佳才能，适合自己最优性格，同时满足社会需求的职业，这样的职业选择无疑是成功的。

【讨论】自我分析与职业规划的关系。

## 10.2.2 生涯机会评估

职业生涯机会评估，主要是评估各种环境因素对自己职业生涯发展的影响。环境因素包括组织环境、政治环境和经济环境等。在设计个人职业生涯时，应分析环境发展的变化情况、环境条件的特点、自己与环境的关系等，只有充分了解这些环境因素，才能做到在复杂的环境中趋利避害，使设计的职业生涯切实可行、具有实际意义。

### 10.2.3 目标设定

在职业选择基础上确定发展目标。职业选择正确与否直接关系到人生事业的成功与失败。员工可以与上级主管针对目标进行讨论，并确定短期与长期职业目标。这些目标与员工的期望职位、应用技能水平、工作设定、技能获得等其他方面紧密联系。

**管理借鉴 10-4 目标与职业**

1984 年，在东京国际马拉松邀请赛中，名不见经传的选手山田本一出人意料地夺得了世界冠军，当记者问他凭什么取得如此惊人的成绩时，他说了这么一句话："凭智慧战胜对手。" 两年后，在意大利国际马拉松邀请赛上，山田本一又获得了冠军。有记者问他："上次在你的国家比赛，你获得了世界冠军，这一次远征米兰，又压倒所有的对手取得第一名，你能谈一谈经验吗？" 山田本一性情木讷，不善言谈，回答记者的仍是上次那句让人摸不着头脑的话："用智慧战胜对手。"

十年后，这个谜团终于被解开了，山田本一在他的自传中这么说："每次比赛之前，我都要乘车把比赛的线路仔细看一遍，并把沿途比较醒目的标志画下来，比如第一个标志是银行，第二个标志是一棵大树，第三个标志是一座红房子，这样一直画到赛程的终点。比赛开始后，我就以百米冲刺的速度奋力向第一个目标冲去，等到达第一个目标，我又以同样的速度向第二个目标冲去。四十几公里的赛程，就被我分解成这么几个小目标轻松地跑完了。起初，我并不懂这样的道理，我把我的目标定在四十几公里处的终点线上，结果我跑到十几公里时就疲惫不堪了，我被前面那段遥远的路程给吓倒了。"

山田本一说的不是假话，心理学家得出了这样的结论：当人们的行动有了明确目标，并能把自己的行动与目标不断地加以对照，进而清楚地知道自己的行进速度和与目标之间的距离，人们行动的动机就会得到维持和加强，就会自觉地克服一切困难，努力达到目标。

【讨论】职业规划中目标确立的意义。

### 10.2.4 路线选择

在确定职业和职业发展目标后，就面临着职业生涯路线的选择。在设计职业生涯时必须作出抉择，以便为自己的学习、工作及各种行动措施指明方向，使职业沿着预定的路径即预先设计的职业生涯发展。

职业生涯路线的选择通常要考虑向哪条路线发展、能往哪条路线发展和哪条路线可以发展等 3 个问题。对这 3 个问题要进行综合分析，才能确定自己的最佳职业生涯路线。

在确定职业生涯目标和职业生涯路线后，应开始制定具体措施，编写出《职业生涯设计书》，包括工作、训练、教育、轮岗等方面的措施。这些计划要特别具体，以便于定时检查。

### 10.2.5 评估与调整

面对瞬息万变的社会大环境，要使职业生涯设计行之有效，就必须不断地对职业生涯设计进行评估与调整。其调整的内容侧重于职业的重新选择、职业生涯路线的选择、人生目标的修正及实施措施与计划的变更等。

**同步实训 10-2　个人职业生涯管理认知**

**实训目的：**加深学生对个人职业生涯规划管理的认识。

**实训安排：**

1. 学生可以尝试进行自我职业生涯规划。
2. 讨论分析其形成过程。

**教师注意事项：**

1. 由生活事例导入对个人职业生涯规划管理的认识。
2. 提供一些不同社会行业个人职业生涯规划管理案例资料，供学生讨论。
3. 参观企业或提供其他相应学习资源。

**资源（时间）：**1 课时、参考书籍、案例、网页。

**评价标准：**

| 表现要求 | 是否适用 | 已达要求 | 未达要求 |
| --- | --- | --- | --- |
| 小组活动中，外在表现（参与度、讨论发言积极程度） | | | |
| 小组活动中，对概念的认识与把握的准确程度 | | | |
| 小组活动中，角色扮演的精准度 | | | |
| 小组活动中，文案制作的完整与适用程度 | | | |

## 10.3　组织职业生涯管理

**任务提示**

从组织的角度，对员工职业生涯进行管理主要包括：确立管理目标和计划，组建员工生涯管理小组，开展职业生涯管理宣讲，构建员工职业发展通道，实施员工培养与评估。

组织职业生涯管理是指企业从员工个人的职业发展需求出发，有意识地将之与企业组织的人力资源需求和规划相联系、相协调、相匹配，为员工的职业提供不断成长和发展的机会，帮助、支持员工职业生涯发展所实施的各种政策措施和活动，以最大限度地调动员工的工作积极性。

### 10.3.1　确立管理目标和计划

组织职业生涯管理的第一步是确立管理目标和计划：首先，要分析企业发展战略和人力资源规划，从中发现企业未来的人力资源管理需求；其次，评估企业现有的人力资源管理状况，了解企业现有的实际情况。在此基础上，企业就可为员工职业生涯管理确定一个合理的目标。在确定了员工职业生涯管理目标之后，还需要制定此项工作的计划。制定计划主要是对员工职业生涯管理的整个流程从任务上、时间上、方法上、宏观层面和微观层面上进行总体规划，如在哪一具体时间段开展什么工作以及谁来做，做的具体效果要达到什么水平和层次等细节性问题。

### 10.3.2 组建员工生涯管理小组

员工职业生涯管理工作是一项跨部门、跨领域的工作，需要组建一个跨部门、跨领域的团队来负责员工职业生涯管理工作的有序推进。企业的人力资源部负责人应当在这个小组中发挥主导和协调的作用，各用人部门负责人应该发挥协调作用，员工代表要充当及时反馈信息的角色。

**重要信息 10-4　如何做好组织职业生涯管理**

（1）新员工职业规划。实践证明，企业能够做的最重要事情之一就是争取做到为新员工提供的第一份工作是具有符合这个人最初的意愿和带有挑战性的特点。在一项以某公司年轻管理人员为对象的调研和评价中发现，这些人在公司的第一年中所承担的工作越富有挑战性，他们的工作也就显得越有效率、越容易达到要求完成的目标，即使是在成长阶段后期，这种情况依然存在。

（2）中期员工职业规划。提拔晋升员工，使其从职位晋升图中清晰地找到个人发展的路向。职业通路畅通，能够让有培养前途、有作为的员工努力去争取。所谓有前途和看到希望才是留住人才的最大吸引力。同时，安排富有挑战性的工作和通用轮换岗位方式让其保持新感觉，或者安排探索性的职业工作。对于处于职业中期的员工，是一种很实在而有效的方法。

（3）老年员工职业规划。到职业后期阶段，员工退休问题必然提到议事日程上。应主要考虑如何让这些员工发挥最大的“余热”。



### 10.3.3 开展职业生涯管理宣讲

职业生涯管理学习可以分两层次来进行：第一层次是面向员工职业生涯管理小组成员，他们对职业生涯管理的认知程度、对相关技术和方法的掌握程度直接决定了整项工作的最终效果。第二层次是面向员工群体，员工职业生涯管理工作能否得到有效推进，这在很大程度上取决于员工对职业生涯管理的认识以及他们的配合程度。

此外，还可以组织员工面谈，促进员工开展自我认知，全面评估自身的过去、现在和未来，自身具备什么样的兴趣和爱好，自己对未来的职业有哪些规划等。

### 10.3.4 构建员工职业发展通道

在掌握员工相关信息的基础上，企业就要开展职业生涯规划路线设计工作：第一，研究员工信息，找准员工职业倾向。第二，企业根据员工的职业倾向设计职业路径，如为有技术倾向的员工设计一条技术发展的路线，明确他什么时候轮岗，达到怎样的能力后实现晋升，将来的目标职位是什么等。

**重点名词 10-5　职业路径**

职业路径是指组织为内部员工设计的自我认知、成长和晋升的管理方案。职业路径在帮员工了解自我的同时使组织掌握员工职业需要，以便排除障碍，帮助员工满足需要。

**重要信息 10-5 员工职业发展通道**

员工职业生涯发展通道主要分为 3 大类型：一类是纵向职业发展通道，亦即职位上的晋升，这一类通道多用于管理人员职业的发展上，如从主管到经理再上升到总监就是一条典型的纵向型职业发展通道。第二类是横向职业发展通道。这就是传统意义上的轮岗和非行政级别的职业发展，这一类职业发展通道多用于技术性人员职业发展上。横向职业发展通道主要包括丰富工作内容和岗位轮换这两种方式，其对于在组织结构日趋扁平化的趋势下，如何丰富员工的工作内容，实现员工的职业成长具有重要的借鉴意义。第三类是双阶梯职业发展通道。这是指设计多条平等的晋升通道，满足各种类型员工的职业发展需求。双阶梯职业发展通道的一个重要标志就是职级上升，但行政级别并不变更。

### 10.3.5 实施员工培养与评估

完成了职业生涯规划路线和职业发展通道的构建工作后，企业就需要实施人才培养和评估。在生涯导向的人力资源管理中，培训不仅是根据当前时期岗位对现职者的要求，也是下一时期岗位对未来任职者的要求，这种“生涯导向”的培训也称为“发展性培训”。通过有针对性的教育与培训促进其职业生涯规划的实现，促进员工的职业发展。

在完成了上述工作之后，企业就需要对其管理效果展开评估，一方面审视中间存在的问题并及时予以更正，从而确保职业生涯管理目标的实现，另一方面则是总结和积累经验，为下一轮的职业生涯管理工作的开展提供科学的依据。评估可以从是否达到个人或组织目标、所完成的活动、绩效指标变化和员工态度或感觉到的心理变化等方面进行。

**重要信息 10-6 组织职业生涯管理的意义**

（1）对企业组织的意义。组织职业生涯管理可帮助企业了解其员工的不同个性和职业需求等信息，盘点企业的人才资源及知识、技能存量，在需要时可有效、充分地利用本企业人力资源；可帮助组织了解员工的现状、需求、能力及目标，调和他们同企业在现实和未来可提供的职业机会与挑战间的矛盾，动态提高人力资源配置的合理性；能深层次地激励员工，持久、内在地调动员工的积极性和潜能，并培养起对组织的忠诚感、归属感，使员工与企业间建立长期“心理契约”，增加现有员工队伍的稳定性；职业生涯的有关开发和管理活动优化了劳动力技能，提升了企业人力资源的竞争力，也就提升了企业的竞争力，使组织获持续发展。

（2）对员工个人的意义。这种管理包含着“开发”的意义，通过培训、轮岗等活动可有效提高员工技能和素质，可使员工实现自我价值的不断提升和超越，心理成就感的追求得到满足；可增强员工对自身和职业环境、职业机会的把握能力，更加顺利地实现职业发展。通过开展职业生涯规划、咨询、测评等工作，可使员工更加清楚、了解自身的长处和短处及适合的职业发展方向；可帮助员工协调好职业生活与家庭生活的关系，更好地实现人生目标，职业生涯管理将员工的职业生涯发展置于其总生命空间中考虑，即综合考虑职业生活同个人事务、婚姻家庭等其他生活目标的平衡，帮助员工克服或避免顾此失彼、左右为难的困境。

**同步实训 10-3　组织职业生涯规划管理认知**

**实训目的：**加深学生对组织职业生涯管理的认识。

**实训安排：**

1. 学生可以分析“中国民企不超 30 年”这句话的含义。
2. 讨论分析其解决这一现象的办法。

**教师注意事项：**

1. 由生活事例导入对组织职业生涯管理的认识。
2. 提供一些不同社会行业职业生涯管理资料，供学生讨论。
3. 参观企业或提供其他相应学习资源。

**资源（时间）：**1 课时、参考书籍、案例、网页。

**评价标准：**

| 表现要求 | 是否适用 | 已达要求 | 未达要求 |
|---|---|---|---|
| 小组活动中，外在表现（参与度、讨论发言积极程度） | | | |
| 小组活动中，对概念的认识与把握的准确程度 | | | |
| 小组活动中，角色扮演的精准度 | | | |
| 小组活动中，文案制作的完整与适用程度 | | | |



## 小结

员工职业生涯管理
- 职业生涯规划认知
  - 职业、职业生涯认识
  - 职业生涯规划、管理
- 个人职业生涯管理
  - 个人职业规划设计
  - 个人职业规划评估与调整
- 组织职业生涯管理
  - 确立生涯目标与计划
  - 构建职业生涯通道
  - 实施员工培养与评估

## 教学做一体化训练

### 一、重点名词

职业生涯　职业生涯规划　职业锚　职业路径

二、课堂讨论

1．职业的功用。

2．职业生涯规划对一个人成长的意义。

3．自己入学以来初步确立的职业定位。

4．自己感兴趣的职业。

5．个人职业规划的影响因素。

三、课后自测

（一）选择

1．职业生涯发展一般要经历（　　）4个阶段。

A．探索期　　B．创业期　　C．维持期　　D．衰退期

E．失败期

2．职业锚是指新员工在早期工作中逐渐对自我加以认识，发展出的更加清晰全面的职业定位，大致可分为（　　）。

A．技术型　　B．管理型

C．安全稳定型　　D．自主独立型

E．创造型

3．职业生涯管理主要包括（　　）。

A．组织职业生涯管理　　B．自我职业生涯管理

C．政府管理　　D．行业管理

4．个人职业生涯管理工作主要包括（　　）。

A．自我分析　　B．生涯机会评估

C．目标设定　　D．路线选择

E．评估与调整

5．组织职业生涯管理工作主要包括（　　）。

A．确立管理目标和计划　　B．组建管理小组

C．开展职业生涯管理宣讲　　D．构建员工发展通道

E．实施员工培训与评估

（二）判断

1．只有成功者才有自己的职业生涯。（　　）

2．职业生涯管理的中心对象是员工。（　　）

3．企业中，员工一般可以自行确立自己的目标，人力资源管理部门不需干涉。（　　）

4．企业如果不能提供员工职业生涯规划的条件，会造成优秀员工流失。（　　）

5．职业生涯规划就是将高薪职位定为目标。（　　）

6．只有充分了解这些环境因素，才能做到在复杂的环境中趋利避害，使设计的职业生涯切实可行、具有实际意义。（　　）

（三）简答

1．职业生涯规划对于企业有何重要意义？

2．职业生涯管理的特征有哪些？

3．如何做好组织职业生涯管理？

4．员工职业发展通道有哪些？

5．组织职业生涯管理的意义有哪些？

（四）案例分析

**截然不同的职业生涯**

张明是某重点大学金融系的高材生，大学毕业就在一家大型“中”字号国企找到了令同学们羡慕的工作。对这份工作张明自己也很满意，不仅专业对口，收入也很理想。张明开始了自己日复一日的职业生涯。转眼两年过去了，张明对自己的工作也早已应对自如。他每天都按部就班地完成分给自己的任务，尽量不主动去参与分外的事。5 年后，张明坐上了主管的位置。他开始专心经营自己的小家庭。不知不觉到了 40 岁，张明的职位再也没有得到提升。

这时想不到的事情发生了。张明的公司突然被另一家竞争对手收购，接着就是机构重组。张明和其他一些老同事被列入了待安置的名单里。后因为另一名主管不满意新的职位安排辞了职，张明才算保住了自己的饭碗。这一系列的变化让他实在难以接受，他抱怨公司没有人性，抱怨社会变化太快，抱怨政府没有完善的社保系统，他就这样一边抱怨一边工作，一直到了退休。退休那天，张明很失落，他想起自己 20 岁时曾梦想做一名优秀的财务经理，他不知道自己是什么时候、怎样丢掉这一梦想的。可现在他知道什么都晚了。

王亮是一所走读大学机械系的毕业生，一没有当地户口，二没有名牌大学学历，毕业后一直没有找到满意的工作。为了生存，王亮到一家朋友开的小公司帮忙做网页设计。虽然收入微薄，但他却非常投入，一干就是两年。这使他的朋友很感动，于是推荐他去一家跨国公司应聘，竟然被录用。新工作的职位是管理见习员，收入也不高，但王亮非常珍惜这个机会，全身心地投入到了工作中。一年后，他完成了各部门的实习，被分配到设备保管部做技术员。因成绩突出，3 年后又被提为主管工程师。后来公司全面推行六西格玛管理，他被评选为项目推动小组成员，并接受专业的绿带资格培训，在项目组又做了 3 年。这种工作经历大大地提高了他的能力，开阔了他的眼界。公司在南方成立分公司的时候，他被提升为华南区总经理。40 岁那年，又被提升为公司中国区总经理，举家迁到北京。10 年后，成了集团亚洲区副总裁，一直干到退休。

离开公司后，王亮并不清闲，因为公司还聘他为高级顾问，他还是公司董事局成员，还有很多高校请他去做客座教授。学生们向他请教成功的秘诀，他说：“其实成功没有什么秘诀，如果有也是一些众所周知的法则。我个人成功主要有两个法则：一个是态度，一个是目标。我把它叫作“个人使命”。他对大学生们的忠告是：

20 岁是你事业的起步期，如果这时你还没有自己的梦想，你将来要为此付出巨大的代价。

40 岁是你事业的飞跃期，如果此时你不能保持积极乐观的心态，你可能永远都在起步期。

60 岁，这时你并不需要特意做什么，如果你前 40 年做对了，这时你想不辉煌也难；如果你前 40 年没有做对，这时你想不凄凉也难。

张明和王亮的故事告诉我们，生活是公平的，当你努力工作，尽量多付出的时候，你不知不觉就会收获很多；当你时时计较能获得多少，只做分内事的时候，却往往收获甚少。这就是职业成功的法则。当我们都掌握了人生的一些基本法则并能坚持去做，那么成功是不难的，至少不像人们想象的那样难。

（资料来源：人力资源管理[M]．吴兰芬．中国计量出版社，2009）

阅读以上材料，回答问题：

1．造成他们两人最后成就不同的原因有哪些？

2．你如何看待机遇的问题？

3．本案对你职业生涯规划有哪些启示？

## 实践项目　认识员工职业生涯管理

**活动目的：**组织企业座谈会，了解其员工职业生涯管理，认识其工作过程。

**活动安排：**

1．教师与校外基地接洽，进入企业。

2．学生分组，分赴人力资源管理岗位，实地了解企业人员职业生涯管理工作并写出报告。

**教师注意事项：**

1．讲解工作要点。

2．检查学生分组是否合理。

3．组织学习资源的调配。

**资源：**课后4课时、网页、参考书、基地企业。

**评价标准：**

| 表现要求 | 是否适用 | 已达要求 | 未达要求 |
| --- | --- | --- | --- |
| 小组活动中的工作表现（参与度、讨论发言） | | | |
| 整个职业工作过程的表现（概括、发现） | | | |
| 对整体职业工作任务的认识与把握 | | | |
| 完成任务过程知识与经验的运用 | | | |

## 学生自我工作总结

通过完成“任务10　员工职业生涯管理”，我能够作如下总结：

**一、主要知识**

完成本任务需了解的主要知识点为：

1. ........................................................................

2. ........................................................................

## 二、主要技能

完成本任务需掌握的主要技能有：

1. ……………………………………

2. ……………………………………

## 三、主要原理

完成本任务涉及的管理原理有：

1. ……………………………………

2. ……………………………………

## 四、相关知识与技能

本任务的完成过程：

1. 职业生涯规划的意义是：……………………

2. 个人职业生涯规划的操作包括：……………………

3. 组织职业生涯管理的途径是：……………………

## 五、成果检验

本任务的成果：

1. 完成本任务的意义有：……………………

2. 学到的经验有：……………………

3. 自悟的经验有：……………………

4. 你认为员工职业生涯管理对人力资源管理工作的意义是：……………………

# 附录 >>>

## 部分人力资源管理工作常见图表样

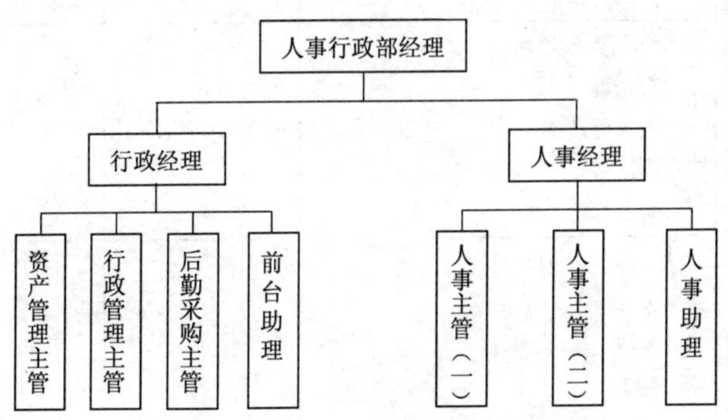


图 1　小型企业人力资源部组织结构

**表 1　岗位增编申请表**

| 申 请 部 门 | | 申 请 日 期 | |
|---|---|---|---|
| 增编岗位名称 | 增 编 数 量 | 岗位类别、等级 | 增编原因（详细） |
| | | | |
| | | | |
| | | | |
| 人力资源部审核意见（依据岗位编制情况）：<br>签名：<br>日期： | | | |
| 主管副总经理审核意见：<br>签名：<br>日期： | | | |
| 总经理审批意见：<br>签名：<br>日期： | | | |

**表 2　人力资源战略规划表**

| 规 划 重 点 | 内　　容 | 2012 年 | 2013 年 | 2014 年 |
|---|---|---|---|---|
| 企业与人力资源战略 | 行业增长预测 | | | |
| | 公司利润率预测 | | | |
| | 公司年销售额 | | | |
| | 人工成本利润率 | | | |

（续）

| 规划重点 | 内容 | 2012年 | 2013年 | 2014年 |
|---|---|---|---|---|
| 人力资源规划 | 员工总计划人数 | | | |
| | 各职务人数计划<br>高层领导<br>部门经理<br>主管<br>员工 | | | |
| | 各部门人数计划<br>市场部<br>人力行政部<br>生产部<br>研发部 | | | |
| | 人员学历计划<br>大专<br>本科<br>硕士<br>博士及以上 | | | |
| | 组织结构调整计划 | | | |
| | 制度建设计划 | | | |
| | 员工开发计划 | | | |
| | 绩效评价计划 | | | |
| | 薪酬福利计划 | | | |
| | 员工晋级、辞退计划 | | | |

**表3　员工入职试用表**

| 姓　名 | | 年　龄 | | 试用职位 | |
|---|---|---|---|---|---|
| 学　历 | | 专　业 | | 工作经验 | |
| 特　长 | | | | | |
| 试用计划 | 1. 工作内容<br>2. 指导人员<br>3. 重点考查项目<br>4. 其他 | | | | |
| 试用记录 | 1. 试用时间　　年　月　日至　　年　月　日<br>2. 工作能力<br>3. 工作态度<br>4. 出勤情况<br>5. 其他 | | | | |

（续）

| 试用结论 | 试用部门意见<br>部门负责人签字<br>时间　　　　年　月　日 |
|---|---|
| | 人力资源部意见<br>部门负责人签字<br>时间　　　　年　月　日 |

**表 4　员工培训项目总结表**

| 培训项目名称 | | | | | |
|---|---|---|---|---|---|
| 内容大纲 | | | | | |
| 培训地点 | | | | | |
| 讲　师 | | | | | |
| 举办日期 | | 培训时数 | | 参加人数 | |
| 计划 | | 计划 | | 计划 | |
| 实际 | | 实际 | | 实际 | |

| 满意度反馈 | |
|---|---|
| 培训成果 | |

| 培训费用 | 预 算 金 额 | 实 际 金 额 | 说　明 |
|---|---|---|---|
| 授课费 | | | |
| 交通费 | | | |
| 食宿费 | | | |
| 杂　费 | | | |
| 合　计 | | | |

| 培训各方意见 | 学员意见 | |
|---|---|---|
| | 讲师意见 | |
| | 人力资源部意见 | |

**表 5　人事变动申请**

时间：

| 姓　　名 | 员 工 号 码 | 性　　别 | 出生年月日 | | 编　　号 | |
|---|---|---|---|---|---|---|
| | | | 申 请 日 期 | | 希望生效期 | |
| 申请事项（如雇用、升级、调动、辞职等） | | | | | | |
| 自职位名称：<br>薪阶及薪资：<br>服务部门：<br>部门代号： | | | 至职位名称：<br>薪阶及薪资：<br>服务部门：<br>部门代号： | | | |
| 需要人数：<br>所担任之工作：<br>资历要求：<br>年龄：<br>教育程度：<br>性别：<br>经验或特殊技能：<br>其他： | | | | | | |
| 申请人：<br>签名：<br>电话号码： | | | 批准人（部门经理）：<br>签名：<br>职位： | | | |
| 申请人员部门 | | | 所需协助人员 | | | |
| 申请人员协助原因：<br><br>起止日期：　　　自　　　年　月　日起至　　　年　月　日 | | | | | | |
| 协助人员担任工作 | | | | | | |
| 人事部门意见 | | | | | | |

**表 6　人员考核表**

考核日期：

| 姓　　名 | | 单　　位 | | 岗　　位 | | 考 核 期 间 | | |
|---|---|---|---|---|---|---|---|---|
| 考核项目 | | 考核说明 | 考评人 | 考 评 等 级 | | | | 得　　分 |
| | | | | 优 | 良 | 中 | 差 | |
| 工作考评<br>（满分 72 分） | 工作知识 | | | | | | | |
| | 销售量 | | | | | | | |
| | 工作品质 | | | | | | | |
| | 工作态度 | | | | | | | |
| | 工作能力 | | | | | | | |

（续）

| 考核项目 | 考核说明 | 考评人 | 考评等级 | | | | 得分 |
|---|---|---|---|---|---|---|---|
| | | | 优 | 良 | 中 | 差 | |
| 团队合作能力（满分10分） | | | | | | | |
| 出勤（满分13分） | | | | | | | |
| 其他（满分5分） | | | | | | | |
| 奖惩意见 | | | | | | 总分 | |
| 考评人盖章 | | | | | | | |

## 表7　员工薪金单

| 薪酬发放周期（发放周期为___月___日～___月___日，本月工作日为___天） | | | | | |
|---|---|---|---|---|---|
| 职员姓名 | | 部门名称 | | 岗位 | |
| 员工编号 | | 岗位定级 | | 工龄 | |
| 1．基本工资类 | | | | | |
| 基本工资 | | 岗位工资 | | 职务工资 | |
| 劳动保护费 | | 津贴 | | 伙食补贴 | |
| 加班小时 | | 加班工资 | | 值班补贴 | |
| 2．奖金类 | | | | | |
| 季度奖金 | | 年终奖金 | | 月度奖金 | |
| 项目奖金 | | 业绩提成 | | 特别奖励 | |
| 3．扣款类 | | | | | |
| 事假天数 | | 病假天数 | | 迟到天数 | |
| 事假扣款 | | 病假扣款 | | 迟到扣款 | |
| 产假天数 | | 违纪扣款 | | | |
| 产假扣款 | | 财务扣款 | | | |
| 4．保险税收类 | | | | | |
| 养老保险 | | 医疗保险 | | 工伤保险 | |
| 失业保险 | | 住房公积金 | | 补充保险 | |
| 意外保险 | | 所得税 | | | |
| 5．合计 | | | | | |
| 应发合计 | | | 应扣合计 | | |
| 应税合计 | | | 上月尾数 | | |
| 本月实发 | | | | | |

表 8　员工保险月报表

| 序号 | 姓名 | 工号 | 工资总额 | 医保 | | 社保 | | 个人合计 | 公司合计 | 备注 |
|---|---|---|---|---|---|---|---|---|---|---|
| | | | | 个人缴纳 | 公司缴纳 | 个人缴纳 | 公司缴纳 | | | |
| | | | | | | | | | | |
| | | | | | | | | | | |
| | | | | | | | | | | |
| | | | | | | | | | | |
| | | | | | | | | | | |

批准：　　　　　财务：　　　　　主管经办人：

表 9　劳动合同顺延登记表

| 姓　名 | | 性　别 | | 员 工 工 号 | |
|---|---|---|---|---|---|
| 出生年月 | | | 进公司时间 | | |
| 劳动合同期限 | 年　月　日至　年　月　日 | | | | |
| 顺延期限 | 年　月　日至　年　月　日 | | | | |
| 顺延原因 | | | | | |
| 劳动人事部门意见 | 年　月　日 | | | | |
| 劳动人事处意见 | 年　月　日 | | | | |
| 备　注 | | | | | |

表 10　档案查询申请表

填表日期：　年　月　日

| 档 案 名 称 | 查 询 事 由 | 查 询 时 限 | 申请人所在单位 | 申请人签章 |
|---|---|---|---|---|
| | | | | |
| | | | | |
| | | | | |
| | | | | |
| | | | | |
| | | | | |
| | | | | |
| | | | | |
| 人力资源管理主管意见 | 签名：<br>年　月　日 | | | |

**表 11 面试评价表**

| 姓名： | 应聘部门： | 应聘岗位： |
|---|---|---|
| 学历： | 年龄： | 填表日期： |

第一部分 考察应聘者的综合素质

| 面试要素 | 观察要点 | 人力资源评定 | 直接上级评定 | 部门经理评定 |
|---|---|---|---|---|
| | | （a．很好 b．较好 c．一般 d．差） | | |
| 仪容仪表 | 衣着打扮得体，言行举止大方得体 | | | |
| 表达能力 | 表达流利，口齿清晰，能准确表达个人意见 | | | |
| 沟通能力 | 能够有效沟通，主动关注客户需求，随时根据客户的需求和反馈开展工作，在较强刺激情境中表情和言语自然，能保持冷静 | | | |
| 目标管理 | 工作讲求原则，能够根据业务需要设定明确而具体的目标和计划，并为目标负责 | | | |
| 团队精神 | 积极合作，处理人际关系时能做到原则性与灵活性结合，并善于将自己的经验和成果与他人沟通 | | | |
| 创新能力 | 能够承受较大的工作压力，以积极的心态主动地推进工作，对工作中无章可循的事情能提出有效的解决思路并完成 | | | |

第二部分 考察应聘者的专业知识和技能

（请面试部门根据岗位说明书，列出 2～3 个岗位关键胜任能力及考核要点）

| 考核项目 | 考核要求 | 直接上级评定 | 部门经理评定 |
|---|---|---|---|
| | | （a．很好 b．较好 c．一般 d．差） | |
| 专业知识和技能 | | | |
| 外语能力 | | | |
| 在该岗位可发展潜力 | | | |

第三部分 总体评价

| | | |
|---|---|---|
| 人力资源意见 | 评价： | 是否同意试用： |
| | | 签字： |
| 岗位直接上级意见 | 评价： | 是否同意试用： |
| | | 签字： |
| 部门主管、副总经理意见 | 评价： | 是否同意试用： |
| | | 签字： |
| 总经理意见 | （此栏于面试部门经理以上岗位时填写） | 是否同意试用： |
| | | 签字： |
| 其他相关部门意见 | （此栏需要其他部门参与意见时填写） | 签字： |

（续）

<table>
<tr><td colspan="2">第三部分　总体评价</td></tr>
<tr><td>拟试用部门：</td><td>岗位名称：</td></tr>
<tr><td colspan="2">工作地点：</td></tr>
<tr><td colspan="2">试用期：</td></tr>
<tr><td>试用工资：</td><td>转正工资：</td></tr>
</table>

**表 12　培训项目实施监控表**

<table>
<tr><td>培训主题</td><td colspan="6"></td></tr>
<tr><td>培训目标</td><td colspan="6"></td></tr>
<tr><td rowspan="3">培训需求说明</td><td rowspan="3" colspan="2"></td><td colspan="2">培训日程安排</td><td colspan="2"></td></tr>
<tr><td colspan="2">培训方式</td><td>负责人</td><td></td></tr>
<tr><td colspan="2">承办培训单位</td><td>费用支付方式</td><td></td></tr>
<tr><td>培训教材名称及数量</td><td colspan="3"></td><td>培训总课时</td><td colspan="2"></td></tr>
<tr><td rowspan="3">学员情况</td><td>人数</td><td></td><td rowspan="3">培训师情况</td><td>姓名</td><td colspan="2">培训的课程内容</td></tr>
<tr><td>学历</td><td></td><td></td><td colspan="2"></td></tr>
<tr><td>岗位</td><td></td><td></td><td colspan="2"></td></tr>
<tr><td rowspan="2">培训结果评价</td><td>学员满意率</td><td></td><td>学员合格率</td><td></td><td>学员单位满意率</td><td></td></tr>
<tr><td>学员获得的知识/技能</td><td></td><td>学员工作业绩的改变</td><td></td><td>组织业绩的改变</td><td></td></tr>
<tr><td>培训过程监管方式</td><td colspan="6">（1）发现问题时，培训监察人员与培训组织部门进行磋商<br>（2）到培训现场检查，确认培训是否按策划方案进行<br>（3）收集有关培训的资料和记录，查看是否与培训计划有差异</td></tr>
<tr><td colspan="7">评审意见：<br><br>批准人：<br>年　月　日</td></tr>
<tr><td>培训教案编写时间及管理要求</td><td colspan="6"></td></tr>
</table>

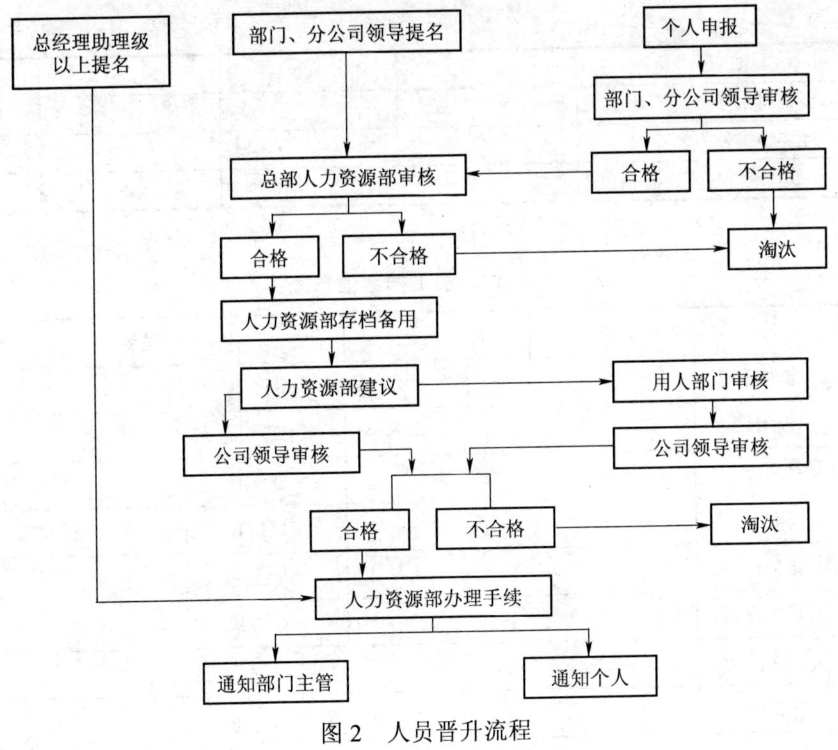


图 2 人员晋升流程

**表 13 一般职员年终考评评分表**

年度 考评日期：

| 姓　名 | | 部　门 | | 岗　位 | |
|---|---|---|---|---|---|
| 项　目 | 指　标 | | 满分分值 | 实际得分 | 备　注 |
| | 计划任务 | 实际完成 | | | |
| 本年计划任务完成情况（满分 55 分） | | | | | |
| | | | | | |
| | | | | | |
| | | | | | |
| | | | | | |
| | | | | | |
| | | | | | |
| | | | | | |
| 能力考评（满分 45 分） | 工作效率 | | | | |
| | 成本意识 | | | | |
| | 工作责任 | | | | |
| | 团队精神 | | | | |
| | 道德素养 | | | | |
| | 服从意识 | | | | |
| | 学习能力 | | | | |
| | 工作态度 | | | | |
| | 解决问题能力 | | | | |

（续）

| 小　　计 | | 100 | | |
|---|---|---|---|---|
| 受处罚扣分 | | | | |
| 受奖励加分 | | | | |
| 最后得分 | | | | |

复评：　　　　　　　　　　　初评：

表 14　员工档案信息表

| 员工基本信息 | 姓名 | | 性别 | | 民族 | |
|---|---|---|---|---|---|---|
| | 出生日期 | | 身份证号码 | | | |
| | 政治面貌 | | | 婚姻状况 | | |
| | 最高学历 | | | 毕业学校 | | |
| | 专业 | | | 户口所在地 | | |
| | 籍贯 | | | 地址 | | |
| | 特长爱好 | | | 联系方式 | | |
| | 工作经历 | | | | | |
| | 备注 | | | | | |
| 入职情况 | 所属部门 | | | 担任职务 | | |
| | 加入公司时间 | | | 转正时间 | | |
| | 合同到期时间 | | | 续签时间 | | |
| | 是否已调档 | | | 聘用形式 | | |
| | 如未调档，档案所在地 | | | | | |
| | 备注 | | | | | |
| 档案资料 | 文 件 名 称 | 存 档 情 况 | | 文 件 名 称 | 存 档 情 况 | |
| | 个人简历 | | | 人员登记表 | | |
| | 面试评价表 | | | 入职考试试卷 | | |
| | 学历证书复印件 | | | 身份证复印件 | | |
| | 劳动合同书 | | | 员工转正审批表 | | |
| | 员工职务调整记录表 | | | 员工薪酬调整表 | | |
| | 员工续签合同申报审批表 | | | 员工培训记录表 | | |
| | 员工考核记录表 | | | 职位说明书 | | |
| | 奖惩记录表 | | | | | |
| 备　　注 | | | | | | |

# 参考文献


[1] 加里·德斯勒．人力资源管理[M]．北京：中国人民大学出版社，2012．

[2] 褚福灵．人力资源管理职位实训教程[M]．北京；清华大学出版社，2009．

[3] 沈莹．现代人力资源管理[M]．北京：北京交通大学出版社，2009．

[4] 赵志泉．人力资源管理[M]．上海：上海财经大学出版社，2007．

[5] 赵曙明．人力资源管理与开发[M]．北京：北京师范大学出版社，2007．

[6] 李琦．人力资源管理[M]．北京：北京大学出版社，2007．

[7] 严肃．人力资源管理常用的 83 个工具[M]．北京：中国纺织出版社，2010．

[8] 张尚国．人力资源管理规范化管理工具箱[M]．北京：中国纺织出版社，2010．

[9] 李旭穗．人力资源管理实务[M]．广州：华南理工大学出版社，2009．

[10] 安鸿章，时勘．国家职业资格考试教程：企业人力资源管理师[M]．北京：中国劳动社会保障出版社，2010．

[11] 赵铁．人力资源管理[M]．北京：清华大学出版社，2011．

[12] 夏兆敢．人力资源管理[M]．2 版．上海：上海财经大学出版社，2011．

[13] 中国就业培训指导中心．企业人力资源管理师[M]．北京：中国劳动保障出版社，2011．